Medizin – Recht – Ethik

Rechtsphilosophische Hefte

Beiträge zur Rechtswissenschaft, Philosophie und Politik

Band VIII

PETER LANG
Frankfurt am Main · Berlin · Bern · New York · Paris · Wien

Medizin – Recht – Ethik

PETER LANG
Europäischer Verlag der Wissenschaften

Die Deutsche Bibliothek - CIP-Einheitsaufnahme

Medizin – Recht – Ethik. - Frankfurt am Main ; Berlin ; Bern ; New York ; Paris ; Wien : Lang, 1998
(Rechtsphilosophische Hefte ; Bd. 8)
ISBN 3-631-33124-X

ISSN 0941-9527
ISBN 3-631-33124-X

Printed in Germany 1 2 3 4 6 7

INHALT

Gibt es ein Recht auf Gesundheit?

Von Annemarie Pieper

Die Frage nach der Gerechtigkeit im Gesundheitswesen scheint mir wesentlich davon abzuhängen, was man unter Gesundheit versteht und welcher Geltungsanspruch damit verbunden wird. Ich werde daher im folgenden den Begriff der Gesundheit aus verschiedenen Perspektiven umreissen und dabei zu zeigen versuchen, in welcher Weise das Gerechtigkeitsproblem sich jeweils stellt. Vorweg noch ein Hinweis: Ich gebrauche die Begriffe "Recht" und "Gerechtigkeit" in erster Linie als ethische Begriffe und erst in zweiter Linie als politisch-soziale Begriffe.

Als erstes möchte ich in aller Kürze das griechisch-antike und das mittelalterliche Verständnis von Gesundheit mit dem heutigen konfrontieren. Im Mittelpunkt der griechischen Metaphysik steht der Kosmos als Inbegriff eines wohlgeordneten, harmonischen, schönen Ganzen. Empedokles hat im Zusammenhang mit der durch richtige Mischung der Elemente erzeugten Harmonie des Weltalls von der Gesundheit des Kosmos gesprochen.[1] Der Mensch als Teilhaber des Kosmos partizipiert an dessen Gesundheit. Er vermag zwar auf das kosmische Geschehen, das Mischungsverhältnis der Elemente, das sich nach einem diesem immanenten, unverfügbaren Mass selbst reguliert, nicht einzuwirken. Aber das bedeutet nicht, dass er seine Gesundheit allein den kosmischen Kräften überlassen soll. Im Gegenteil: Bei fast allen griechischen Philosophen findet sich die Vorstellung, dass der Mensch seinem Wesen nach Geist, Seele ist und nur aufgrund eines unerklärlichen metaphysischen 'Unfalls' in einem vergänglichen Körper steckt. Diese missliche Befindlichkeit ist als solche bereits ungesund, und Gesundheit im eigentlichen Sinn kann nur durch vielfältige Formen einer Reinigung, einer Katharsis von allem Sterblichen erlangt werden.[2] Wo die Gesundheit des

---

1 Vgl. Fragmente der Vorsokratiker, B 23

2 Vgl. hierzu besonders den Platonischen Dialog "Phaidon", in welchem der zum Tode verurteilte Sokrates die These vertritt, Philosophie bedeute Sterbenlernen, Einübung in den Tod durch weitestgehenden Verzicht auf die Inanspruchnahme der Sinne, sei es im Bereich der Theorie zur

Geistes und damit die Tugend der Seele das vorrangige Ziel ist, wird die Gesundheit des Leibes hintangestellt. Der Leib wird nicht um seiner selbst willen in seinen Funktionen unterstützt und von Krankheiten zu heilen versucht, sondern um zu verhindern, dass er bei den geistigen Tätigkeiten der Seele als Störfaktor in Erscheinung tritt. Der Körper hat somit an sich selbst betrachtet kein Recht auf Gesundheit. Doch solange er die materielle Basis ist, ohne die die Seele ihre ureigensten Ziele nicht verfolgen kann, ist die Aufrecht-erhaltung der körperlichen Gesundheit Mittel zum höherrangigen Zweck. Von einem Recht auf Gesundheit kann also nur in dem Sinn die Rede sein, dass dem Leib zugebilligt wird, was ihm *nach Massgabe der Seele* zusteht. Entsprechend gilt Gesundheit nicht als eines der höchsten Güter, nicht einmal als ein Gut an sich selbst, sondern nur als etwas instrumentell Gutes. Doch während z.B. Sokrates den Suizid als Mittel zur Befreiung der Seele von allen körperlichen Beeinträchtigungen als unerlaubte Flucht aus dem Gefängnis des Leibes ablehnte[3], plädierte Seneca für die Erlaubnis, dem Leben selbst ein Ende zu setzen, wenn körperliche Gebrechen den Geist daran hindern, seine Aufgabe zu erfüllen.[4]

In der christlichen Philosophie des Mittelalters widerfährt dem Körper noch weniger Gerechtigkeit als bei den Griechen. Gemäss der Sündenfall-Lehre sind Krankheiten, Sterben und Tod die direkte Folge einer Erhebung des Menschen gegen Gott. Man könnte sagen, dass es in der Utopie des Paradieses weder ein Gesundheits- noch ein Gerechtigkeitsproblem gegeben hat. Bei unbegrenzten Ressourcen entsteht kein Mangel, der ein Prinzip der Verteilung knapper Güter erforderlich macht. Und bei intakten Körperfunktionen ist ein Zustand ohne Gesundheit sowieso nicht vorstellbar. Erst nach der Vertreibung aus dem Paradies treten körperliche Übel auf, die als Strafe erfahren werden, vollzogen an demjenigen Teil des Menschen, der dem Geistigen vorgezogen wurde. Entsprechend bekommen Krankheit und Gebrechen den Stellenwert einer Busse, und Gesundheit ist nurmehr eine Gnade Gottes. Der unter Qualen am Kreuz sterbende Christus wird zum Symbol einer über alles Körperliche triumphierenden Geistigkeit. Somit hat der Körper auch nach christlichem Selbstverständnis kein Recht auf Gesundheit, da er dieses Recht verwirkt hat. Aber er hat eine Pflicht zur Selbstvervollkommnung, und wenn er dieser nachkommt, kann er getrost alle Übel

Gewinnung apriorischer Erkenntnisse, sei es im Bereich der Praxis um eines bedürfnislosen, triebfreien Lebensstils willen.

[3] Vgl. Phaidon, 61 e - 62 c

[4] Vgl. De vita beata

des Leibes hinnehmen; sie zählen nicht. Aus der christlichen Auffassung von Krankheit als göttlicher Sanktion erklärt sich auch, warum manch einer heute insgeheim schadenfroh reagiert, wenn er liest oder hört, dass ein Mitglied der High Society von einer Krankheit heimgesucht wurde. In einer Welt, deren Verhältnisse für die meisten Menschen nachteilig und daher ungerecht sind, wird es als ein Akt ausgleichender Gerechtigkeit empfunden, wenn eine unsichtbare Hand dafür sorgt, dass die Bessergestellten wenigstens nichts von den Vorteilen haben, die ihnen auf der Sonnenseite des Lebens unverdient in den Schoss gefallen sind.

Alle metaphysisch-rationalistischen Theorien also, die den Vorrang des Geistigen vor dem Leiblichen betonen, definieren Gesundheit nicht von den leiblichen Bedürfnissen bzw. dem körperlichen Wohlbefinden her, sondern aus der Verstandesperspektive. Aus dieser hat der Körper keine eigenen Rechte, sondern ist ausschliesslich gehorsamspflichtig gegenüber der Autorität des Verstandes, der seinen eigenen Interessen die unbedingte Priorität zuerkennt.

Diese gleichsam puritanische Einstellung gegenüber dem Körper ändert sich bei den *Kritikern* des rationalistischen Ideals. So hat Nietzsche z.B. vom Leib als einer "grossen Vernunft" gesprochen und entsprechend von einer "grossen Gesundheit". "Hört mir auf die Stimme des gesunden Leibes", fordert Zarathustra[5] und zieht vehement gegen die "Verächter des Leibes" zu Felde, die Metaphysiker und Theologen, die er ätzend als die eigentlich Kranken apostrophiert, da sie den Körper erniedrigten und verkümmern liessen, indem sie ihn mit Schmutz bewerfen. Die grosse Gesundheit, für die Nietzsche plädiert, resultiert aus dem Zusam-menspiel von Körper und Geist nach Analogie eines Organismus. Jedoch ist Nietzsche nicht Verfechter einer Ganzheitstheorie in dem Sinn, dass er Gesundheit als harmonischen *Zustand* auffasst. Vielmehr setzen sich Körper und Geist in Form eines Kampfes auseinander und steigern sich im Verlauf eines Lebens durch die wechselseitige Herausforderung aneinander und miteinander. In diesem Konkurrenzkampf darf es jedoch keinen Sieger geben, es muss ein Gleichgewicht der Kräfte herrschen, das je und je neu ausgewogen wird. Es gibt mithin nach diesem Verständnis weder eine Gesundheit des Körpers auf Kosten des Geistes noch umgekehrt eine Gesundheit des Geistes auf Kosten des Körpers. Im ersten Fall resultiert der "letzte Mensch", ein behäbiges, träges Genusswesen, das sich ganz der Bedürfnisbefriedigung in einem lauen Mittel-

---

[5] F. Nietzsche: "Von den Verächtern des Leibes", In: Also sprach Zarathustra, 1. Teil (Kritische Studienausgabe, Bd. 4, 39-41)

mass widmet.[6] Im zweiten Fall resultiert der Asket, dem ausser seinen rigorosen Vernunftregeln nichts heilig ist. Beides sind Fehlformen einer halbierten Gesundheit, erwachsen aus einer einseitigen anthro-pologischen Vorstellung. Ein Recht auf Gesundheit hat nur der ganze Mensch als verleiblichte Vernunft. Entsprechend sind Körper und Geist gleichermassen dazu verpflichtet, das ihre dazu beizutragen, damit die grosse Vernunft in jedem Augenblick wirksam sein kann.

Eine andere Theorie, die den körperlichen Bedürfnissen ein Recht auf Befriedigung einräumt, ist der Utilitarismus. Der Nutzenkalkül, mit dessen Hilfe die guten oder schlechten Folgen einer Handlung errechnet werden sollen, bezieht sich auf die zu erwartenden Lust- und Unlustquanten, wobei sowohl die körperlichen als auch die geistigen Genüsse zu Buche schlagen. Zwar hat John Stuart Mill gegen Jeremy Bentham geltend gemacht, dass den geistigen Genüssen ein höherer Stellenwert zukommen müsse - mit dem bekannten Argument, dass ein unzufriedener Mensch ungleich höher zu veranschlagen sei als ein zufriedengestelltes Schwein, auch wenn das Schwein naturgemäss anderer Ansicht sei, weil es ja nur die eine Art von Bedürfnisbefriedigung kennt[7] -, dennoch ist nach Meinung der meisten Utilitaristen das körperliche Wohlergehen ein Gut, dessen Wert bei der Berechnung der Nutzensumme starkes Gewicht zukommt. Gesundheit als Teil der Lebensqualität gehört somit wesentlich zum Gemeinwohl, das utilitaristisch als das grösste Glück der grössten Zahl definiert wird. Sofern jedes Mitglied der Handlungsgemeinschaft berechtigt ist, an den durch Wertsteigerung resp. durch Maximierung des Gesamtnutzens erreichten Glücksgütern angemessen beteiligt zu werden, steht ihm auch ein Recht auf Gesundheit als Teil des Allgemeinwohls zu bzw. auf Erhaltung oder Wiederherstellung seiner Gesundheit.

Damit sind wir bereits auf dem Boden der gegenwärtigen Diskussion um die Gesundheit angelangt. Wenn heute vielfach, neuerdings sogar in der Werbung von Pharmakonzernen, Gesundheit als ein Menschenrecht postuliert wird, dann scheinen mir diesbezüglich einige Differenzierungen nötig zu sein. (1) Es gibt zweifellos ein Menschenrecht auf körperliche Unversehrtheit. Dieses Recht hängt mit der Würde der Person zusammen, die als autonom über sich verfügendes Subjekt unbedingte Anerkennung verdient. Unabtrennbar von der Anerkennung des Rechts auf körperliche Unversehrtheit

---

[6] Ebenda, Vorrede, Kap. 6

[7] J. St. Mill: Der Utilitarismus, Stuttgart 1976, 18

ist die Pflicht, niemanden ohne Not dieser Unversehrtheit zu berauben, d.h. niemanden an Leib und Leben zu verletzen. Das Recht auf körperliche Unversehrtheit schliesst also nur mittelbar ein Recht auf Gesundheit ein in dem Sinn, dass - ausser in Fällen von Notwehr - jede Handlung verboten ist, durch die die Gesundheit von Menschen beeinträchtigt wird mit dem Ziel, sie ihrer Widerstandskraft oder ihres Lebens zu berauben. In dieses indirekte Recht auf Gesundheit schliesse ich auch angesichts der uns heute bedrängenden Probleme der Umweltverschmutzung das Recht auf optimale äussere Lebensbedingungen mit ein: das Recht auf saubere Luft etwa, auf sauberes Wasser usf. Krankmachende Faktoren sind zu reduzieren und zu eliminieren, nicht nur um der Gesundheit der heute Lebenden, sondern auch um des Wohlergehens der nach uns kommenden Generationen willen. Weiterhin gehört das Recht der Menschen in den Armutsländern auf angemessene Unterstützung von seiten der reichen, ehemaligen Ausbeuterländer zur Überwindung des Hungers und der durch Hunger verursachten gesundheitlichen Schäden unter die Rubrik des im Menschenrecht auf körperliche Unversehrtheit mitenthaltenen Rechts auf Gesundheit.

Obwohl Gesundheit zweifellos ein elementares Gut ist, dessen Besitz von den meisten Menschen begehrt wird, würde ich dennoch nicht so weit gehen zu sagen: Gesundheit hat an sich selber den Rang eines Menschenrechts. Denn unter Menschenrecht wird etwas verstanden, das ausnahmslos jedem Menschen kraft seiner Zugehörigkeit zur Gattung Mensch von Natur aus zusteht. Und wie vorhin bereits angedeutet, steht einem solchen starken Recht, gleichsam als die Rückseite der Medaille, eine ebenso starke Pflicht gegenüber, nämlich die Pflicht, dasjenige, was als Recht in Anspruch genommen wird, zu schützen und zu befördern.[8] Das heisst aber, wir wären dazu verpflichtet, die Gesundheit eines jeden, einschliesslich unsere eigene, zu schützen und zu befördern. Pflichtverletzungen müssten Sanktionen nach sich ziehen. Hier sind wir genau an dem Punkt, an dem das Recht auf Gesundheit mit dem Recht auf freie Selbstbestimmung in Konflikt gerät. Jeder hat sich seine Lebensweise selbst gewählt, und wer beim heutigen Stand der

[8] Vgl. O. Marquard/E. Seidler//H. Staudinger: Einleitung in: Medizinische Ethik und Verantwortung, Paderborn 1989, S.7: "Es sei die Pflicht eines jeden Bürgers, so lautet die Forderung, gesund zu leben. Was das konkret heißt, ist allerdings mehr und mehr außenbestimmten Schwankungen unterworfen. Rauchen, genüßliches Essen, erheiternder Weingenuß, Übergewicht sind heutzutage nicht mehr nur persönliche Arten und Unarten, sie werden erneut als Sünden gebrandmarkt: als Sünden wider die Gesellschaft. Und in der Tat: wenn jeder Mensch - gesellschaftlich abgesichert - das Recht auf Gesundheit hat, scheint er auch die Pflicht zur Gesundheit zu haben. Gleichwohl stecken hier ethische Probleme komplizierter Art, die ans Licht gezogen und diskutiert werden müssen."

medizinischen Aufklärung über die Risiken, die bestimmte Lebensgewohnheiten nach sich ziehen, sich dennoch für ein Übermass an Genussmitteln entscheidet, schadet damit seiner Gesundheit. Er handelt bis zu einem gewissen Grad fahrlässig, und vielleicht ist er von einem bestimmten Zeitpunkt an der Sklave einer Sucht, so dass er nicht mehr aus eigener Kraft imstande ist, die gesundheitsschädliche Gewohnheit aufzugeben.[9] Aber in der Regel tolerieren wir es, wenn jemand sein Glück im Essen, Trinken, Rauchen usf. findet, d.h. wir tolerieren es[10], sofern wir uns nicht in unzumutbarer Weise dadurch belästigt fühlen. Hätte Gesundheit jedoch den Rang eines Menschenrechts, dann bliebe kein Spielraum für Toleranz. Wir wären im Gegenteil sogar dazu verpflichtet, unsere Mitmenschen daran zu hindern, ihrer Gesundheit zu schaden und sie, wenn sie kein Einsehen zeigen, vor sich selbst zu schützen. Dies kommt jedoch einer Diskriminierung der Menschenwürde gleich, wie sie manchmal die Dicken oder die Raucher zu fühlen bekommen, wenn man ihnen unterstellt, sie seien haltlos und ihrer Gier verfallen. Noch schlimmer ergeht es den Aidsinfizierten, weil der Normalbürger davon ausgeht, dass die Krankheit gleichsam die Quittung für hemmungslosen, noch dazu als pervers erachteten Genuss sei.

Ich möchte also von einem Recht auf Gesundheit nicht in dem starken Sinn sprechen, wie er im Begriff Menschenrecht gemeint ist, sondern in der schwächeren Bedeutung, derzufolge Gesundheit ein jedermann fraglos zustehendes Gut ist, über das der einzelne im Rahmen seines Rechts auf freie Selbstbestimmung nach eigenem Gutdünken zu verfügen berechtigt ist. Er kann dieses Gut hochschätzen; er kann es aber auch zugunsten von Gütern, die er höher schätzt, niedriger einstufen. Dabei müssen es keineswegs immer Genussgüter sein, denen gegenüber die Gesundheit als zweitrangig angesehen wird. Es können auch geistige oder soziale Ideale sein, für deren Einsatz eine Beeinträchtigung der Gesundheit in Kauf genommen wird. Nur wenn die Gesundheitsgefährdung lebensbedrohlich wird und wir den Eindruck haben, dass der Betreffende nicht mehr weiss, was er tut, wenn er also nicht mehr als

---

9 "Wenn nicht ein rationaler Entscheidungsprozeß für das Verhalten eines Rauchers verantwortlich ist, sondern seine frühkindliche Erziehung zur Sauberkeit, dann erscheint es doch höchst merkwürdig, wenn er dafür auch noch bestraft werden soll." So faßt R.M. Veatch die These des "psychologischen Modells" der Gerechtigkeit zusammen. (Lebensstil, Gesundheitsrisiko und Solidarität, in: Medizin und Ethik, hg. v. H.-M. Sass, Stuttgart 1989, 334)

10 "Gesundheitsgefährdendes Verhalten einzelner sollte nur eingeschränkt werden für den Fall, daß (a) daraus ein Schadensrisiko für Unbeteiligte entsteht; und (b) eine Kosten-Nutzen-Analyse ergibt, daß die Investitionen für die Überprüfung solchen Verhaltens zu einer Erhöhung und nicht zu einem Abbau der Nettosozialausgaben führen." (Dan Beauchamp, zitiert nach R.M. Veatch, a.a.O., 340)

verantwortlich für sein Handeln erachtet werden kann, haben wir das Recht, ihn in seinem eigenen wohlverstandenen Interesse vor sich selbst zu schützen.

Wie hoch jemand den Wert der Gesundheit veranschlagt, steht also bis zu einem gewissen Grad in seinem Belieben. Eine andere Frage ist jedoch die, mit welchem Recht er die *Wiederherstellung* seiner Gesund-heit verlangen kann, wenn in erster Linie seine Lebensgewohnheiten zum Verlust der Gesundheit geführt haben. Seine Krankheit verursacht ja schliesslich Kosten, die rein rechnerisch betrachtet höchstwahrscheinlich nicht entstanden wären, wenn er sich für eine gesündere Lebensweise entschieden hätte. In einem Gesundheitswesen, das auf der Solidargemeinschaft der Versicherten beruht, empfinden es die meisten Mitglieder als ungerecht, dass sie für eine Behandlung mit zur Kasse gebeten werden, die nicht nötig wäre, wenn der Betreffende vernünftiger gelebt hätte. Nun muss man aber natürlich zugeben, dass wir alle unsere grösseren oder kleineren Laster haben, also mehr oder weniger vernünftig leben. Niemand ist davor gefeit, krankmachenden Verlockungen zu erliegen. Es ist daher nicht so, dass auf der einen Seite die verantwortungsbewussten Versicherten die ganzen Kosten tragen, während ihnen auf der anderen Seite nur Schmarotzer gegen-überstehen. Jeder kann, wie gesagt, einmal in die Lage kommen, ein zu hohes Gesundheitsrisiko einzugehen, so dass auch er auf das Netz der Solidargemeinschaft angewiesen ist. Von daher, und weil es ohnehin schwierig wäre, eine eindeutige Grenze zwischen schuldhaft und schuldlos zugezogenen Krankheiten zu ziehen, müssen die Ungerechtigkeiten, die in einem sozialen Verbund nicht ausgeschlossen werden können, hingenommen werden, da sie letztlich allen zugutekommen und sonst das ganze System gefährdet wäre. Die Krankenkassen taxieren ohnehin den Gesundheitszustand ihrer neuen Mitglieder, und ich finde es in Ordnung, dass z.B. Nichtrauchern bei Lebensversicherungen Bonuspunkte geschenkt werden.[11]

Das Renten- und Versicherungswesen beruht auf den Prinzipien der Subsidiarität und der Solidarität; entsprechend trägt jeder nach Massgabe seines Einkommens zur Aufrechterhaltung des Systems bei. Es gilt als gerecht, dass

---

[11] Ich bin nicht sicher, ob man so weit gehen sollte, wie Veatch, der fordert: "Aus (dem) Zusammen-hang einer sekundären Komponente des Gerechtigkeitsprinzips ziehe ich die Konsequenz, daß es zumutbar und gerecht ist, daß bei einer Inanspruchnahme von medizinischer Versorgung durch Personen mit tatsächlich freiwillig eingegangenen Gesundheitsrisiken diese Personen anders behandelt werden als solche, deren Bedarf an medizinischer Versorgung andere Gründe hat. Eine Gleichbehandlung beider Personengruppen wäre in diesem Fall tatsächlich ungerecht." (A.a.O., 342) Veatch schlägt für solche Fälle die Einführung einer Gesundheitssteuer als eine Möglichkeit der ausgleichenden Gerechtigkeit vor.

der Besserverdienende mehr bezahlt als der finanziell schlechter Gestellte, obwohl damit eine Ungleichheit verbunden ist, denn normalerweise bekommt man für mehr Geld mehr Güter oder Dienstleistungen. Analog gilt es auch als gerecht, dass der eine im Verlauf seines Lebens mehr ärztliche Versorgung und Medikamente benötigt als ein anderer. Das System funktioniert ja ohnehin nur, wenn die überwiegende Mehrheit der Versicherten gesund ist und dies durch ihren Obolus honoriert. Wenn mehr als die Hälfte über einen längeren Zeitraum gleichzeitig krank wären, würde das System zusammen-brechen. Aber es steht aufgrund der wachsenden Flut von Unkosten, die die hochtechnisierte Apparatemedizin und die Führung von Kliniken, Spitälern und Pflegeheimen verursachen, auch so kurz vor dem Kollaps. Die Ressource medizinische Versorgung ist knapp geworden, und da die Mittel nicht ausreichen, um allen Bedürfnissen gerecht zu werden[12], erhebt sich die Frage nach einer gerechten Beteiligung aller, die Anspruch auf diese Ressource erheben. Hierzu möchte ich abschliessend einige Thesen und Probleme vortragen.

1. Jeder Leidende - ich sage bewusst nicht: jeder Kranke[13] - hat unangesehen der Art und der Herkunft seines Leidens Anspruch auf angemessene Hilfe. Der Zugang zu dieser Hilfe muss für alle ohne Ansehen der Person in gleicher Weise gewährleistet sein.

2. Welche Hilfe als angemessen erachtet werden kann, hängt von der ärztlichen Diagnose einerseits, den verfügbaren Therapien andererseits ab.

---

12 Jedenfalls werden die Mittel solange knapp bleiben, als man sich nicht entschliesst, die Militärausgaben drastisch zu senken oder die Prioritäten bei den Staatsausgaben umzuschichten, z.B. keine Mittel mehr für den Ausbau neuer Strassen zu bewilligen, um über den Kollaps des Autoverkehrs die Sucht der Autofahrer in vernünftige Bahnen zu lenken.

13 Die Definitionen für "Krankheit" sind vieldeutig und umstritten. Die WHO schlägt vor, "Gesundheit als Zustand vollkommenen körperlichen, geistigen und sozialen Wohlbefindens, und nicht allein als das Fehlen von Krankheit und Gebrechen" zu definieren. F. Anschütz hält dies für den "überhöhten Gesundheitsanspruch einer Bevölkerung, die in einer westlichen Konsumgesellschaft lebt. ... Der Gesundheitsbegriff ist also von der jeweiligen gesellschaftlichen Situation abhängig und durch Sozialerwartungen ungeheuer stark beeinflusst. Der hohe Glücks- und Gesundheitsanspruch der westlichen Welt wird zudem noch gefördert durch die öffentliche Suggestion des sog. Machbaren, durch ein ausgesprochenes Streben nach Heil, Wahrheit, Glück, Macht, Reichtum." Vor dem Hintergrund dieser Gesundheitsvorstellung müsste das Altern als Krankheit aufgefasst werden. Eine einheitliche Definition des Begriffs der Gesundheit hält Anschütz weder für möglich noch für wünschenswert. (Ärztliches Handeln. Grundlagen, Möglichkeiten, Grenzen, Widersprüche, Darmstadt 1987, 100 f., 106)

3. Die Therapien, sofern sie nicht unbegrenzt verfügbar sind, unterstehen dem Kosten-Nutzen-Prinzip. Obwohl prinzipiell jedem Leidenden das gleiche Recht auf die bestmögliche Behandlung zusteht, müssen auf der Basis des finanziell Möglichen Einschränkungen dieses Rechts vorgenommen und gewisse Ungleichbehandlungen akzeptiert werden. Das Problem dabei ist das folgende: Welche Einschränkungen sind zumutbar und gerecht? Wie immer die Lösung dieser Frage im Speziellen ausfallen mag, eins steht bereits vorweg fest: Für die von der Einschränkung betroffenen Individuen ist sie immer ungerecht. Was immer im statistischen Durchschnitt oder für die meisten gerecht sein mag, ist für den ausgeschlossenen einzelnen ungerecht. Wenn z.B. die Krankenkassen In-vitro-Fertilisationen wegen zu hoher Kosten nicht bezahlen und stattdessen die Mittel für Inkubatoren einsetzen, empfindet eine Minderheit von Paaren, die auf diese Technologie angewiesen ist und unter ihrer Kinderlosigkeit leidet, diese Restriktion als höchst ungerecht. Oder wenn die Grenze für bezahlte Hüftoperationen auf das Alter bis zu 70 Jahren beschränkt würde, werden die über Siebzigjährigen protestieren. Bereits diese einfachen Beispiele, die sich vermehren liessen, zeigen wie schwierig es ist, die Grenze einer zumutbaren, nicht ins Inhumane abgleitenden Ungerechtigkeit festzusetzen, vor allem wenn dadurch nicht nur die Lebensqualität beeinträchtigt, sondern auch noch ein Zweiklassensystem festge-schrieben wird: auf der einen Seite die reichen Patienten, die ihre Behandlung selbst bezahlen können, auf der anderen die weniger Bemittelten, die doppelt leiden müssen, nämlich zum einen unter der Last ihres Leidens und zum anderen unter der Ungerechtigkeit. Um die Ungerechtigkeiten, die auf der Basis des Kosten-Nutzen-Prinzips in Kauf genommen werden müssen, in einem erträglichen Rahmen zu halten, müssen die Entscheidungsverfahren durchsichtig sein, die zu einem für alle Betroffenen *argumentativ* nachvollziehbaren Konsens führen. Ich betone das Wort "argumentativ" deswegen, weil mir die üblichen demokratischen Verfahren, in denen das zahlenmässige Mehr den Ausschlag gibt, dort, wo es um Fragen der Wiederherstellung des körperlichen und seelischen Wohlbefindens geht, nicht angemessen zu sein scheint. Entscheiden soll unter dem Druck der Kosten für das Gesundheitswesen das bessere Argument der über die Zusammenhänge Informierten, die nach Massgabe des gesunden Menschenverstands urteilen, auch wenn sie selbst zu den Benachteiligten gehören.

Wer sind die Fachleute für ethische Orientierung? Zur Funktion medizinischer Ethikkommissionen

Von Christoph Rehmann-Sutter

Moderne Industriegesellschaften stoßen gerade mit ihrer Technologie an Fragen, die sich nicht mit technischer Rationalität lösen lassen. Es gibt offenbar neuralgische Stellen im System der Vermehrung des Könnens. Dort entstehen Bedürfnisse zu wissen, ob man, was man tun könnte, auch tun soll. Der Bereich der Medizin ist prädestiniert für die Produktion solcher Fragen der ethischen Beurteilung und Bewertung technologischer Möglichkeiten. Denn in der Medizin sind die von der Technik primär Betroffenen selbst Menschen, Menschen in Zeiten nicht von Stärke und Souveränität, sondern oft von Schwäche und Abhängigkeit. Embryonen und Hirntote, Drogenabhängige und Intensivpatient/innen, Träger von Erbkrankheiten und Teilnehmer/innen an klinischen Versuchen – um nur Beispiele zu nennen – sind nicht oder nur begrenzt in der Lage, die Grenzen des sie betreffenden Technikgebrauchs ohne Beistand selbst und allein zu bestimmen. Die Moral hält auch keinen allgemein anerkannten und für alle Situationen verbindlichen, eindeutig auslegbaren Kodex von Normen bereit, nach dem sich die Medizin in solchen Fällen richten könnte. Das liegt in meinen Augen nicht daran, daß unsere Gesellschaften moralisch dissoziieren oder gar in einen Zustand tendenzieller Anomie geraten, also "keinen vernünftigen Weg" mehr kennen, um zu einer moralischen Übereinstimmung zu kommen, wie dies Alasdair MacIntyre (beklagend) festzustellen meinte,[1] – sondern daran, daß es sich um Situationen des moralischen Konflikts handelt, die einzigartig sind und einer genauen Wahrnehmung und Analyse aus verschiedenen relevanten Blickwinkeln bedürfen. Es gibt jeweils widerstreitende Interessen, z.B. das Interesse an Vermehrung des Wissens zur Verbesserung der Heilkunst, das Interesse an bestmöglicher individueller Behandlung der an einem klinischen Versuch teilnehmenden Patientinnen und Patienten und das Interesse an der Entwicklung eines marktfähigen Heilmittels

---

1 MacIntyre, (1995), S. 19.

durch ein Unternehmen. Oder das Interesse von Eltern an einem genetisch eigenen und gesunden Kind, das Interesse der Reproduktionsmedizin an Vermehrung ihres Könnens und an Erweiterung der gesetzlich erlaubten Spielräume, sowie das Interesse eines (zu erzeugenden) Kindes an einem natürlichen und nicht stigmatisierenden Lebensstart.

Die Einsetzung interdisziplinärer und pluralistischer "Ethikkommissionen" (EK) ist in solchen Fällen deshalb weniger als Ausdruck einer moralischen Verlegenheit zu interpretieren, denn als Ausdruck eines Bewußtseins von der Einmaligkeit und Neuartigkeit derartiger Situationen, in denen nicht nur naturwüchsige Interessen, sondern je für sich rechtfertigbare Ansprüche einander entgegenstehen und sich die Lösung für andere, Betroffene, auswirkt, z.T. sogar das Verhalten von staatlichen Instanzen mit allgemeiner Wirkung beeinflußt. Ich vertrete die Auffassung, daß die Institution der EK eine prozedurale Vernunft zum Ausdruck bringen kann, indem sie die moralischen Antworten auf dem Weg des Diskurses sucht. EK stellen Schritte auf einem "vernünftigen Weg" (MacIntyre) dar, um moralischen Konflikten im Bereich der Medizin zu begegnen.

Dafür, daß die EK diesen hohen Erwartungen entsprechen können, müssen sie geeignet zusammengesetzt werden. Hier scheinen Unklarheiten und offene Fragen zu bestehen. In einer vom Schweizer Nationalfonds geförderten Studie erhebt Klaus Peter Rippe den Vorwurf, die meisten EK in der Schweiz seien falsch besetzt. Anstelle eines Übergewichts von Vertreter/innen der Medizin und der Naturwissenschaften, wie es in vielen Fällen gang und gäbe ist, sollen – so das Ergebnis der Studie – Vertreter/innen der "Moralphilosophie und der Rechtswissenschaften" in den Kommissionen die numerische Mehrheit haben.[2] Die Aktualität dieser Frage nach der Zusammensetzung in der Schweiz ist zusätzlich durch den Umstand gegeben, daß der Bundesrat vorgeschlagen hat, eine Nationale EK zu berufen, die sich mit der "Entwicklung in der Fortpflanzungs- und Gentechnologie im humanmedizinischen Bereich" befassen soll.[3] Die Frage der Zusammensetzung ist aber über die Rechtsgemeinschaft Schweiz hinaus von Bedeutung, weil die Zusammensetzungsfrage eng verknüpft ist mit der Frage, welche Funktion(en) EK denn erfüllen können und sollen. Diese ist aber wiederum mit einem tiefreichenden Problem der Ethik verbunden, nämlich mit nichts Geringerem als dem Konzept von Ethik über-

---

2 Pressemitteilung des Schweizerischen Nationalfonds vom 16. Juli 1996 "Zürcher Philosophen plädieren für Neuorganisation. Die meisten Ethikkommissionen sind falsch besetzt".

3 Entwurf zum Bundesgesetz über die medizinisch unterstützte Fortpflanzung (Fortpflanzungsmedizingesetz, FMedG) vom 26. Juni 1996, Art. 28 (Drucksache Nr. 96.058).

haupt. Es scheint, daß ein Ethikkonzept, das die Lösung eines moralischen Konflikts in einer allgemein zustimmensfähigen (konsensfähigen), rational kohärenten Argumentation sieht, eher einer von Experten für rationale Argumentation (Moralphilosophie und Rechtswissenschaft) dominierten Kommission den Vorzug gibt und ein Ethikkonzept, das die Lösung eines moralischen Konflikts von einer Wahrnehmung der Situation aus verschiedenen Perspektiven und von Partizipation der Betroffenen erhofft, eher zu einer vielfältig, pluridisziplinär und situatuationsbezogen zusammengesetzten EK tendiert.

1. EK als wissenschaftliche, politische oder ethische Institution?

Es ist nützlich, von einem konkreten Fall auszugehen, damit die Analysen und Argumentationen den Geruch der Realität nicht verlieren. Dafür eignet sich vielleicht besonders gut die Studiengruppe "Forschung am Menschen", die vom Schweizerischen Departement des Inneren im Dezember 1993 eingesetzt wurde, unter der Leitung des Theologen und Ethikers Hans-Peter Schreiber arbeitete und im Februar 1995 ihren Bericht vorlegte. Sie war durch den Art. 24 novies der Bundesverfassung motiviert und sollte der Vorbereitung eines geplanten Gesetzes über die assistierte Fortpflanzung und die Anwendung der Gentechnologie am Menschen dienen. Ein entsprechender Gesetzesentwurf, der in den wesentlichen Punkten von den Empfehlungen der Schreiber-Kommission abwich (Verbot von Embryonenforschung und Präimplantationsdiagnostik), wurde ab 1. Juni 1995 in die allgemeine Vernehmlassung gegeben, überarbeitet und liegt seit 26. Juni 1996 in einer Botschaft des Bundesrates [4] als "Fortpflanzungsmedizingesetz" vor. Klaus Peter Rippe hat in seiner Arbeit zu den EK diese Schreiber-Kommission als Studienobjekt gewählt.[5]

Die entscheidende Kritik an der Organisation der Studiengruppe "Forschung am Menschen" besteht für Rippe in der Unklarheit bezüglich ihrer Aufgabenstellung. Diese war zwar thematisch definiert aber nicht bezüglich ihrer Rolle im Zusammenhang des kollektiven Entscheidungsprozesses. Wie Rippe darlegt, ist die Konsequenz, daß sie keiner der verschiedenen in diesem Zusam-

---

4 Vgl. FN 3.

5 Ich stütze mich im folgenden auf das mir vorliegende Manuskript von Klaus Peter Rippe "Ethik durch Kommissionen" von 1996, das nicht die endgültige Argumentation des Autors enthält, aber bei maßgeblichen Stellen in Zirkulation gelangte. Die Absicht meiner Stellungnahme ist deshalb nicht, eine gültige Kritik der Position Rippes zu bieten, sondern an Hand seiner vielleicht vorläufig geäußerten Thesen zur sachlichen Klärung beizutragen. Dieses Vorgehen meinerseits drängt sich auf, weil die parlamentarische Debatte zur Frage der nationalen EK unmittelbar bevorsteht.

menhang an sie zu richtenden Forderungen wirklich nachkommen kann. Sie steht "zwischen Wissenschaft und Politik" und kann "weder den Forderungen der Politik noch der Wissenschaft genügen" (R, 12)[6]. Dies möchte ich nachzeichnen.

Die thematische Definition der Aufgabenstellung scheint unproblematisch. Es ging "in einer ersten, einjährigen Phase" um die Fragen "der Zulässigkeit von Forschung an überzähligen Embryonen...,d.h. an jenen Embryonen, bei denen alle Möglichkeiten der Implantation in den Körper der Frau ausgeschöpft worden sind, und die deshalb vernichtet werden müssen", "der Zulässigkeit der Präimplantationsdiagnostik des Embryos in vitro" (FM, 3). Das zugrundeliegende, generelle Mandat der Studiengruppe bestand in der "Festlegung wissenschaftlicher, ethischer und juristischer Grundsätze, auf denen eine Reglementierung" in diesem Bereich "aufbauen soll" und in der Erarbeitung von möglichst kompatiblen und umsetzbaren Empfehlungen (ibid). Die Studiengruppe hat den Problemkreis ihres Mandats (humanmedizinischer Teil von BV 24 novies, d.i. gem. Abs. 2: "Umgang mit menschlichem Keim- und Erbgut") eingeengt und damit interpretiert (Forschung an überzähligen Embryonen und Präimplantationsdiagnostik). Es war, wie mir scheint, eine Gewichtung nach der Dringlichkeit der Sachthemen, die zu dieser Auswahl führte. Es bestand offensichtlich eine Spannung zwischen der Breite des auftragsgemäß zu bearbeitenden Themenfeldes und der zur Verfügung stehenden Zeit, die für die Kommission eine Auswahl der Diskussionsthemen nahelegte. Diese Spannung wurde aber im Bericht selbst nicht reflektiert. Es bleibt undeutlich, ob sie (i) in der Gruppe ausführlich diskutiert, (ii) von der auftraggebenden Stelle vorausgesehen, (iii) überhaupt als relevant empfunden wurde. Der Bericht erweckt den Eindruck, daß die Auswahl unproblematisch gewesen sei und sozusagen in der Natur der Sache lag: Das Mandat "beschränkte..... die Aufgabe der Studiengruppe auf die Folgen von Art 24 novies BV für die medizinische Forschung am Menschen und definierte somit die konkreten Diskussionsthemen einer ersten, einjährigen Phase" (FM,3). Diese Unklarheit bezüglich der Themenauswahl verbindet sich mit einer zweiten Unklarheit bezüglich der Rolle, welche die Kommission bei der Erreichung des prozeduralen Ziels ("Festlegung wissenschaftlicher, ethischer und juristischer Grundsätze, auf denen eine Reglementierung der medizinischen Forschung am Menschen aufbauen soll"; FM,3) spielen sollte. Was der Auftrag, Grundsätze fest-

6 Vgl. das Verzeichnis der Siglen am Schluß des Aufsatzes.

zulegen, für die Rolle bedeutet, welche die Empfehlungen im Zusammenhang des Legiferierungsprozesses spielen soll, ist mehrdeutig.

Rippe diskutiert hier nun zwei Verstehensmöglichkeiten: Man kann sie als wissenschaftliche Einrichtung würdigen oder als politische. Die politische Dimension besteht in der Durchsetzungsfähigkeit innerhalb der politischen Kräfteparallelogramme, d.h. in der Mehrheitsfähigkeit eines Reglementierungsvorschlages in Parlament und Volk. So verstanden, hätte sie mit Ethik auf den ersten Blick wenig zu tun. "Soll es eine politische Kommission sein, müßten alle durch die Fragen berührten Parteien angemessen vertreten sein."(R,23). Wenn eine EK nach den Anforderungen des politischen Prozesses aufgebaut würde, könnte sie nach Rippe als "Clearingkommission" oder als "Bürgerforum" gebildet werden. Letztere Form brächte eine Reihe von partizipations- und staatstheoretischen Probleme mit sich, von denen einige im Text (R,31) zutreffend genannt werden. Die Clearingkommission ist eine "spezielle Form von Politikberatung" (R,28). Vertreter der einflußreichen gesellschaftlichen Gruppierungen hätten darin "zu klären, wo der gesellschaftliche Dissens – und wo ein möglicher Konsens – liegt" (ibid). Moralphilosophen würden darin eine relatv geringe Rolle spielen. In Rippes Terminologie ist eine Clearingkommission keine EK. Sie hat eine realpolitische Wirklichkeit in den vorberatenden Kommissionen der Parlamente, wie in der Schweiz z.B. die Kommission Wissenschaft, Bildung, Kultur (WBK), welche mehrheitsfähige Positionen im Vorfeld der Plenarberatung ausloten. EthikerInnen können darin höchstens Fragen aufwerfen und so die Diskussionen beleben und vielleicht verwesentlichen. Ich stimme dieser Einschätzung Rippes zu: Clearingkommissionen sind zwar realpolitisch äußerst hilfreich, können aber nicht "EK" genannt werden. Es scheint mir auch zuzutreffen, daß sich im Fall der Schreiber-Kommission das Mandat im Sinn einer Clearingkommission lesen läßt und daß ihre Zusammensetzung und Arbeitsweise z.T. in diese Richtung verlief. Ausschlaggebend für den Bericht waren Mehrheitsverhältnisse; das unterlegene Minderheitsvotum wurde nicht argumentativ in den Mehrheitsbericht integriert, sondern erschien separat. Weil die Zusammensetzung aber nicht konsequent genug als Clearingkommission gewählt wurde, sind die Empfehlungen des Mehrheitsvotums (Erlaubnis von Embryonenforschung und Präimplantationsdiagnostik) auch nicht in den (ebenfalls auf Mehrheitsfähigkeit ausgelegten) Entwurf zum FMedG eingeflossen.

Den Begriff der ethischen Kommission weist Rippe nun der Alternative zur Clearingkommission zu, welche seiner Darlegung nach eine wissenschaftliche Einrichtung wäre. Ihre Aufgabe würde darin bestehen, "wissenschaftlich kompetente Gutachten zu erstellen" (R,43). An anderer Stelle sagt er, sie sollen "moralisch vertretbare Positionen erarbeiten" (R,14) bzw. "moralphilosophisch stichhaltige Ergebnisse erbringen" (R,19). Was kann das heißen? Sind diese drei Formulierungen deckungsgleich? Ist mit ihnen das bezeichnet, was die Aufgabe einer EK im Zusammenhang einer kollektiven Entscheidfindung ausmacht?

Es ist zu fragen, ob Rippe damit gerade die Verstehensmöglichkeit übergeht, die in diesem Zusammenhang entscheidend wäre. Die Kommission könnte sich nämlich auch als eigentlich ethische Kommission verstehen. Man müßte dann aber freilich zeigen, weshalb diese Aufgabe mit den beiden anderen nicht unbedingt oder nur teilweise identisch ist. Dies könnte auf folgende Weise versucht werden: Die Formulierung des Mandats enthielt drei Elemente: die Kommission soll Grundsätze der Wissenschaft, der Ethik und der Jurisprudenz aufstellen, auf denen eine Reglementierung aufbauen kann. Dies könnte man so interpretieren, daß nicht drei gleichwertige, miteinander möglicherweise konfligierende Dimensionen angesprochen sind, sondern daß die Dimensionen geordnet sind: Zunächst formuliert die biomedizinische Wissenschaft Grundsätze der technischen Möglichkeiten sowie der damit einhergehenden Risiken und Grenzen, die Jurisprudenz sucht die relevanten Bestimmungen des geltenden Rechts und die Ethik formuliert zunächst diejenigen Moralprinzipien, anerkannten Normen und Intuitionen, welche für den Zusammenhang relevant sein können. Dann werden aus diesen wissenschaftlichen, ethischen und juristischen Bestimmungen die Bedingungen zusammengestellt, welche die Entscheidungsmöglichkeiten definieren. Es ergeben sich eine Reihe von Optionen, die es dann unter ethischem Gesichtswinkel zu diskutieren und zu verfeinern gilt. Für das "Sollenselement" der Empfehlungen, welches laut Mandat letztlich im Zentrum steht, ist eindeutig die normative Ethik die zuständige Dimension (ich sage absichtlich nicht "Disziplin"). Die übrigen Dimensionen – Wissenschaft und Jurisprudenz – ergeben die Rahmenbedingungen, in denen sich die ethischen Fragen stellen und in denen Lösungen realisierbar sein müssen. Dazu braucht es eine ethische Reflexion – in der Gruppe kollektiv verwirklicht als "praktischer Diskurs"[7] – , die über das hinausgeht, was an Moralprinzipien, anerkannten Normen und Intuitionen gesammelt wurde. Denn es gilt nicht bloß zu bestimmen, ob die Prinzipien, Normen und Intuitionen sich zu einer konsistenten Auffassung verbinden lassen, ob sie vollständig und zutreffend beschrieben worden sind und wo sich

---

[7] Benhabib (1991), Habermas (1983) und (1991).

Konflikte zwischen ihnen ergeben. Es geht in einer ethischen Empfehlung darum herauszufinden, ob eine bestimmte Empfehlung in der betreffenden Situation für die Betroffenen Gültigkeit beanspruchen kann, d.h. ob sie anerkannt zu werden verdient. Und es geht darum, die Gründe offenzulegen, weshalb eine Empfehlung möglicherweise anderen vorzuziehen wäre und welche Gründe für die Alternativen sprechen.

2. *Kann die moralphilosophische Analyse neutral sein?*

Die zweite der bei Rippe angegebenen Formulierungen, wonach eine "wissenschaftliche" EK in seinem Sinn "moralisch vertretbare Positionen erarbeiten" soll, ist zweifellos die allgemeinste. Sie läßt sich auch kaum bezweifeln. Denn es ist unvernünftig, von einer EK zu fordern, sie solle moralisch nicht vertretbare Positionen erarbeiten. Niemandem würde eine solche Expertise helfen.

Die beiden anderen Formulierungen ("wissenschaftlich kompetente Gutachten", "moralphilosophisch stichhaltige Ergebnisse") sind anspruchsvoller. Sie setzen ein akzeptiertes Verständnis von "Moralphilosophie", bzw. von "Wissenschaft" voraus. Wie aus dem Kontext in Rippes Argumentation hervorgeht, ist gemeint, daß ein "moralphilosophisch stichhaltiges" Ergebnis höheren Ansprüchen genügen muß als ein im Common Sense akzeptables Ergebnis. Diese Ansprüche beziehen sich auf interne Konsistenz einer Position, Klarheit der Begriffe und Stringenz der Begründungsgänge. Im Ganzen sind es Bedingungen, die eine Position, wie sich Rippe auch ausdrückt, "denkbar" machen.

Rippe läßt keinen Zweifel darüber offen, daß er den moralphilosophischen Nachweis fehlender Stichhaltigkeit moralischer Aussagen für objektiv (im Sinn von intersubjektiv nachvollziehbar und zwingend) hält. Deshalb kann er auch davon ausgehen, daß es sich bei der Moralphilosophie um eine Wissenschaft handelt, die nach methodischer Kompetenz gesicherte Ergebnisse liefert. Allerdings werde dies problematisch, sobald die Ergebnisse inhaltliche Vorschläge über das Richtige und Gute sein sollen (R,43f.). Denn es gebe in der Moralphilosophie eine Pluralität methodischer Ansätze, also mehrere Normfindungsverfahren, die im konkreten Fall durchaus zu unterschiedlichen Empfehlungen führen können. So wird eine Anhängerin einer auf Interessen basierenden utilitaristischen Theorie den Fall der Embryonenforschung anders bewerten als eine Anhängerin einer Kantischen Position, welche Embryonen zum Kreis der werdenden Vernunftwesen rechnet. Aber, so scheint Rippe zu argumentieren, über die Analyse moralischer Konflikte, d.h. darüber, woran es liegt, daß Utilitaristinnen und Kantianerinnen unterschiedliches raten, sei Einigkeit zu erzielen. Moralphilosophie sei zwar keine Wissenschaft der Ethik, welche wissenschaftlich gesicherte und eindeutige moralische Empfehlungen abgeben könnte, sondern ein aufgeklärter Methodenpluralismus mit großen Konsensbereichen, was Geistesgeschichte, Logik und Begriffsdefinitionen anbetrifft. Moralphilosophen geraten zwar über Inhalte genauso in Streit wie die Laienethiker, sie haben aber "einen Dissens auf aufgeklärter Ebene" (R,44). Als Analyseinstrument, nicht als Entscheidungsverfahren sei – so Rippes Fazit aus der wissenschaftstheoretischen Erörterung – die Moralphilosophie als Wissenschaft politisch relevant.

Ich glaube, daß diese Sicht zwar weniger naiv ist als die abgewehrte, wonach die Moralphilosophie ein wissenschaftliches Entscheidungsverfahren moralischer Konflikte wäre, daß sie aber immer noch aufklärungsbedürftig bleibt. Nehmen wir ein Beispiel, das Rippe selbst darstellt. Im Minderheitsvotum der Schreiber-Kommission wird die Auffassung vertreten, daß ein Embryo von der Befruchtung an den Status einer Person in dem Sinn hat, daß er nie bloß als Mittel sondern immer auch als Zweck an sich selbst behandelt werden muß.[8] Sie dürfen deshalb nicht zu Forschungszwecken instrumentalisiert werden. Gleichzeitig wird vorgeschlagen, überzählige Embryonen sterben zu lassen. Diese beiden Auffassungen sind für Rippe untereinander nicht kompatibel. Entweder sei deshalb die Position des Minderheitsvotums "nicht haltbar". Oder es bestünde ein unhaltbares Spannungsverhältnis zu dem von ihnen postuliertem Status des Embryos, sofern man bedenkt, daß Sterbenlassen nicht identisch ist mit Töten und daß die überzähligen Embryonen unmöglich je geboren werden können (R,10). Man könnte aber hier als Ethiker auch mehr Verständnis aufbringen. Es ist nämlich eine Prämisse, daß die Ethik eine Handlungsregel finden muß , die die Konflikte "schuldlos" auflöst. Es gibt auch die Auffassung, daß die Ethik uns zwar eine Begleiterin in den Konflikten ist und uns dazu hilft, diese verantwortunsvoll zu lösen, dazu aber nicht eine Entlastung von diesen Konflikten bietet. Konkret könnte das Minderheitsvotum meinen, das Sterbenlassen überzähliger Embryonen sei in keiner Art und Weise moralisch problemlos, sondern bloß die bessere von zwei tragischen Alternativen. (Einmal angenommen, weitere Alternativen, wie das Einfrieren bis zur Entwicklung einer Technik, die ihr Überleben erlaubt, falle aus

---

[8] Der Wortlaut im Sondervotum zum Status des Embryos (SV,14) ist mißverständlich und philosophisch interpretationsbedürftig. Rippes Vorschlag scheint mir soweit akzeptabel, als er die zweite Formulierung von Kants Kategorischem Imperativ betrifft.

anderen Gründen außer Betracht.) Besser als die Würde der Embryonen durch Manipulationen in experimentellen Forschungsanordnungen zu verletzen, könnte es sein, sie dem Tod zu überlassen. Sterben und Tod gehören ja auch bei geborenen Menschen als Prozeß zum Bereich des Lebens mit dazu, dessen Würde auf dem Spiel steht. Wenn ein höherer Notstand [9] eintritt, gibt es selbst im Fall von Erwachsenen die Situation, daß ein Sterbenlassen als die bessere von mehreren tragischen Alternativen angesehen werden kann, und oft auch von den Betroffenen selbst als das angesehen wird. (Auf diese Situation wird z.B. in den sog. Patiententestamenten voraussehend reagiert.)

Hier muß ich nicht behaupten, daß diese Auffassung richtig und diejenige falsch ist, welche Spannungsverhältnisse und Widersprüche a priori für eine Disqualifikation einer moralischen Auffassung hält. Es geht mir darum zu zeigen, wie schwierig es ist, einen wissenschaftlichen, objektiven Teil der Moralphilosophie (dort wo sie analytisch arbeitet) von einem wertbehafteten Teil (dort, wo sie synthetisch arbeitet) abzuscheiden. Von inhaltlich verschiedenen Gesichtspunkten können unterschiedliche Aspekte einer betrachteten moralischen Position als inkonsistent und fragwürdig erscheinen. Rippes Nachweis von Inkonsistenzen ist nicht unabhängig davon, welchen philosophischen Prämissen d.h. welchem Ethikmodell er den Vorzug gegeben hat.

Dies nicht zu sehen, ist deshalb gerade für einen aufklärenden praktischen Diskurs hinderlich, weil dann unter dem Deckmantel einer vorgegebenen Eindeutigkeit und Neutralität der analytischen Methodik inhaltliche Voraussetzungen einfließen, der Diskutierbarkeit aber dadurch entzogen werden, daß sich Moralphilosophie auf einen Standpunkt überlegener Professionalität und wissenschaftlicher Unanfechtbarkeit zurückzieht.

Welche Schlüsse sind daraus zu ziehen? Es ergibt sich keine Kritik an der Moralphilosophie als solcher, sondern nur ein Anlaß, die eigene Pluralität selbst in analytischer Hinsicht noch in die (professionelle!) Selbstreflexion mit einzubeziehen. Wenn dies die Moralphilosophie auch noch kann, wird sie zu einer interessanteren und teamfähigeren Gesprächspartnerin. Es wird also den gesellschaftlichen Wert der Moralphilosophie und die Bedeutung, die sie in EK spielen kann, erhöhen, wenn sie zugibt, daß selbst ihr analytisches Geschäft sozusagen hermeneutisch vorbelastet ist.

Das meint nicht, vom Wissenschaftsanspruch der Moralphilosophie abzurücken. Es heißt aber, ihn nicht dogmatisch zu vertreten (was ja per definitionem unwissenschaftlich wäre). Wissenschaftlichkeit hat in der Ethik viel

[9] Dazu Fischer, "(1996)

mehr mit Offenlegung von Prämissen, mit Kritisierbarmachen von Argumentationen, Transparentmachen der Positionen zu tun, die ein Ethiker oder eine Ethikerin vertritt, als mit Neutralität und Objektivität. Das ist in einigen Punkten analog zu Poppers "Abgrenzungskriterium". Wissenschaftliche Sätze sind für Popper bekanntlich diejenigen, bei denen sich die Bedingungen nennen lassen, unter denen sie widerlegt werden können. Entsprechend muß die wissenschaftlich arbeitende Ethik für ihre Aussagen jeweils die Bedingungen nennen, die akzeptiert werden müssen, damit sie als gültig anerkannt werden dürfen. Dies ist freilich ein weicherer Wissenschaftsbegriff, weil oft die Eindeutigkeit fehlt, ob diese Bedingungen allgemein akzeptabel seien oder nicht.[10]

Was für Philosophie insgesamt gilt, daß sich die Theorien vom Menschen, der sie ausspricht, nicht abtrennen lassen, gilt auch in dem philosophischen Fach der Ethik. Moralphilosophen sind nicht bloß neutrale Sachverständige in Stringenz und Kohärenz moralischer Argumentationen, sondern immer auch Menschen, die Stellung bezogen haben. Sie sind immer auch inhaltlich ernstzunehmende Diskussionspartner.

Der Vorsprung, über den Moralphilosophen gegenüber philosophischen Laien verfügen, besteht darin, daß sie ihre eigene Position besser kritisierbar machen können (sollen) und den Laien auch dabei helfen können, ihre Positionen zu klären und durchsichtig zu machen, damit sie kritisierbar werden und nicht bloß als Meinungen dastehen.

Von da her ist Rippes Anregung zuzustimmen, daß in EK die Moralphilosophie namhaft einbezogen werden sollte. Ich sehe aber keinen Grund dafür, die EK, wie Rippe meint, mehr als zur Hälfte aus Moralphilosophen (und Rechtswissenschaftlern) zusammenzusetzen. Die Gründe, die Rippe dafür anführt, reichen auch in keiner Weise aus. Um die Analyseinstrumente der Moralphilosophie in der EK zur Geltung bringen zu können, müssen sie namhaft, (d.h. kompetent und durch mehrere Personen mit unterschiedlichen Ansätzen) aber nicht als Kommissionsmehrheit vertreten sein.

---

[10] Damit eröffnet sich natürlich ein weites Feld von interessanten Problemen. Der von Nida-Rümelin (1996, 54-57) unter der Frage, ob Ethik eine Wissenschaft sei, diskutierte "systematische Zusammenhang" von "Überzeugungen" wird zweifellos auch in der Ethik angestrebt. Dies ist aber m.E. nur ein beiläufiges Kriterium; in erster Linie steht doch in Frage, ob moralphilosophische Aussagen einen wissenschaftlichen Geltungsanspruch erheben können und was dies genauer bedeutet.

3. *Moralphilosophische Expertise und situative Ethikkommissionen*

Es ist auch ernsthaft zu bezweifeln, daß eine EK, welche mehrheitlich aus Normenspezialisten, d.h. Moralphilosophen/innen und Juristen/innen zusammengesetzt ist, im allgemeinen zu besseren Ergebnissen führen würde als eine, bei der die Moralphilosophie nebst anderen Kompetenzen namhaft vertreten ist. In speziellen Fällen mag dies zwar der Fall sein.

Um diesen Punkt aufzuhellen, möchte ich eine weitere Differenzierung einführen. Es gibt verschiedene Anforderungen, die an eine echte EK gestellt werden können, wenn sie auf nationalem Niveau eingerichtet werden. Eine ist die, welche Rippe als Anforderung der Wissenschaft andeutet: das Sammeln der relevanten Informationen und das Analysieren der möglichen Positionen zur Vorbereitung der Entscheide eines politischen Verantwortungsträgers (Parlament, Behörde etc.). "Sie ermittelt also nicht Antworten auf das ethisch Richtige, welche im politischen Entscheidungverfahren dann – mehr oder weniger – umgesetzt werden. Es gibt nur das politische Entscheidungsverfahren, zu dem die Moralphilosophie durch die Analyse moralischer Dissense indirekt beitragen kann" (R,44). M.a.W. die Politikerinnen und Politiker müssen selbst bestimmen, was im gegebenen Kontext richtig ist und was falsch. Die so definierte EK kann indirekt dazu beitragen, die richtige Lösungsstrategie zu finden, indem sie "den Politiker mit Informationen darüber versorgt, wo die eigentlichen Differenzen der Parteien liegen" (R,45). In solchen EK geht es also darum, das Analyseinstrument Moralphilosophie im politischen Prozeß nutzbar zu machen. Ein Verbund von Moralphilosophen unterschiedlicher theoretischer Positionen soll "analysieren, wo die ethisch relevanten Fragen und Argumente liegen" (R,46). Wenn eine moralphilosophische Expertise gewünscht ist, dann ist es in der Tat zweckmäßig, so vorzugehen und entsprechend, gemäß Rippes Vorschlag, Ethik-Zentren mit der Konstituierung der Kommissionen zu beauftragen.

Eine Anmerkung zur Terminologie: Diese Art von EK (mit dem Auftrag der Erstellung einer moralphilosophischen Expertise) sollen nichts anderes tun, als aufklärend wirken, "wo die ethisch relevanten Fragen und Argumente liegen", "wo die eigentlichen Differenzen der Parteien liegen" usw. Der Name "Clearingkommission", welcher der vorberatenden Kommission mit dem Auftrag, politische Konsensmöglichkeiten abzuklären, zugewiesen werden soll, ist deshalb unglücklich. Er trennt die beiden Typen von Kommissionen nicht. Ich schlage hier die Begriffe "moralphilosophische Fachkommission" und Vorberatungskommissionen" vor und möchte vor allem ein Verständnis für die unterschiedlichen Funktionen von EK wecken.

Eine grundsätzlich andere Anforderung, die an eine EK gestellt werden kann, ist in meinen Augen das möglichst umfassende Beleuchten der Situation (oder des Typs von Situationen), in der ein ethisch problematischer Entscheid gefällt werden muß und das Eruieren von haltbaren und möglicherweise durch die Beteiligten auch moralisch akzeptierbaren Lösungen oder Lösungsstrategien. Eine solcherweise beauftragte EK könnte nicht einfach bei bestehenden, formulierten moralischen Positionen oder artikulierten Konflikten beginnen und diese analytisch klären, sondern muß eine Ebene tiefer zu arbeiten beginnen. Nämlich in der gelebten und erlebten Wirklichkeit, aus der die moralischen Fragen entstehen. Sie muß sich gegenüber den bestehenden Positionen und den bereits artikulierten Konflikten soweit freimachen, daß sie auch über die Fragen kritisch reflektieren kann, auf welche diese Positionen Antworten sind, bzw. worüber in Konflikten Kontroversen bestehen.

Dazu ist es nötig, eine Kommission in erster Linie aus Leuten zusammenzusetzen, die über besondere Einsichten im Problemfeld verfügen, die die Perspektiven der verschiedenen Betroffen- oder Involvierten kennen. Das kann sein aus persönlicher Betroffenheit oder Anteilnahme oder es kann sein aus besonderen, teils beruflichen Erfahrungen und Wissensressourcen. Das Kriterium für Ausgewogenheit in einer solchen "situativen" EK wäre die Vollständigkeit der involvierten und betroffenen Perspektiven. Dieses Kriterium unterscheidet sich fundamental von demjenigen politischer Ausgewogenheit. Es geht hier nicht darum, politische Konsense vorzubereiten. Das Kriterium unterscheidet sich auch wesentlich von demjenigen in moralphilosophischen Fachkommissionen. Bei letzteren ist es wichtig, die unterschiedlichen Ansätze der Moralphilosophie vollständig einzubeziehen.

Gewiß ist das relative Gewicht von Fach-EthikerInnen in solchen situationsbeleuchtenden und lösungserarbeitenden EK gegenüber den sog. ethischen Laien kleiner als in einer moralphilosophischen Fachkommission. Die leitende Idee einer ethischen Urteilsbildung ist der praktische Diskurs unter den Involvierten und Betroffenen. Theologischen und philosophischen EthikerInnen kommt in diesem Gespräch die Rolle von Partnern zu, welche zuhören können, Probleme nicht nur (aber auch) auf der theoretischen Ebene sondern auch in existenzieller Hinsicht verstehen können und mit den übrigen Beteiligten gemeinsam Vorschläge formulieren können, die sich im Gespräch als haltbar erweisen müssen. Sie sollen weiterhin kritische Gesprächspartner sein, d.h. sie sollen Geltungsansprüche, die sonst unhinterfragt bleiben, aber nicht selbstverständlich sind, in Frage stellen können und so das Gespräch kooperativ und kritisch beleben.

In einer solchen Auseinandersetzung um die Struktur der zu lösenden Situationen werden sich bestimmte Fragen als relevant herauskristallisieren und bestimmte Lösungswege anbieten, die dann im Hinblick auf eine abzugebende Empfehlung auszudiskutieren sind.

Wenn die Kommission nach eingehender Beratung zum Schluß kommt, daß es mehrere Möglichkeiten von Empfehlungen gibt, so kann sie einen Vorschlag mit Alternativen ausarbeiten. Wenn die Zusammensetzung der Kommission aber nicht nach Maßgabe politischer sondern situationsbezogener Ausgewogenheit erfolgt, kann dem numerischen Stimmenverhältnis kein entscheidendes Gewicht beigemessen werden. Der Vorschlag der Mehrheit kann also aus der Tatsache, daß ihm mehr Kommissionsmitglieder zugeneigt sind, kein höheres ethisches Gewicht für sich beanspruchen. Akzeptierte man einen solchen ethischen Anspruch der Mehrheitsregel, würde man die politischen und die ethischen Anforderungen an die Kommission durcheinanderbringen.

Diese Art von EK sind als Orte geschärfter ethischer Urteilskraft aufzufassen. Sie widerspiegeln das Vertrauen darauf, daß viele verschiedenartig Involvierte zusammen mit den Sachwaltern des relevanten Wissens zu begründeteren und durchsichtigeren Urteilen in Konfliktsituationen kommen können als dies Einzelne mit ihrer je begrenzten Sicht vermögen.

Die Kompetenzen der Moralphilosophie in solchen EK können sich als äußerst nützlich erweisen, indem sie nämlich für Problemzusammenhänge aufmerksam sind, die den philosophischen Laien möglicherweise entgehen könnten. Sie können für Klarheit in den Empfehlungen sorgen und den argumentativen Erfahrungsschatz sowohl der Philosophie- und Theologiegeschichte als auch der gegenwärtigen Fachdiskussionen theoretischer und praxisbezogener Ethik einbringen. So können sie die EK vor Naivitäten bewahren. Sie können z.B. die Maßstäbe der Verallgemeinbarkeit moralischer Regeln anlegen (nach dem Vorbild der Kantischen Ethik), sie können den nüchternen Blick des Utilitarismus demonstrieren usw. Alle diese theoretischen Elemente werden sich aber jeweils neu bewähren müssen, indem sie in einer Diskussion konkret zu überzeugen vermögen.

Die Empfehlungen der Kommission müssen, damit sie von den Entscheidungsträgern nutzbar sind, nachvollziehbar begründet werden. Falls Dissense nicht auflösbar bleiben, gilt diese Forderung für alle sich in diesem Fall widersprechenden Linien der Empfehlungen genauso. Das Gewicht, welches die Empfehlung für die Entscheidungsträger haben, seien dies Regulierungsinstanzen oder direkt beteiligte Akteure in realen Situationen, ergibt sich aus der Nachvollziehbarkeit dieser Begründungen. Nachvollziehbarkeit heißt aber nicht bloß logische Stringenz und Kohärenz sondern auch Durchschaubarkeit und Akzeptabilität bezüglich der benützten Prämissen.

Wenn, wie es der Fall der Schreiber-Kommission geschah, eine Empfehlung zweigeteilt ist in Haupt- und Sondervotum, besteht aus der Sicht der Auftraggeber die hauptsächliche Frage, ob ein Konsens deshalb nicht zustandekam, weil es mehrere, ethisch gleichwertige Lösungsmöglichkeiten gibt, oder nur deshalb, weil die Kommunikation in der Kommission zu wenig gut klappte.[11] Im letzteren Fall könnte eine Folgekommission mit geänderter Zusammensetzung einberufen, es könnte eine außenstehende Person als Supervisor/in dazugebeten oder es könnte lediglich noch mehr Zeit für weitere Beratungen einberäumt werden. Im ersteren Fall läge der Konflikt aber in der Natur der Situation und könnte nur gelöst werden, indem die Kommunikation ausgeweitet wird. Hier könnte vielleicht eine solche von Rippe vorgeschlagene moralphilosophische Expertise neue Gesichtspunkte ins Spiel bringen, die Kontroverse vermag sie aber nicht zu entscheiden.

Ich glaube, daß die Schreiber-Kommission eigentlich (d.h. unausgesprochen) in dieser Weise einer situativen EK konzipiert war. Es konnte in ihr nicht darum gehen, eine moralphilosophische Expertise zu erstellen, weil die Positionen und Konflikte, welche diese analysieren könnte, noch gar nicht vorlagen (oder nur in unausgereifter Form). Es ging dort nicht um einfache Entscheidungen wie Embryonenforschung "ja oder nein", sondern um eine komplexe Struktur von Lösungswegen. Forschung an überzähligen Embryonen konnte auch mit allen möglichen Einschränkungen diskutiert werden: zeitliche Grenzen (bis x oder y Tage nach der Befruchtung) konnten gezogen werden, die Art der Forschung mußte differenziert werden (invasive/nichtinvasive Beobachtungen) oder es konnte bei den Forschungszielen unterschieden werden (z.B. Forschungen, die dazu dienen, daß künftig bei in vitro-Fertilisation keine überzähligen Embryonen mehr entstehen). Ich vermag, ohne an diesen Gesprächen teilgenommen zu haben, nur zu vermuten, welche Spielräume bestanden; die Aufgabe der Kommission bestand ja auch gerade darin, solche Spielräume aufzuspüren.

---

[11] Moreno (1996) unterscheidet zwischen statischem und dynamischem Konsens. Ersterer ist ein zufälliges Zusammenfallen von Meinungen, letzterer geht aus einer Gruppeninteraktion hervor.

4. Vorschlag einer Typologie (zum Zweck der weiteren Diskussion)

Wenn man von ihren Funktionen ausgeht, lassen sich verschiedene Typen von EK unterscheiden. Welcher Typus in einer gegebenen Situation hilfreich ist, ist nur mit Rücksicht auf deren jeweiligen konkreten Umstände zu entscheiden.

Zunächst lassen sich konkret einzelne Entscheidungen von abstrakt-allgemeinen unterscheiden. Erstere fallen z.B. in der Klinik an, wenn es darum geht, ob einem bestimmten Patienten ein bestimmtes Behandlungsverfahren zugemutet werden soll, wenn es Gründe dafür und dagegen gibt und gleichzeitig Betroffene selbst sowie ihre rechtlichen Stellvertreter nicht zu einer letztgültigen Entscheidung in der Lage sind. Hier sind die konkreten und besonderen Umstände, die Kenntnis der Personen und der lokalen Gegebenheiten zur Findung eines haltbaren Entscheides wichtig. Die Kommission muß daher aus Personen zusammengestellt sein, welche diese Besonderheiten kennen.

Damit ist noch nichts darüber gesagt, welcher Art die Unsicherheit ist, welche für die Berufung einer beratenden (oder stellvertretend entscheidenden) Kommission den Anlaß gibt. Es kann sich erstens um eine fachliche Unsicherheit handeln. Entsprechend ist die Kommission (1) zweckmäßig als Fachkommission zusammenzusetzen. Das Prinzip hierbei ist: Viele Augen sehen mehr als bloß zwei. Als Nebeneffekte der fachlichen Spezialisierung entstehen auch individuelle Schwachstellen und Blindheiten. Eine Kommission kann diese Einseitigkeiten, Schwächen und Blindheiten kompensieren und Entscheidungen fachlich verbessern. Der ausgeprägte Typus einer solchen Fachkommission auf Einzelfallniveau sind "Institutional Review Boards" wo eine "peer review" geübt wird. Voraussetzung ist, daß sich die Problematik innerhalb einer (mono- oder pluridisziplinären) Rationalität ausreichend definieren läßt.

Die Unsicherheit kann zweitens eine moralische sein. In diesem Fall ist eine EK (2) dafür einzusetzen, um die konkret bestehende Situation möglichst vollständig auszuleuchten und den Betroffenen begründete Handlungsvorschläge zu unterbreiten. Weil sich die Verantwortung für das je eigene Tun im ethischen Sinn nicht delegieren läßt, bleiben die faktischen Akteure auch nach Vorarbeit durch eine EK diejenigen, welche ihre eigenen Entscheide selbst verantworten. Die EK kann den Handelnden die Last ihrer Verantwortung nicht abnehmen, aber sie kann wesentlich zur Erleichterung dieser Last beitragen, indem sie zu begründeteren Entscheidungen nach ausführlicher Abwägung gegen die Alternativen verhilft.

Wenn es sich um abstrakt-allgemeine Entscheidungen handelt, so kann wiederum ein Bedürfnis nach fachlicher oder ein Bedürfnis nach moralischer Sicherheit bestehen. Ersteres bezieht sich, wie ausführlich besprochen, entweder auf die moralphilosophische Argumentationskunst (5) oder auf die politische Ausgewogenheit und Mehrheitsfähigkeit von Lösungsstrategien (6,7). Die politischen Kommissionen können weiterhin als reine Spürkommissionen gebildet sein (7), die nach Koalitionsmöglichkeiten und möglichen überlappenden Konsensbereichen suchen oder sie können als Orte der kompetenten Mitwirkung von Vertretern und Vertreterinnen der von den Entscheidungen Betroffenen (z.B. des Stimmvolkes) gedacht sein (6). Dies wären sog. "Ersatzöffentlichkeiten", " Konsensuskonferenzen", "Mediationsgremien"[12] etc.

Das Bedürfnis nach moralischer Sicherheit kann sich wiederum auf einen Einzelfall beziehen, der als Präzedenzfall stellvertretend für ähnlich gelagerte Fälle auf allgemeiner Ebene behandelt wird (3). Hierhin gehören Rekurskommissionen als Appellationsgremien für lokale EK. Sie haben eine Art judikative Funktion. Sie wären wohl nach den besprochenen Kriterien einer Kommission zu konzipieren, welche die Situation ausleuchtet und Lösungsvorschläge anbietet.

Wenn es sich auf eine Allgemeinheit von Fällen bezieht, handelt es sich um eine Kommission, die Regeln, Gesetze oder Richtlinien vorbereitet, sich dabei aber von ethischen Gesichtspunkten und nicht vom politischen Kalkül leiten läßt (4). Ihre Funktion ist sozusagen legislativ, oder zumindest erfüllt sie eine Teilfunktion im Legislationsprozeß (Richtlinien, Gesetzesvorschläge etc.).

Um EK im eigentlichen zentralen Sinn des Wortes "Ethik" handelt es sich bei den Typen (2), (3), (4) und (5). Aber auch die Arbeit in Kommissionen der Typen (1), (6) und (7) fällt, wenn auch je nach Ethikauffassung eher randständig, in das Feld von Ethik.

Sowohl die Aufgabenstellung, die Zusammensetzung als auch die Legitimität von Ergebnissen verschiedener EK lassen sich besser diskutieren, wenn ein Bewußtsein der verschiedenen Funktionen im Zusammenhang gesellschaftlicher Entscheidungsabläufe besteht.

Nach meiner Einschätzung müßte eine nationale EK im Bereich der Humanmedizin in der Art einer situativen EK konzipiert werden. Im Schema entspricht sie der Funktion (6).

---

[12] Dazu ein Beispiel in Rehmann-Sutter (1996)

5. *Ausblick: Integrative Diskurse in situativen EK und die theologische Ethik*

Ich füge eine Überlegung zum Verhältnis der sog. Moralphilosophie zu den ethischen Beurteilungskompetenzen und diskursiven Rollen von Nicht-Fachphilosophen an. Dies ist insbesondere deshalb dringend, weil auch die Theologie traditionell eine Reflexionsform mit dem Namen Ethik kennt. Wie ist z.B. das Verhältnis von Philosophie und Theologie einzuschätzen, wenn es um Bewertungen von allgemeiner Relevanz in situativen EK geht?

Folgt man den diesbezüglichen Thesen Rippes, scheint ein Konflikt vorprogrammiert: "Die Moraltheologen stehen [...] (in der Regel) einer politischen Interessengruppe, den Kirchen, nahe und haben so auch außerwissenschaftliche Interessen; seien es Interessen an dem, was man christliche Politik nennen könnte, als auch Interesse daran, daß der privilegierte Zugang des christlichen Glaubens zur Wertorientierung in der Gesellschaft bewahrt wird." (R,23) "Eine philosophische Ethik ist nicht etwa die Ethik der Konfessionslosen! Moralphilosophie sucht vielmehr eine übergeordnete Perspektive, die eine christliche und andere partikulare Moral überschreitet. Moralphilosophie ersetzt in modernen pluralistischen Gesellschaften theologische Ethik (sofern sich diese nicht als autonome Ethik versteht)." (R,28f) – So gesehen, wären theologische Ethiker/innen nur dann gleichwertige Partner/innen, wenn sie glaubhaft machen können, daß sie zur Gruppe der "autonomen" Ethiker/innen gehören und frei sind von den Interessen einer Kirche sowie nicht vom Glauben her argumentieren. Überspitzt gesagt, wären theologische Ethiker/innen nur dann anerkannte Fachleute für Ethik, wenn sie, theologisch ausgebildet, den Beruf der Moralphilosophen ausüben.

Ich glaube, daß diese Einschätzung in mehreren Punkten anfechtbar ist. (i) Kirche ist nicht Kirche. Es gibt eine Mehrzahl von christlichen und nichtchristlichen Kirchen und religiösen Verbindungen, die sich in ihrem Charakter radikal unterscheiden. Die Einschränkung der Theologie auf das Christentum ist darüberhinaus gerade in pluralistischen Gesellschaften unzulässig. Es gibt jüdische, buddhistische, islamische und andere Theologien. (ii) Die entscheidende Frage ist nicht, ob jemand auch außerwissenschaftliche Interessen hat oder nicht, (wer hat dies nicht?) sondern ob jemand aus seiner/ihrer Interessenlage heraus vorgefaßte Meinungen hat und nicht mehr diskursbereit oder -fähig ist. (iii) Wenn die Moralphilosophie eine über den partikularen Moralsystemen liegende Perspektive sucht, und es aus bestimmten Konfessionen heraus solche Moralen gibt, heißt das nicht, daß die moralisch-ethischen Einsichten, die sich in verschiedenen Moralen finden, für den Diskurs ohne Bedeutung wären.

Nicht der Berufsausweis des Philosophen kann deshalb ausschlaggebend sein, sondern die persönliche Kompetenz, flexibel in Diskursen mitzuwirken und einen ethisch bedeutenden Erfahrungs- und Wissensschatz mitzubringen. Ich halte die theologischen Ethiken auch deshalb für unverzichtbar und wesentlich, weil manche der ethischen Fragen moderner Biomedizin die Grenzen des rational-wissenschaftlich Bewältigbaren überschreiten und Dimensionen von Leben und Tod, Sinn, Liebe und Mitmenschlichkeit berühren, in denen die Theologien wesentliche Diskussionskompetenzen (Begriffe, Geschichten, Erfahrungen) einzubringen haben.

Es ist gerade in solche Dimensionen nicht zu erwarten, daß sich eindeutige Konsense erzielen lassen. Aber ist dies nötig? Diskurse haben in meiner Sicht nicht die Funktion, rationale Argumentationen über "mögliche" und "unmögliche" moralische Positionen auszutauschen, sondern sie können auch im Dissens (!) eine kommunikative Qualität aufweisen, die ihrem Ergebnis die ethische Relevanz geschärfter Urteilskraft verleiht. Ethische Relevanz ist nicht gleichbedeutend mit der Stiftung von Konsens oder der Formulierung der allgemein zustimmungsfähigen Lösung. Dies von einer EK zu erwarten, scheint mir gänzlich verfehlt.[13] Auch nach erfolgreiche Beratung durch EK kann es in Kommission und erst recht in der Gesellschaft noch Widerspruch geben. Hoffentlich!

Dieser Text ist nach einer Seminardiskussion mit Ständerat Gian-Reto Plattner, Nationalrat Johannes Randegger und Fürsprecher Nikolaus Tamm im Nov. 1996 über EK am Basler Universitätsspital entstanden, die von Hansjakob Müller und Ulrich Tröhler organisiert wurde. Für Hinweise, die zu einer Überarbeitung führten, danke ich Hans-Peter Bernhard, Michael Hauskeller, Gian-Reto Plattner und Barbara Skorupinski.

[13] Bayertz (1996,13) scheint wie selbstverständlich davon auszugehen.

Referenzen:

R: Klaus Peter Rippe, "Ethik durch Kommissionen?" (Manuskript)

FM: Bericht der Studiengruppe "Forschung am Menschen" Bern, Februar 1995: Biomedizinische Forschung am Menschen im Zusammenhang mit Art. 24 novies der Bundesverfassung.

SV: Sondervotum zum Bericht "Biomedizinische Forschung am Menschen" vom 14. 12. 1994

Bayertz, Kurt (1996), "Einleitung. Moralischer Konsens als soziales und philosophisches Problem", in: ders. (Hg.), Moralischer Konsens, Frankfurt a. M.: Suhrkamp, S. 11-29.

Benhabib, Seyla Selbst im Kontext, Frankfurt a. M.: Suhrkamp 1995;

Fischer, Johannes "Aktive und passive Sterbehilfe", in: Zeitschrift für evangelische Ethik (ZEE) 40 (1996): 110-127

Habermas, Jürgen Moralbewußtsein und kommunikatives Handeln, Frankfurt a. M.: Suhrkamp 1983;

ders., Erläuterungen zur Diskursethik, Frankfurt a. M.: Suhrkamp 1991.

MacIntyre, Alasdair Der Verlust der Tugend. Zur moralischen Krise der Gegenwart, Frankfurt a. M.: Suhrkamp 1995.

Moreno, Jonathan D. (1996), "Konsens durch Kommissionen: Philosophische und soziale Aspekte von Ethikkommissionen", in: Kurt Bayertz (Hg.) Moralischer Konsens, Frankfurt a. M.: Suhrkamp, s. 179-202.

Nida-Rümelin, Julian (1996), "Theoretische und angewandte Ethik: Paradigmen, Begründungen, Bereiche", in ders. (Hg.), Angewandte Ethik. Die Bereichsethiken und ihre theorethische Fundierung, Stuttgart: Kröner, S. 2-85.

Rehmann-Sutter, Christoph Hrsg. (1996), Demokratische Risikopolitik. Vorschlag für ein Mediationsverfahren im Kanton Basel-Landschaft, Liestal: Verlag des Kantons BL.

- Entscheidungen
  - konkret-einzelne:
    - Bedürfnis nach: Vergewisserung (1) — "Fachkommissionen" Sammlung der relevanten Fachrationalitäten, peer review boards
    - Bedürfnis nach: moralischer Vergewisserung (2) — Abklärung der Situation, Ausarbeitung von Lösungsvorschlägen durch Vertreter verschiedenartig Beteiligter und der involvierten Fächer, u.a. Ethik ("*situative EK*")
  - abstrakt-allgemeine:
    - Bedürfnis nach: moralischer Vergewisserung
      - judikativ (3) — "*situative EK*"; Appellationsgremien, ethische Rekursinstanzen
      - legislativ (4) — "*situative EK*"; Richtlinienkonzeption, Gesetzes- und Regelvorschläge
    - Bedürfnis nach: fachlicher Vergwisserung
      - moralphilosophisch (5) — *moralphilosophische Fachkommissionen*
      - politisch
        - partizipativ (6) — *"Ersatzöffentlichkeit"* (etc.)
        - vorberatend (7) — Abklärung der Mehrheitsfähigkeit von Lösungen: *Vorberatungskommssionen*

Von IVF zu ICSI und PID: Ethische Probleme (un)eingeschränkter Fortpflanzungsmedizin.

Von Carmen Kaminsky

Entstehung der Kontroverse

Über die Verfahrensweisen der neueren Fortpflanzungsmedizin, die sich als medizinische Disziplin mit der Physiologie und Pathologie menschlicher Fortpflanzung beschäftigt, besteht seit Ende der 70er Jahre eine öffentliche Kontroverse. Diese bezieht sich insbesondere auf das Verfahren der In-Vitro-Fertilisation mit anschließendem Embryonentransfer (IVF/ET), das ursprünglich als Therapie bei irreversibler Tubensterilität (Eileiterverschluß) entwickelt wurde.

Die IVF/ET-Methode sollte der ursprünglichen Intention nach in erster Linie dann Anwendung finden, wenn eine chirurgische Behebung (Laparatomie) des Eileiterverschlusses nicht möglich ist.[1] Obgleich die IVF/ET-Methode insofern lediglich eine Fortführung der bis dahin weitestgehend unstrittigen medikamentösen und chirurgischen Verfahren der Fortpflanzungsmedizin darzustellen schien, wurde auf den qualitativen Sprung, den die Fortpflanzungsmedizin mit der IVF/ET-Methode vollzogen hat, kritisch reagiert.

Der qualitative Unterschied der IVF/ET-Methode gegenüber den traditionellen medikamentösen und/oder chirurgischen Verfahren der Fertilisationsmedizin ist durch die Verlegung des Befruchtungsvorganges nach außerhalb des Körpers markiert. Mit der Anwendung der IVF/ET-Methode ist die Fertilisationsmedizin dazu übergegangen, nicht mehr lediglich die organischen Voraussetzungen für die Befruchtung einer Eizelle durch Ge-

---

1 Darüber hinaus stellte sich die IVF/ET-Methode allerdings auch als eine Alternative zur Laparatomie dar, weil sie die mit dem chirurgischen Eingriff der Laparatomie verbundenen spezifischen Belastungen erübrigt und (zumindest für die Krankenkassen) geringere finanzielle Kosten verursacht.

schlechtsverkehr (wieder-)herzustellen, sondern die Befruchtung der Eizelle unter Umgehung der organischen und sexuellen Voraussetzungen ins Reagenzglas zu verlegen. Damit hat die Fortpflanzungsmedizin einen Paradigmenwechsel vollzogen: Sie behebt nicht mehr ein Leiden oder eine Funktionseinschränkung, sondern ermöglicht es, trotz des Weiterbestehens der Funktionsbeschränkung das Ziel zu erreichen, genetisch eigene Kinder zu haben.

Bei der intuitiv-emotionalen Bewertung der IVF/ET-Methode spielte zunächst u.a. die mit dieser Technik verbundene „Entzauberung“ und „Entmystifizierung“ der Entstehung neuen Lebens als Folge der sexuellen Vereinigung eine Rolle. Für eine sachliche Auseinandersetzung muß jedoch der Aspekt im Vordergrund stehen, daß mit der Verlegung des Befruchtungsvorgangs ins Reagenzglas Möglichkeiten genuin neuer Handlungsweisen zur Verfügung stehen, die ethisch reflektiert werden müssen. Seit im Jahre 1978 das erste in-vitro gezeugte Kind geboren wurde, steht die Fertilisationsmedizin im Zentrum der bio- und medizinethischen Diskussion. Der Kern der öffentlichen wie auch der fachlichen Debatte ist die Spannung zwischen den Interessen Einzelner auf der einen und den Interessen der Gesellschaft auf der anderen Seite. Die Verfechter der neuen Technik beziehen sich eher auf das Leiden derjenigen, denen die neuen Techniken und Verfahrensweisen Hilfe versprechen, die Kritiker eher auf die mit ihr - real oder potentiell - verbundenen gesellschaftlichen Gefahren. Bei aller Unterschiedlichkeit der Perspektiven sind sowohl Kritiker als auch Verfechter der neuen biomedizinischen Techniken darum bemüht, die Kontrollierbarkeit der Technikanwendungen zu sichern und nicht nur die neuen Techniken der Fortpflanzungsmedizin selbst, sondern auch deren direkte und indirekte Folgen zu reflektieren.

Technikfolge: Verantwortung

Zu den unbestreitbaren Folgen der neueren Fertilisationstechniken gehört die Erweiterung des Bereichs menschlicher Verantwortung im Sinne der Rechenschaftspflicht für Handlungen und Unterlassungen im Rahmen der durch die Techniken eröffneten Möglichkeiten. Es gibt keine Möglichkeit, sich der ethischen Reflexion auf die Vor- und Nachteile der neuen Handlungsmöglichkeiten zu entziehen. Selbst noch für den gelegentlich geforderten völligen Verzicht auf die Anwendung der neueren Fertilisationstechniken muß stichhaltig argumentiert werden. Die Tatsache, daß durch die neuen Techniken bzw. die Notwendigkeit ethischer Auseinandersetzung individuelle und gesellschaftliche Belastungen entstehen, kann dabei für sich genommen kein hinreichendes Argument für den Verzicht auf Handlungsmöglichkeiten sein. Denn der Notwendigkeit der ethischen Auseinandersetzung ist nicht zu entfliehen, auch nicht durch einen radikalen Verzicht.

Begrenzungsstrategien

Verbunden mit der Notwendigkeit der ethischen Reflexion ist eine weitere Folge der neuen Techniken, nämlich die Veränderung (aber auch Verfestigung) von Werthaltungen, Rollenverständnissen und Menschenbildern. Die neuen Techniken und die ihnen zugrunde liegenden Erkenntnisse beinhalten das Potential, für die Identität der Gesellschaft konstitutive Strukturen und Überzeugungen, Rollenverständnisse, Selbstbilder und Menschenbilder radikal zu verändern. Insbesondere in Deutschland hat man auf dieses Veränderungspotential mit strengen Verbotsregelungen reagiert. Die Erschwerung der IVF mit Spndersamen, das Verbot der Leihmutterschaft, das Verbot der Erzeugung überzähliger Embryonen, das Verbot der längerfristigen Lagerung menschlicher Embryonen, die Altersgrenze, bis zu der Frauen die Techniken in Anspruch nehmen dürfen, und nicht zuletzt ihre Definition als medizinisch-therapeutische Techniken lassen sich als Strategien verstehen bestehende Gesellschaftsstrukturen, insbesondere Familienkonzeptionen, und die entsprechenden gesetzlichen Regelungen vor einer durch die breite Anwendung der neuen Techniken induzierten Veränderung zu schützen.

Ein Teil dieser strategischen Verbotsregelungen und insbesondere die Kriterien, nach denen Zugang zu den Techniken begrenzt wird, ist allerdings in Moralvorstellungen fundiert, die ihrerseits hinterfragt werden müssen.

Im folgenden werde ich zwei der angesprochenen Strategien näher beleuchten, nämlich zum einen die Strategie, die Anwendung der neuen Techniken durch Nutzungsbeschränkungen zu begrenzen, und zum anderen die Strategie, Technikentwicklungen und -anwendungen durch die Definition von Zielsetzungen zu steuern und zu kontrollieren.

Dabei gehe ich davon aus, daß die In-Vitro-Fertilisation und mit ihr in Verbindung stehende weiterführende technische Verfahren (Kryokonservierung von Embryonen, Leihmutterschaft, Präimplantationsdiagnostik, ICSI)[2] in Deutschland nicht als allgemein zugängliche Dienstleistungen zur Verfügung stehen, sondern als medizinische Therapieformen angeboten werden, für die eine von einem Arzt gestellte besondere Indikation erforderlich ist. Unter dieser Voraussetzung werde ich mich zunächst der Frage zuwenden, ob die Kriterien, nach denen einzelnen Personen und Personengruppen der Zugang zu dieser Form medizinischer Therapie ermöglicht bzw. verwehrt wird, ethisch zu rechtfertigen sind. Ich werde diese Frage in Ansehung des offensichtlich vorhandenen Bedürfnisses nach einer kontrollierten bzw. kontrollierbaren Anwendung der Techniken erörtern, dabei allerdings die These entwickeln, daß die in Geltung gebrachten Zugangsbeschränkungen nicht nur inkohärent sind und teilweise in Widerspruch zu dem Ausgangspunkt bzw. der Zielsetzung der neueren Fertilisationsmedizin stehen, sondern daß ihre ethische Legitimation prinzipiell in Frage gestellt werden muß. Darüber hinaus vertrete ich in diesem Zusammenhang die These, daß die Zugangsbeschränkungen die ihnen zugedachte Funktion einer Begrenzung der Technikanwendung auch unter rein faktischen Gesichtspunkten nicht erfüllen können.

Mit Bezug auf die bereits entwickelten oder zu erwartenden Verfahren, die aus der IVF-Methode folgen oder damit verknüpft sind, werde ich des weiteren die zweite Strategie zu einer Begrenzung der Techniken erörtern, die nicht auf der Auswahl von Personen und Personengruppen beruht, sondern auf dem Versuch einer Differenzierung von spezifisch medizinischen und nicht medizinischen Zielsetzungen. Ich werde in diesem Zusammenhang die These entwickeln, daß eine Begrenzung dieser Folgetechniken und -anwendungen allein anhand von Kriterien der (Wieder)Herstellung von Gesundheit bzw. physiologischer Funktionsfähigkeit nicht gelingen kann.

---

2 Die Präimplantationsdiagnostik (PID) stellt eines von mehreren Verfahren der vorgeburtlichen Prüfung auf einen möglichen Defekt des heranreifenden Kindes dar. Bei der PID wird an einer Zelle, die vom mehrzelligen Embryo abgelöst wird, eine molekulargenetische Untersuchung vorgenommen. Eine Voraussetzung der PID ist das IVF-Verfahren, weil der Embryo extrakorporal zugänglich sein muß. Bis vor kurzem war davon auszugehen, daß die abgelöste Zelle totipotent ist, d.h. potentielle zu einem Kind heranreifen könnte. Dies warf unter anderem das ethische Problem auf, den moralischen Status der abgelösten Zelle bestimmen zu müssen. Nach neueren Erkenntnissen zeigt sich aber, daß - je nach Zeitpunkt der Ablösung - die abgelöste Zelle nicht totipotent ist. -- Das ICSI-Verfahren besteht in der extrakorporalen Befruchtung einer einzelnen Eizelle durch Injektion einer einzelnen Samenzelle.

Indikation: Kinderwunsch

Ausgangspunkt der Fertilisationsmedizin ist das - zunächst unbezweifelbare - Leiden unter „ungewollter Kinderlosigkeit“, d.h. das Leiden von Personen, die sich genetisch verwandte Nachkommen wünschen, diese aber nicht bzw. nicht ohne unterstützende medizinisch-therapeutische Maßnahmen zeugen können. Im Zusammenhang mit der Kritik der neueren Fertilisationsmedizin ist auch dieser Ausgangspunkt selbst bzw. die Bewertung des Leidens an „ungewollter Kinderlosigkeit“ zum Focus von Argumenten geworden. Bewerten an den Extrempunkten die einen den Wunsch nach genetisch verwandter Nachkommenschaft als ein „urmenschliches Bedürfnis“[3], sehen die anderen darin eher ein pathologisches Verlangen nach Konformität mit gesellschaftlichen Rollenerwartungen. Entsprechend werden auf der einen Seite tendentiell eher physiologische und auf der anderen Seite eher psychologische Therapieformen als indiziert angesehen, ohne daß sich allerdings beide Extrempositionen empirisch hinreichend bestätigen lassen.

Diese Tatsache allerdings, daß der dringliche Wunsch nach „eigenen Kindern“ und die medizinische Zuwendung zum „Leiden unter ungewollter Kinderlosigkeit“ erst im Zusammenhang mit den neuen Techniken der Fortpflanzungsmedizin zum Gegenstand öffentlicher Auseinandersetzung und Kritik wurden, ist nicht nur bemerkenswert, sondern auch ethisch bedeutsam. Solange sich die Fertilisationsmedizin nämlich auf die konventionelle Therapie der Infertilität und damit auf weitgehend unstrittige Techniken beschränkte, wurde eine kritische Auseinandersetzung mit der Fortpflanzungsmedizin nicht als vordringlich empfunden und die Legitimität ihrer Anwendung nicht in Frage gestellt.

Daß der Kinderwunsch erst im Zusammenhang mit den umstrittenen Techniken der Fortpflanzungsmedizin zum eigenen Thema wurde, kann teilweise mit einem argumentationsstrategischen Interesse der Fundamental-Kritiker dieser Techniken erklärt werden: Sobald die Berechtigung des Kinderwunsches bestritten wird, ist der Anwendung und Fortentwicklung der neueren Reproduktionstechniken insgesamt die Legitimation entzogen. Dieser Fundamental-Kritik steht auf der anderen Seite eine unkritische Akzeptanz des

---

[3] Siehe etwa Meinert Breckwoldt: „Fortpflanzungsmedizin. 1.Medizin“, in: Lexikon Medizin, Ethik, Recht. (hrsgg. v. A.Eser/M. von Lutterotti/P.Sporken) Freiburg i.Br.; Basel; Wien 1989, Sp. 348-354. Sp. 352.

Kinderwunsches gegenüber, der als „urmenschliches Interesse" von vornherein als legitimiert erscheint und dem mit dieser Auffassung zugleich Normativität verliehen wird, insofern es schon zu den minimalethischen Forderungen gehört, dem Einzelnen die Befriedigung seiner Grundbedürfnisse zu ermöglichen.

Aus ethischer Perspektive stellt sich im Zusammenhang mit dem Kinderwunsch allerdings weniger die Frage nach der Begründung und Berechtigung des Interesses an genetisch verwandter Nachkommenschaft als vielmehr die Frage, ob und wann die Befriedigung dieses Interesses unter Nutzung der neueren Fertilisationstechniken von den Mitgliedern der moralischen Gemeinschaft unterstützt werden muß. Es geht m.a.W. um die Abwägung der jeweils berührten individuellen und gesellschaftlichen Interessen. Wie „natürlich" oder wie „pathologisch" der der Kinderwunsch ist, ist hierbei nur insofern relevant, als es sowohl im Interesse der betroffenen Einzelnen als auch im Interesse der moralischen Gemeinschaft liegt, möglichst umfassende Kenntnisse über die aussichtsreichste Therapieform zu erlangen. Diese Kenntnis hat zwar Einfluß auf das Ergebnis der ethischen Interessenabwägung, präjudiziert es allerdings keineswegs.

Zugangsbeschränkungen

Geht man davon aus, daß sich die Fertilisationsmedizin seit etwa zwanzig Jahren nicht mehr auf die physiologische Therapie der Infertilität beschränkt, sondern das Leiden unter dem unerfüllten Wunsch nach genetisch verwandten Kindern mit Hilfe biomedizinischer Techniken beheben will, zugleich aber nicht allen in dieser Hinsicht Leidenden Zugang gewährt, dann ist ein kritischer Blick auf die Zugangsbeschränkungen zu richten.

Die Zugangsbeschränkungen haben in erster Linie die politisch-pragmatische Funktion, die Anwendungen der neuen Techniken überschaubar und ihre Folgen kontrollierbar zu halten. Unabhängig davon, ob bzw. inwieweit sie diese Steuerungsfunktion tatsächlich erfüllen können, bedürfen die Kriterien, nach denen der Zugang zu den Techniken gewährt oder versagt wird, allerdings der ethischen Rechtfertigung.

Die geltenden Zugangsbeschränkungen lassen sich nach sozialen, medizinischen und moralischen Gesichtspunkten unterscheiden. Zu beachten ist, daß die Übergänge zwischen diesen Kriterien fließend sind und daß insbesondere die als medizinisch vorgebrachten Begründungen bei näherer Betrachtung häufig mit sozialen und moralischen Aspekten verwoben sind.

Deshalb bedürfen nicht allein die sozialen und moralischen, sondern auch die medizinischen Kriterien einer ethischen Beurteilung.

Eine erste Zugangsbeschränkung ergibt sich - wie gesagt - daraus, daß die neuen Fertilisationstechniken - im Unterschied etwa zu Verfahren der plastischen Chirurgie - ausschließlich als therapeutische Verfahren angesehen werden. Die Anwendung von medizinischen Fertilisationsverfahren ist damit an Indikationen gebunden.

Bestand die medizinische Indikation für eine IVF ursprünglich in irreversiblen Schädigungen der Eileiter, so hat sich der medizinische Indikationenkatalog mittlerweile erheblich erweitert. Inzwischen gilt eine IVF auch dann als indiziert, wenn es keine physiologische Erklärung für die Unfruchtbarkeit des Paares gibt (idiopathische Indikation), und auch dann, wenn die Fortpflanzungsorgane der Frau funktionsfähig sind und es ausschließlich aufgrund der Qualitätsmängel des Spermas zu keiner Befruchtung durch Geschlechtsverkehr kommt. Die ausgeprägt männliche Infertilität (andrologische Subfertilität) stellt sogar eine tendentiell steigende Indikation für IVF/ICSI-Verfahren dar.[4] Zunehmend zeigt sich, daß die Ursachen der Infertilität ebenso häufig beim Mann wie bei der Frau (jeweils ca. 40% der Fälle)[5] liegt.

Der Erweiterung des Indikationenkatalogs wird zunehmend mit kritischer Aufmerksamkeit begegnet[6]. Dabei wird in erster Linie auf die mit den zusätzlichen Indikationen verbundene tendentielle Zunahme der Anwendungen und auf die Angemessenheit der spezifischen Therapieform für die jeweilige Indikation rekurriert. In der Tat ist es z.B. bedenkenswert, wenn die männliche Infertilität mit Therapien „behandelt“ wird (z.B. intrauterine Insemination; IVF + ICSI), deren physiologische Risiken und psychische Belastungen allein von der Frau getragen werden müssen.[7]

---

4 Siehe Thomas Strowitzki/Hermann Hepp: „In-Vitro-Fertilisation und neue Verfahren der assistierten Reproduktionsmedizin“, Zeitschrift für medizinische Ethik, 4 (1996), S. 253-260. S. 253.

5 Stella Reiter-Theil/Winfried Kahlke: „Fertilisationsmedizin“, in: dies. (Hg.): Ethik in der Medizin. Stuttgart 1995. S.34-45. S.35.

6 Siehe etwa: Elisabeth Beck-Gernsheim: Technik, Markt und Moral. über Reproduktionsmedizin und Gentechnologie. Frankfurt a.M. 1991, S. 42ff. Zudem: Stella Reiter-Theil/Winfried Kahlke: „Fertilisationsmedizin“, in: ebd. S.34-45. S.34 .

7 Es stellt sich in diesem Zusammenhang auch die Frage, ob nicht allein schon die Erkenntnis, daß in 40% der Fälle die „Qualität“ des Spermas ausschlaggebend für die Zeugungsunfähigkeit des Paares ist, Anlaß dafür gewesen wäre, die Forschungsmittel, die in die Entwicklung des PZD-, SUZI- und ICSI-Verfahrens geflossen sind, in Forschungen zur Verbesserung der „Qualität“ des Spermas zu investieren.

Es fragt sich allerdings, inwiefern die jeweiligen Gründe für die Zeugungsunfähigkeit bei der Indikationsstellung überhaupt eine Rolle spielen können. Wenn die neuen Fertilisationstechniken dadurch legitimiert sind, daß sie eine Methode darstellen, mit der das Leiden unter „Kinderlosigkeit" behoben werden kann, dann sind sie prinzipiell immer indiziert, sobald ein entsprechendes Leiden vorliegt, ganz unabhängig davon, worauf dieses Leiden letztlich beruht. Die Infertilität selbst ist nur eine von mehreren möglichen Ursachen für das Leiden unter der Unerfüllbarkeit des Kinderwunsches. Z.B. kann auch die Abwesenheit eines entsprechenden Sexualpartners der Grund dafür sein, keine Nachkommen zeugen zu können.

Keine medizinische, sondern eine allein sozial und moralisch begründete Zugangsbeschränkung stellt das in Deutschland auf Richtlinienebene (BÄK) geltende Verbot der heterologen Insemination dar. Als potentielle Patientinnen kommen damit von vornherein nur verheiratete Frauen in Frage. Mit diesem Kriterium wird folglich das Leiden vieler in Kauf genommen, die an sich mit den neuen Fertilisationstechniken „behandelt" werden könnten, und dem Leiden unter ungewollter Kinderlosigkeit, das den veränderten Ausgangspunkt der Fertilisationsmedizin bildet, wird in diesem Fall ein höher bewertetes Kriterium übergeordnet. Gerechtfertigt wird das Verbot der heterologen Insemination vor allem mit der - m.E. zutreffenden Überlegung -, daß Nachkommen ein Recht auf Kenntnis ihrer genetischen Herkunft haben, das mit der heterologen Insemination dann nicht gewährleistet ist, wenn der Samenspender anonym bleiben darf. Dieses Argument greift jedoch nicht, wenn der Samenspender im Rahmen einer heterologen Insemination keine Anonymität beansprucht. Es wäre folglich möglich, auch unverheirateten Frauen den Zugang zu den neuen Fertilisationstechniken zu ermöglichen, ohne die Rechte der Nachkommen auf Kenntnis ihrer genetischen Herkunft zu verletzen.[8] Allerdings spielen in diesem Zusammenhang offensichtlich noch weitere Überlegungen eine Rolle, etwa die, daß eine Gesellschaft bestimmte Familienstrukturen (z.B. unverheiratete heterosexuelle und homosexuelle Paare mit Kindern, alleinerziehende Väter und Mütter etc.) zwar tolerieren, aber (mit denkbar unterschiedlichsten Begründungen) nicht fördern will. Dies verdeutlicht, daß der Versuch, Leiden zu beheben, keineswegs uneingeschränkt verfolgt wird, sondern daß gesellschaftliche Interessen und

---

[8] Man muß in diesem Zusammenhang auch berücksichtigen, daß sich nach der geltenden Rechtslage für den Samenspender Versorgungspflichten ergeben. Diese begründen allerdings kein Verbot der heterologen Insemination, sondern lediglich die Forderung, daß der Samenspender einer Befruchtung unter Kenntnis der Rechtslage zustimmen muß.

die Interessen anderer Betroffener als legitimation dafür herangezogen werden, die Leiden Einzelner in Kauf zu nehmen.

Kontraindikation statt Indikation

In dieser Situation - d.h. bei gegebener prinzipieller Möglichkeit, jeder Frau bzw. jedem Paar, die bzw. das sich „eigene“ Kinder wünscht, mit Hilfe biomedizinischer Techniken Erfolg zu versprechen, und bei gleichzeitiger Zielsetzung, die Anwendungen zu beschränken und zu kontrollieren - stellt der Weg, die Zulassung zu den Techniken an Indikationen zu binden, prinzipiell keine angemessene Lösung dar. Erfolgversprechender scheint mir demgegenüber der Entwurf eines Katalogs von Kontraindikationen. Zu entscheiden wäre dann nicht, ob die IVF bei dieser oder jener Ursache der Infertilität indiziert ist, sondern es wäre darauf zu reflektieren, unter welchen Bedingungen sie kontraindiziert ist.

Der Perspektivenwechsel zur Begründung von Kontraindikationen hätte Vorteile gegenüber der Auflistung von Indikationen, weil er - im Gegensatz zur letztlich auf das Leiden an Kinderlosigkeit zurückgehenden Indikationsstellung - von vornherein, d.h. nicht erst nachträglich mit der Setzung von Zulassungsbeschränkungen, mit dem Gedanken der zunehmenden Anwendungsbegrenzung verbunden ist und weil er darüber hinaus den Fragestellungen, die sich aufgrund von neuen Erkenntnissen der Fortpflanzungsmedizin ergeben, eine grundsätzlich andere Richtung verleiht. Im Zusammenhang z.B. mit der Erkenntnis, daß die Infertilität von Paaren zu 40% durch die mangelnde „Qualität“ des Spermiums verursacht ist, hätte von diesem Ansatz aus die Frage erörtert werden müssen, ob in diesen Fällen die IVF-Methode kontraindiziert ist,und es hätte meiner Ansicht nach gute Gründe dafür gegeben, dieses Frage von vornherein zu bejahen. Mit der Entwicklung des IVF ergänzenden ICSI-Verfahrens wäre unter dieser Voraussetzung wohl nicht zu rechnen gewesen.

Durch die Aufforderung, Gegenanzeigen der IVF-Methode zu formulieren, ist nicht - wie es zunächst erscheinen mag - einer exzeßhaften Anwendung der biomedizinischen Techniken Tür und Tor geöffnet, sondern im Gegenteil würde die Angemessenheit ihrer Anwendung ausgehend vom jeweiligen Stand der biomedizinischen Technik und mit Blick auf bestehende oder zu entwickelnde Alternativen immer wieder in Frage gestellt. Jedes an die IVF-Methode anschließende Forschungsvorhaben wäre dann nicht bereits mit der Indiziertheit der IVF legitimiert, sondern müßte, auf der Grundlage der formulierbaren Kontraindikation der IVF, gegen alternative Forschungsvorhaben verteidigt - und ggf. aufgegeben - werden.

Der Perspektivenwechsel von der Indikation zur Kontrindikation könnte darüber hinaus zur Konsequenz haben, daß Zugangsbeschränkungen, insbesondere wenn diese nicht allein medizinisch, sondern auch sozial und moralisch bedingt sind, sowohl deutlicher begründet als auch in ihrer Zielsetzung klarer ausgewiesen werden müssen und mit dem bisherigen Vorgehen tendentiell verbundene Stigmatisierungen somit vermieden werden können.

Neben den genannten gibt es derzeit eine Reihe weiterer Zulassungsbeschränkungen[9], von denen z.B. die Forderung nach einem negativen HIV-Test unter dem Gesichtspunkt der Stigmatisierung ethisch bedenkenswert und eigens zu begründen ist. Es stellt sich nämlich die Frage, ob nicht gerade das Vorliegen einer HIV-Infektion einen besonderen Grund für die Anwendung des IVF-Verfahrens darstellt. Wenn einer der beiden Partner mit HIV infiziert ist, kann nämlich eine Schwangerschaft durch Geschlechtsverkehr nur unter dem Risiko der Infektion des anderen Partners entstehen. Mit Hilfe des IVF-Verfahrens kann dieses Risiko vermieden werden. In Fällen, in denen die Frau HIV infiziert ist, muß zusätzlich allerdings die Gefahr berücksichtigt werden, daß sich die Infektion während der Schwangerschaft oder während des Geburtsvorganges auf das Kind überträgt. Wenn in diesem Zusammenhang die Interessen des prospektiven Kindes an der eigenen Gesundheit und an der Gesundheit der Eltern als Argument dafür angeführt werden, HIV-Infizierten den Zugang zu den Techniken grundsätzlich zu verweigern, müßten konsequenterweise auch andere Krankheitsdispositionen als entsprechende Kriterien gelten. (Gerade dies wäre aber- wie ich unten noch erläutern werde - m.E. ein Schritt in die falsche Richtung.) Die Interessen des prospektiven

---

9 Nicht zuletzt aus dem Kassenrecht resultiert eine weitere Zugangsbeschränkung, nämlich die Forderung nach hinreichender Aussicht auf Erfolg, wodurch Paare und insbesondere Frauen einem zusätzlichen Bewertungsverfahren (Siehe hierzu: Renate D. Klein: „Widerstand: Von der Ausbeutung der Unfruchtbarkeit zur Erforschung der (Un)Fruchtbarkeit.“, in: dies. (Hg.): Das Geschäft mit der Hoffnung. Erfahrungen mit der Fortpflanzungsmedizin. Frauen berichten. Berlin 1989. S. 216-289. S.226ff.) ausgesetzt sind. Als Kriterien hierfür werden medizinisch-naturwissenschaftliche impliziert, andererseits zeigen aber gerade die vergleichsweise äußerst geringen Erfolge des IVF-Verfahrens, daß die medizinische Forschung kaum entsprechende Kriterien sicher angeben kann. Die Beurteilung der individuellen prospektiven Erfolgsaussichten erfolgt deshalb mehr oder minder intuitiv durch den behandelnden Arzt, mit entsprechenden psychischen Belastungen für das Paar (und insbesondere die Frau). Plausibel und ethisch unproblematisch ist der von den Krankenkassen geforderte ausreichende Schutz gegen Rötelninfektion, da dieser Schutz als im Interesse des potentiellen Kindes und des Paares bzw. der Frau liegend vorausgesetzt und zudem leicht durch eine entsprechende Impfung gewährleistet werden kann.

Kindes können - ebensowenig wie das gesellschaftliche Interesse an Eindämmung der HIV-Infektion - nicht als hinreichender Grund dafür gelten, speziell nur die HIV-Infektion als Kriterium der Zugangsverweigerung festzulegen.

Unter dem Gesichtspunkt einer tendentiellen Benachteiligung von Personengruppen ist auch das Kriterium des Lebensalters der Frau (vollendetes 40. Lebensjahr, in Ausnahmen 45. Lebensjahr) ethisch problematisch. Weder gibt es ethische, noch soziale oder medizinische Gründe, die eine pauschale Altersgrenze begründen könnten. Umgekehrt legen sozial-empirische Untersuchungsergebnisse[10], nach denen Frauen zunehmend erst in späteren Lebensphasen Kinder haben wollen, sogar eher nahe, gerade älteren Frauen Zugang zu den Techniken zu gewähren.

Insgesamt verdeutlichen die genannten Überlegungen exemplarisch, daß die für die Zugangsbeschränkung angeführten medizinischen, moralischen und sozialen Kriterien durchaus miteinander verwoben sind und fraglich ist, ob sie ihre Begründetheit in ethischer Perspektive fraglich ist. Darüber hinaus können sie keinen kohärenten Rahmen für die Nutzung biomedizinischer Fertilisationstechniken bilden, sondern stehen teilweise im Widerspruch zum Ausgangspunkt dieser Techniken. Dies z.B. dann, wenn - wie dargelegt - die Infertilität als entscheidende Voraussetzung für den Zugang zu den Techniken fungiert, obwohl die Techniken gar nicht auf deren Behandlung, sondern auf die Behebung des Leidens an unerfülltem Kinderwunsch abzielen. Zudem zeigt sich in einigen Fällen, daß die Zugangsbeschränkungen auf der Grundlage rigider Moralvorstellungen formuliert sind und somit diejenigen benachteiligen, die diese Vorstellungen nicht teilen. Die hiermit verbundene Willkür stellt nicht bloß in sich ein ethisches Problem dar, sondern läßt prinzipielle Zweifel an der Strategie aufkommen, durch die Festlegung von Indikationen und Zugangsbeschränkungen den Nutzungsbereich der Techniken klar zu begrenzen. Im Zusammenhang mit dem offensichtlich vorhandenen Begrenzungsbedürfnis ist deshalb die kohärente und mit demokratischen Ansprüchen kompatible Formulierung eines Nutzungsrahmens zu fordern.

---

[10] Siehe Yvonne Schütze: „Geburtenrückgang und Kinderwunsch", in: Eckart Voland (Hg.): Fortpflanzung: Natur und Kultur im Wechselspiel. Frankfurt a.M. 1992. S. 170-188.

Begrenzung durch Definition von Zielsetzungen

Eine Kontrolle der biomedizinischen Techniken ist aber nicht nur im Hinblick auf ihre Nutzungshäufigkeit intendiert, sondern auch die Weiterentwicklung der Techniken und ihre Verknüpfung mit anderen Techniken sind kritisch zu reflektieren und zu rechtfertigen, und zwar insbesondere unter dem Gesichtspunkt begründbarer und kontrollierbarer Zielsetzungen.

Folgetechniken

Wie bei jeder anderen medizinischen Therapieform ist man auch bei der IVF/ET-Methode um eine Verbesserung und Optimierung bemüht. Insofern es das Ziel der Fortpflanzungsmedizin ist, dem Leiden unter „Kinderlosigkeit" durch die Erfüllung des Wunsches nach „eigenen" Kindern zu begegnen, bedeutet die Verbesserung und Optimierung der IVF/ET-Methode in erster Linie die Steigerung der „baby-take-home-rate"[11]. Nur in zweiter Line werden

[11] Eine wesentliche Kritik an der In-vitro-Fertilisation bezieht sich auf die Erfolgsquoten, die aus unterschiedlicher Perspektive sehr unterschiedlich angegeben und bewertet werden. Grundlage der unterschiedlichen Quoten war und ist die Bemessung nach unterschiedlichen Parametern. So ergeben sich jeweils unterschiedliche Quoten, je nachdem wie „Erfolg" definiert ist. Als medizinischer Erfolg gilt bspw. die erfolgreiche Implantation von Embryonen, auch wenn diese nicht bis zur Geburt heranwchsen, während nur dieses letztere sich als Erfolg für die Patientinnen darstellt. Die Erfolgsquoten wurden zunächst aber weitgehend nach den medizinischen Erfolgskriterien angegeben. In der Auseinandersetzung mit der Frage, ob die In-vitro-Fertilisationsmethoden überhaupt als eine Therapie anerkannt und vor allem angeboten werden kann, rekurriert man daher mittlerweile auf die sog. „baby-take-home-rate". Die Veröffentlichung von vergleichsweise hohen Erfolgsquoten, die nicht die Anzahl der Geburten widerspiegeln, wurden ethisch unter dem Gesichtpunkt kritisiert, daß Klienten der IVF-Methode ihre Entscheidung aufgrund von für sie weniger relevanten Daten fällen würden. Es wurde auch der Verdacht geäußert, daß IVF-Kliniken absichtlich Parameter verwendeten, die ihre Erfolgsquoten besonders hoch erschienen ließen, um mehr Klienten zu gewinnen und um ggf. eher Forschungsmittel oder gegenüber Konkurrenten eine größere Reputation zu erhalten. Aus ethischer Perspektive ist zu fordern, daß bei der Aufklärung der Klienten über die persönlichen Chancen der IVF-Methode als Erfolgsquote die „baby-take-home-rate" ausgegeben wird. Diese Forderung gilt auch, wenn sich erweisen sollte, daß die Entscheidung der Klienten für oder gegen eine IVF nicht von entsprechenden Daten abhängig ist. Darüber hinaus ist aus ethischer Perspektive aber auch zu diskutieren, ob bei entsprechend geringen Erfolgen der IVF diese Methode überhaupt als Therapie anerkannt und angeboten werden sollte. Unabhängig von der Anerkennung der IVF-Methode als Therapie steht zudem die Frage zur Diskussion, ob es ethisch zu fordern ist, die IVF-Methode durch angestrengte Forschung zu verbessern und entsprechende Mittel bereitzustellen. ie bisherigen Forschungen zur Verbesserung der IVF-Methode werfen allerdings selbst ethische Probleme auf. Sie sind umstritten, weil sie die verbrauchende Forschung an Embryonen voraussetzen. Darüber hinaus sind Techniken, die zur Verbesserung der IVF-Methode erforscht wurden, zum Teil auch als solche umstritten, so etwa das Embryonen-Kloning, das allerdings nur wenig Erfolg brachte, und gegenwärtig die ICSI-Methode.

auch die technikbegleitenden Umstände (Betreuung, Beratung etc.) unter dem Gesichtspunkt der methodischen Verbesserung und Optimierung berücksichtigt. Besonderes Augenmerk wird derzeit der ICSI-Methode gewidmet, an deren Beispiel das Wirkungsverhältnis von Indikationenperspektive, Technikentwicklung und Steuerungs- bzw. Kontrollproblematik besonders deutlich werden. Der Ausgangspunkt für die ICSI-Methode, bei der eine einzige Samenzelle in eine Eizelle injiziert wird, war die Feststellung, daß ein wesentlicher Grund für die Erfolglosigkeit von herkömmlichen IV-Fertilisationen in der relativen Bewegungsunfähigkeit der Spermien liegt. Um die Aussichten auf eine Befruchtung der Eizelle zu erhöhen, wurde deshalb zunächst die sog. PZD-Methode als ergänzende Methode entwickelt, bei der die die Eizelle umgebende Hülle (Zona Pellucida) geöffnet wird, um den Spermien das Eindringen in die Eizelle zu erleichtern. Eine Steigerung der Fertilisationserfolge konnte dann aber mit der sog. SUZI-Methode erreicht werden, bei der mehrere Spermien in den perivitellinen Raum der Eizelle injiziert werden. Seit Anfang der 90er Jahre hat sich allerdings die sog. ICSI-Methode als wesentlich erfolgreicher erwiesen. Mit der Entwicklung und Anwendung dieser Methode ist aus zwei Gründen ein weiterer qualitativer Sprung in der Fortpflanzungsmedizin erreicht: Erstens wird nun - anders als bei der herkömmlichen IVF - die Befruchtung selbst technisch bewirkt, und zweitens werden die einzelnen Zellen, die zur Befruchtung gelangen, bestimmt bzw. ausgewählt. Wenn auch die Auswahl derzeit noch zufällig erfolgt, so bildet die ICSI-Methode gleichwohl die technische Voraussetzung für eine nach bestimmten Kriterien absichtsvolle und gezielte Selektion eines bestimmten Spermiums.

Verknüpfung von Techniken

Für die Zukunft sind darüber hinaus die Verknüpfung von Reproduktionstechniken und molekulargenetischen Diagnose Verfahren sowie Techniken der Gentherapie zu erwarten. Die umstrittene Präimplantationsdiagnostik (PID), bei der eine der Zellen vom Embryo im mehrzelligen Stadium abgespalten und auf genetische Defekte untersucht wird, bezeichnet diesen Übergang bereits. Interessanterweise werden derzeit Möglichkeiten der Umgehung des in Deutschland geltenden (ESchG) Verbots der PID diskutiert. Und zwar erstens mit dem zutreffenden Argument, die entsprechende Formulierung im ESchG sei auf der Grundlage der nicht zutreffenden Annahme formuliert worden, die einzelne totipotente Zelle könne sich potentiell fortentwickeln, und zweitens mit dem Argument, die Risiken der PID überstiegen „nicht jene potentiellen Gefahren, die ohnehin durch die Anwendung der modernen Fortpflanzungsmedizin heraufbeschworen worden sind.“[12] Die mit der Kombination der Genomanalyse und der ICSI-Methode verbundene Aussicht auf die gezielt auswählende Zusammensetzung von - in diesem Fall noch - in sich unveränderten Gameten wird durch die vorstellbare Möglichkeit der Verknüpfung von gentherapeutischen und reproduktionsmedizinischen Verfahren somit um die Aussicht einer gezielten Veränderung des neu entstehenden Genoms erweitert. Diese Aussicht stellt eines der meistdiskutierten Themen in der Auseinandersetzung mit der Fertilisationsmedizin dar.

Kontrollierbarkeit der Selektionskriterien

Aus ethischer Perspektive schließen sich hieran die grundsätzlichen Fragen, (1.) ob es ethisch prinzipiell vertretbar oder prinzipiell unvertretbar ist, Eizelle und Spermium gezielt zu selektieren, und (2.) ob sich ethisch vertretbare und ethisch unvertretbare Selektionskriterien unterscheiden lassen. Jedenfalls zwingen die rasante Entwicklung technischer Möglichkeiten, Kenntnisse (oder auch nur Thesen) über die biologische Ausstattung des späteren Kindes bereits in dessen embryonalen Lebensphasen zu erlangen und die zunehmende technische Beeinflußbarkeit der genetischen Ausstattung des prospektiven Kindes, d.h. der zunehmende Verlust an biologischer Zufälligkeit dazu, über den Umgang mit entsprechenden Kenntnissen ethisch zu entscheiden. Die Diskussion darüber ist kontrover. Auf der einen Seite wird, ausgehend von Konzeptionen der „Natürlichkeit“, gefordert, gezielte Beeinflussungen des Genoms (sei es durch entsprechende Auswahl der Gameten (z.B. durch ICSI), sei es durch ggf. zukünftig mögliche genchirurgische Maßnahmen) prinzipiell zu unterlassen. Als Argument für diese Forderung wird geltend gemacht, jede absichtliche Bestimmung der genetischen Konstitution eines potentiellen Menschen verletze seine individuelle Menschenwürde. Unterstützt wird diese Position von Vorstellungen von der „Weisheit der Natur“, nach denen jede absichtsvolle Gestaltung eines Genoms zwangsläufig „schlechter“ ist, als die natürliche. Auf der anderen Seite wird ein rein interessen-orientierter Ansatz ertreten, der den normativen Rückgriff auf Natürlichkeit ablehnt und

[12] Jörg Epplen: „Präimplantationsdiagnostik“ in: Aktuelles Thema I der Sprechstunde Medizinethik. http://www.ruhr-uni-bochum.de/zme/disk-1.htm (19. Feb. 97).

stattdessen eine Auseinandersetzung mit den durch die gezielten Beinflussungen berührten Interessen fordert: werden die zukünftigen Kinder ein Interesse an der gezielten Zusammensetzung ihres Genoms haben, wird eine entsprechende Gestaltung in ihrem Interesse liegen? Eine pauschale Antwort auf diese Frage ist offensichtlich nicht formulierbar. Gefordert ist demnach eine differenzierte Auseinandersetzung mit der Art der jeweiligen Beeinflussung des Genoms (gezielte Auswahl von Gameten oder gentherapeutische Veränderungen), mit den Zielen der Beeinflussung (Abwehr von Krankheit und Behinderung oder Gestaltung und Steigerung von Eigenschaften), mit den Risiken der Beeinflussung (z.B. Unkontrollierbarkeit der genetischen Veränderungen) und mit den denkbaren Folgeproblemen (z.B. Haftbarkeitsproblematiken). Zusätzlich müssen die Interessen Dritter berücksichtigt werden, etwa die Interessen der gegenwärtigen Gesellschaft, Techniken nur in den Bereichen anzuwenden, für die ein mehrheitlicher Konsens besteht.

Als implizites Kriterium für die Vertretbarkeit einer gezielten genetischen Zusammensetzung dient in erster Linie das Interesse des potentiellen Kindes, wobei man - mit Recht - davon ausgeht, daß die Abwesenheit von Krankheit im Interesse dieses Kindes liegt. Da die bisherigen biomedizinischen Techniken allerdings nur erst die Möglichkeit der Diagnostik, nicht aber der Therapie der Befunde bieten, bedeutet die gezielte Selektion von Gameten bzw. von Embryonen unter dem Gesichtspunkt der krankheitsrelvanten Befunde derzeit letztlich nichts anderes, als daß der Erzeugung bzw. Fortentwicklung des einen Embryos gegenüber einem anderen der Vorzug gegeben wird. Zu entscheiden ist also gegenwärtig allein, ob ein Embryo mit krankheitsrelevantem Befund in den Uterus einer Frau transferiert wird oder nicht. Da diese Entscheidung den autonom formulierten reproduktiven Interessen der potentiellen Eltern unterliegen soll, ist als zweites Kriterium das Interesse der Eltern impliziert. Es ist allerdings zu berücksichtigen, daß es sowohl im Interesse der potentiellen Nachkommen als auch im Interesse der potentiellen Eltern liegen kann, Gameten bzw. Embryonen nicht nur unter krankheitsrelevanten, sondern auch unter eigenschaftsrelevanten Gesichtspunkten zu selektieren. Über die Selektion nach eigenschaftsrelevanten Gesichtspunkten besteht auf gesellschaftlicher Ebene derzeit allerdings kein Konsens. Deshalb wird mit einem dritten Kriterium, nämlich der prinzipiellen Beschränkung auf krankheitsrelevante Befunde, dem gesellschaftlichen Interesse an konsensfähiger Nutzung der Techniken entsprochen.

Gleichwohl sind größte Bedenken im Hinblick auf die Zuverlässigkeit dieser Kriterien zu formulieren. Nicht nur der Umstand, daß sie möglicherweise einem biologistisch reduktionistischen Menschenbild Vorschub leisten, ist hier von Bedeutung. Fragwürdig ist darüber hinaus der implizite Rückgriff auf einen vermeintlich objektiven, oder doch zumindest unabhängig von den zur Debatte stehenden biomedizinischen Erkenntnissen und Techniken formulierbaren, Krankheitsbegriff. Wenn man aber einen plausibleren, konstruktivistischen Krankheitsbegriff zugrundelegt, der soziale und moralische Faktoren mit beinhaltet, ist die eindeutige Trennung von „Krankheitsrelevanz" und „Steigerung von Eigenschaften" nicht einzuhalten. Denn wenn der Krankheitsbegriff gegen soziale und moralische Einflüsse nicht immun ist, dann kann der Versuch, die Zielsetzungen der Fertilisationsmedizin an ihm zu orientieren, nicht ohne weiteres gelingen. Im Gegenteil ist absehbar, daß die Triade von „Interessen des potentiellen Kindes", „reproduktiven Interessen der potentiellen Eltern" und „Krankheitsrelevanz" dazu führen wird, das Spektrum des Krankheitsbegriffs erheblich zu erweitern. Es liegt nämlich erstens unbestreitbar im Interesse des potentiellen Kindes, eine möglichst vorteilhafte genetische Ausstattung (z.B. möglichst geringe Anzahl von Krankheitsdispositionen) aufzuweisen. Zweitens sind auch die reproduktiven Interessen der potentiellen Eltern nicht autonom im eigentlichen Sinne, sondern im höchsten Maße abhängig von den persönlichen und gesellschaftlichen Umständen, in denen die potentiellen Eltern leben. Ob es im reproduktiven Interesse der potentiellen Eltern und im Interesse des potentiellen Kindes liegt, mit dieser oder jener genetischen Ausstattung zu leben, ist insofern abhängig z.B. von den Mitteln, die im konkreten Fall verfügbar sind, um biologisch bedingte Nachteile zu kompensieren; ferner sind sie abhängig von den im gesellschaftlichen Umfeld der Eltern vorherrschenden Moralvorstellungen und von vielen weiteren Umständen des sozialen Lebens. Dies beinhaltet allerdings auch, daß Eltern kaum nach Maßgabe eines persönlichen „Design-Bedürfnisses" entscheiden werden, sondern (auf der Grundlage des ihrem potentiellen Kind gegenüber zu verantwortenden Tuns und Unterlassens) die genetische Ausstattung ihrer Nachkommen den gesellschaftlichen Anforderungen bestmöglich anpassen wollen.

Es ist wegen dieses Zusammenhangs ein Mechanismus zumindest plausibel denkbar, der dazu führt, daß für genetisch bedingte Eigenschaften Krankheitsrelevanz beansprucht wird. Eine klare Trennung von krankheitsbezogenen und eigenschaftsbezogenen Nutzungen der Techniken kann deshalb letztlich nicht vollzogen werden.

Auch die mit den bisher implizierten Zielsetzungskriterien beabsichtigte Begrenzung, d.h. Kontrollier- und Steuerbarkeit der Fortpflanzungsmedizin, kann folglich nicht gelingen. Abschließend kann daher festgehalten werden, daß weder die derzeitigen Kriterien der Nutzungsbeschränkung, noch die der Zielsetzungen der Fortpflanzungsmedizin die ihnen zugewiesene Steuerungsfunktion übernehmen können. Darüber hinaus erweisen sich einige der Kriterien selbst oder in Kombination mit anderen als ethisch problematisch. Auf der Grundlage eines mehrheitlich empfundenen Bedürfnisses nach einer gegenwärtig und zukünftig ethisch und sozial verträglichen Fortpflanzungsmedizin, ergeht deshalb die Forderung, jedes Vorhaben der Weiterentwicklung, Ergänzung oder Verknüpfung der biomedizinischen Techniken an die vorgängige Erarbeitung eines Rahmenwerks zu binden, das ethischen Ansprüchen genügt und politisch durchsetzbar ist. Es ist daher notwendig, die Begrenzungsdebatte unter ethischen Gesichtspunkten erneut zu eröffnen und offensiv zu führen, und zwar unter expliziter Berücksichtigung der Verknüpfung von sozialen, moralischen und technischen Wechselwirkungen.

Rationierung in der Medizin und Sterbehilfe

Verteilung knapper medizinischer Güter - strafbares ärztliches Verhalten?

Von Sibylle Schürch

Von den gesamten Gesundheitsausgaben, die ein Mensch während seines Lebens tätigt, fällt der grösste Teil in die Zeit unmittelbar vor dem Sterben. Der Schluss liegt nahe, dass deshalb das Sparpotential in den letzten Lebensmonaten am grössten ist. Hat sich der Tod "kostenabhängig" einzustellen, sind aber Menschenwürde und der absolute Schutz des Lebens in Gefahr. Seit die Rationierung medizinischer Güter diskutiert und sogar praktiziert wird, ist die Frage nach dem ökonomischen Sterben aktuell. Werden Gesundheitsgüter vor allem bei Sterbenden rationiert? Nach welchen Auswahlkriterien sollen knappe Güter verteilt werden? Welche Verteilungskriterien sind gerecht? Im Rahmen dieses Aufsatzes müssen wichtige Fragen unbeantwortet gelassen werden. Im Mittelpunkt steht hier die Frage, wie sich Rationierung auf das ärztliche Handeln im Bereich des Sterbens auswirkt. Der Arzt wird durch Sparmassnahmen unter Druck gesetzt und muss eine Rationierung, die auf höherer Ebene beschlossen wurde, im Einzelfall umsetzen. Im schlimmsten Fall kann ein ökonomischer Behandlungsverzicht oder eine Behandlungsverweigerung den Tod eines Patienten zur Folge haben. Wie reagiert das Strafrecht auf eine solche Tötung?

1. Ressourcenknappheit im Gesundheitswesen und Rationierung medizinischer Güter

a) Ressourcenknappheit: Entstehungsgründe und Folgen

Das Gesundheitswesen beinhaltet alle Güter und Dienstleistungen zur Vermeidung, Behebung und Minderung von Krankheit sowie von Krankheitsfolgen medizinischer und wirtschaftlicher Art[1]. Das Gesundheitswesen ist zu einem der teuersten Sektoren der Volkswirtschaft geworden. Der Anteil der Gesundheitsausgaben am Bruttosozialprodukt (BSP)[2] der meisten europäischen Länder betrug 1960 noch 5 %, heute geben viele Länder bereits gegen 10 % ihres BSP im Gesundheitsbereich aus[3]. Der teuerste Sektor ist die stationäre Behandlung, in der Regel das Spital, dessen Anteil an den Gesundheitskosten durchschnittlich 50 % beträgt[4]. Als besonders kostenintensive Bereiche stationärer Behandlung können Intensivmedizin, Transplantationsmedizin, Altersmedizin und die Betreuung von Langzeitpatienten (Koma, apallisches Syndrom), Frühgeburten und schwerstgeschädigten Neugeborenen aufgeführt werden.

Die Gesundheitskosten werden von der öffentlichen Hand, den Krankenkassen und den privaten Haushalten getragen. Aus den Zahlen geht hervor, dass die Gesundheitskosten vor allem auf die privaten Haushalte abgewälzt werden, der Anteil der Gesundheitsausgaben an den Lebenskosten wird immer grösser.

Ob von Kostenexplosion, Effizienz- und Leistungsexplosion"[5], oder "sich beschleunigendem Anstieg des Anteils der Gesundheitsaufwendungen an der gesamten Verwendungsseite des Bruttosozialprodukts", gesprochen wird: Tatsache ist, dass das Gesundheitswesen zu den weltweit am schnellsten expandierenden Wachstumsindustrien gehört[6].

Die Kostenentwicklung hat in groben Zügen drei Ursachen: Die Überalterung der Bevölkerung und die Tatsache, dass die letzten Lebensmonate oder Wochen meist im Spital verbracht werden, weiter die Vergrösserung des Angebots sowie die steigende Nachfrage nach medizinischen Gütern. Einerseits haben Krankheit und Unwohlsein in einer Leistungsgesellschaft keinen

---

1 Staatslexikon in 5 Bänden, Freiburg/ Basel/ Wien, 7. Auflage 1986, Bd. 2, S. 1013.

2 Schweizer Lexikon 91, Horw 1991, Bd. 1, S. 736. In einer Volkswirtschaft wird eine Vielzahl von Gütern und Dienstleistungen produziert. Der Wert aller produzierten Güter kann berechnet werden. Eine solche rechnerische Grösse ist das Bruttosozialprodukt (BPS). Das Bruttosozialprodukt ist der Marktwert der in einer Periode von einer Volkswirtschaft produzierten Güter und Dienstleistungen, den Inländer (im Land wohnhafte Personen) im Inland und Ausland erwirtschaftet haben.

3 Statistisches Jahrbuch der Schweiz 1997, Bundesamt für Statistik (Hrsg.), Zürich 1996, S. 313. In den USA sind es schon 14 %. Dort ist auch die Spardiskussion seit längerer Zeit im Gang und wegweisend für die europäische Problemlösung

4 Das Gesundheitswesen in der Schweiz. Leistungen, Kosten, Preise. Pharma Information, Basel 1994, S. 50 und 51.

5 Krämer, Walter, MedR 1996, Heft 1, S. 2

6 Staatslexikon in 5 Bänden, Bd. 2, S. 1014 (Fn. 1).

Platz mehr und vom Einzelnen wird erwartet, das hochentwickelte medizinische Angebot zu nutzen. Andererseits haben die Konsumenten auch eine Anspruchshaltung gegenüber der Medizin und nutzen mehr denn je das Angebot. Für die Zukunft ist nicht zu erwarten, dass sich im Bereich Altersstruktur, Angebot oder Nachfrage etwas ändern wird, so dass die Ausgaben trotz gesetzlicher Eingriffe (noch) nicht stabilisiert oder gesenkt werden können.

Parallel zum Anstieg der Gesundheitskosten einwickelte sich ein neuer Zweig der Wirtschaftswissenschaften, die Gesundheitsökonomie[7]. Als Massnahmen zur Kostenkontrolle schlagen Gesundheitsökonomen unter anderem Rationalisierung und Rationierung vor: Rationalisierung steht als Inbegriff aller Massnahmen zur Steigerung der Effizienz[8]. "Kostendämpfung" ist das Schlagwort für die Einschränkung überflüssiger, schädlicher, riskanter, unzumutbarer oder inhumaner Leistungen und der Ersatz bestimmter Leistungen durch andere, die den gleichen Nutzen mit weniger Aufwand erzielen können[9]. Rationalisierung hat keinen Abbau medizinischer Leistungen zur Folge. Durch wirtschaftliche Einsatz der vorhanden Mittel könnten Vergeudung und Leerlauf gebremst werden und damit würden genügend Mittel für die steigenden Ausgaben frei. Auf diese Weise werden Kosten gespart, ohne dass der Zugang zum medizinischen Angebot erschwert oder verunmöglicht wird.

Trotz scheinbar noch grossem Einsparungspotential durch Rationalisierung wird aber auch die einschränkendste "Sparmassnahme", die Rationierung, diskutiert. Rationierung bedeutet die Vorenthaltung eigentlich wirksamer medizinischer Güter und Dienstleistungen[10]. Rationierungsgegner lehnen sie ab mit der Begründung, dass alle anderen Sparmassnahmen, namentlich die Sparmöglichkeiten durch Rationalisierung, noch längst nicht ausgeschöpft sind[11]. Andere argumentieren, dass Rationalisierung nicht genug zur

7 Herder Dorneich, Philipp, Oekonomische Theorie des Gesundheitswesens, Baden Baden 1994, S. 17.

8 Schöne-Seifert, Bettina, Was sind gerechte Verteilungskriterien?, in: Mohr/ Schubert (Hrsg.), Ethik der Gesundheitsökonomie, Berlin 1992, S. 35.

9 Sommer, Jürg, Schweizer Monatshefte, 76. Jahr, Heft 2, S. 7. Über ökonomische Nutzenmessung, die nicht über alle Zweifel erhaben ist: Schwartz, F. W., Entwicklungstendenzen im Gesundheitswesen und ihre ökonomische Bedeutung. Beiträge zur Gesundheitsökonomie 12, Robert Bosch Stiftung (Hrsg.), Gerlingen 1991, S. 114 ff.

10 Schöne-Seifert, S. 35 (Fn. 8).

11 PharmaCH, Markt und Politik, Basel, 1997, Heft 2 1997, S. 2: das Einsparungspotential beträgt zwischen 10 und 25 %; Kühn, Hagen, Jahrbuch für kritische Medizin, Rationierung der Medizin, Hamburg, 1991, S. 40 ff.

Bremsung des Kostenanstiegs beitrage und nichts an der Tatsache ändere, dass die Ressourcen nicht mehr unbeschränkt zur Verfügung stehen. Selbst bei strikter Beachtung des Wirtschaftlichkeitsgebots, maximaler Ausnutzung der Kapazitäten, effizientester Einsetzung der Mittel könne die Kostenentwicklung nicht gebremst werden: durch wirtschaftlicheres Handeln eingesparte Mittel würden sofort an anderer Stelle wieder eingesetzt. Dies heisst, dass kein Weg an der Rationierung medizinischer Leistungen mehr vorbeiführt[12]. Bereits 1984 wurde von zwei Amerikanern eine Studie veröffentlicht, die zum ersten Mal "Rationierung" in der Medizin belegten, vor allem in Grossbritannien[13].

b) Formen der Rationierung

"Die" Rationierung gibt es nicht, vielmehr sind verschiedene Formen auf unterschiedlichen Ebenen zu unterscheiden[14].

Auf oberster Ebene, der Makroebene, wird vom Staat, in der Regel von der Legislative, im jährlichen Budget über die Gesundheitsausgaben entschieden [15]. Schon auf dieser Ebene kann ein Globalbudget verabschiedet werden, d.h. dem Gesundheitswesen wird ein begrenzter Betrag zur Verfügung gestellt. Die Mittel werden auf die verschiedenen Bereiche Therapie, Forschung, Ausbildung etc. nach ökonomischen, nutzenorientierten Kriterien verteilt. Damit werden die Mittel in gewissen Bereichen knapp, was eine Rationierung zur Folge haben kann.

Innerhalb einer stationären Einrichtung (als Beispiel für eine Institution der Mikroebene), müssen die zugeteilten Mittel auf die verschiedenen Abteilungen, Patientengruppen etc. aufgeteilt werden. Das kann sich beispielsweise konkret auf den Kauf von medizinischen Apparaten auswirken. Werden beispielsweise nur zwei lebenserhaltende Apparate gekauft, so bedeutet dies, dass nie mehr als zwei Patienten gleichzeitig behandelt werden können, auch wenn es medizinisch geboten wäre.

Auf der untersten Stufe der Mikroebene steht die medizinische Fachperson, die über den Einsatz der Mittel entscheiden muss. Es geht um den konkreten

---

12 Brunner, Heinrich, Schweizerische Ärztezeitung, Band 78, Heft 9, 1997, S. 292.

13 Aaron, H. J. und Schwartz, F.W. The painful prescription. Rationing Hospital Care, Washington D.C., 1984.

14 Fuchs, Christoph, MedR 1993, Heft 3, S. 324, mit weiteren Hinweisen.

15 Illhardt, Franz Joseph/ Piechwiak, Helmut, Mittelverteilung, in: Kahlke/ Reiter-Theil (Hrsg.), Ethik in der Medizin, Stuttart 1995, S. 126 f.

Einzelfall, in dem nicht mehr nur statistisch rationiert wird, sondern aus Kostengründen eine medizinisch gebotene, nützliche Behandlung nicht durchgeführt werden kann. Die oben erwähnte Lebenserhaltung muss einem Patienten verweigert werden, was den schnelleren Tod des Patienten zur Folge hat.

Weiter wird zwischen offener und versteckter Rationierung unterschieden:

Eine offene Rationierung lässt sich nur gestützt auf eine gesetzliche Grundlage, die auf einem gesellschaftlichen Konsens beruht, begründen. Paradebeispiele dafür sind der Bundesstaat Oregon, USA[16], sowie Grossbritanien, wo die Dialysebehandlung aufgrund des Alters rationiert wird[17].

Einfacher ist eine verdeckte, nicht als solche deklarierte Rationierung, die sicher auf verschiedenen Ebenen bereits stattfindet: in geriatrischen Abteilungen werden längst nicht alle möglichen lebensverlängernden Massnahmen ergriffen, Operationen werden ab einem bestimmten Alter nicht mehr vorgenommen, das billigere Medikament wird dem teureren, effektiveren vorgezogen, Stationen werden personell unterbesetzt. Diese Entscheide werden medizinisch begründet. Dass dabei auch die Kosten eine kleinere oder grössere Rolle spielen, wird nicht offen dargelegt. Versteckte Leistungsverweigerung ist aber aus demokratischer Sicht illegitim, sie wird weder von der Gesellschaft getragen noch ist sie rechtlich zulässig.

c) Welche Leistungen sind zu rationieren?

Wie bereits erläutert, wird rationiert, wenn Leistungen, von denen angenommen wird, dass sie für einen bestimmten Patienten von Nutzen wären, aus Kostengründen bewusst nicht erbracht werden. Der Grund, die Leistung nicht zu erbringen, obwohl sie erwünscht und auch nützlich wäre, liegt in der Unverhältnismässigkeit des Aufwandes für den Erfolg. Um eine solche wirtschaftlich sinnvolle Leistung von einer unverhältnismässigen, der Rationierung zu unterwerfenden Leistung zu trennen, müssen objektive Kriterien festgelegt werden: Wie lässt sich der Nutzen medizinischer Leistungen feststellen?[18].

Eine Nutzenmessungseinheit sind die gewonnenen Lebensjahre, in der

---

[16] Oregon betreibt seit Anfang der 80 er Jahre explizite Rationierung. Ausführlich dazu: Kühn, S. 43 (Fn. 11).

[17] Vgl. Studie Aaron/ Schwartz, The Painful Prescription (Fn. 13).

[18] Eine Übersicht über die verschiedenen Instrumente der Nutzenberechnung: Sommer, S. 10 f. und Schwartz, S. 122 ff. (Fn. 9).

englischen Fachsprache „gained years of life" genannt. Um einen Vergleich herzustellen, was der Ressourceneinsatz in verschiedenen Anwendungsbereichen der Medizin für einen Nutzen erbringt, wurde das Konzept der geretteten Lebensjahre entwickelt. Effektiv ist die gesundheitliche Massnahme, die gegenüber anderen die grösste Anzahl Lebensjahre beschert. Die nach Lebensqualität gemessene Lebensdauer, QUALY (quality adjusted life years) ist die gängige Methode, wie die gewonnene Lebenszeit gemessen werden kann[19]. Dabei wird die Wirkung bestimmter medizinischer Massnahmen, wie zum Beispiel einer Operation, in gewonnener Lebenszeit umgerechnet. Von diesem Zeitgewinn werden Beeinträchtigungen der Lebensqualität, wie Nebenwirkungen, Schmerzen, Mobilitätsverlust und anderes abgezogen.

Mit dieser Methode ist nur die Aussage möglich, welche von mehreren Massnahmen die effektivste ist. Ob sich der Aufwand für den Ertrag lohnt, kann im Vergleich Geld-Leben nicht gesagt werden. Nur, wenn der Nutzen auch in Geldeinheiten umgerechnet werden, kann eine einzelne Massnahme auf ihre Effizienz hin bewertet werden. Die Effizienz einer Massnahme wird durch die Subtraktion der Kosten vom Nutzen errechnet. Dabei müssen Kosten und Nutzen aber in einer gleichen Einheit ausgedrückt werden, das heisst, Leben müsste in Geldeinheiten umgerechnet werden[20]. Bei Lebensversicherungen und Schadenersatzberechnungen in Todesfällen wurden Methoden entwickelt, die auch auf den Gesundheitsbereich übertragen werden können[21].

Ausserhalb des Gesundheitsökonomie fehlt es an Präzisierungen, wie das Wirtschaftlichkeitsgebot durchgesetzt werden kann. Der Gesetzgeber, der im Krankenversicherungsgesetz statuiert, dass nur wirtschaftliche Leistungen vergütet werden, überlässt eine Präzisierung des Wirtschaftlichkeitsgebots der Praxis[22].

Welche Leistungen rationiert werden, unterliegt noch immer dem freien Ermessen der Entscheidungsträger im Gesundheitswesen.

---

19 Brunner, S. 294 (Fn. 12).

20 Laaser, Ulrich, Zur ethischen Bewertung von Nutzen und Kosten in der Prävention, in: Mohr/ Schubert, Ethik der Gesundheitsökonomie, Berlin 1992, S. 108 ff.

21 Jones-Lee, M.W., The Value of Life, London 1976, S. 20 ff. Dort wird eine Übersicht geboten, mit welchen Methoden seit Beginn des Jahrhunderts Leben in moneäten Einheiten berechntet wird.

22 Art. 56 des Bundesgesetzes über die Krankenversicherung (KVG) vom 18. März 1994 (SR 832.10). Wirtschaftlichkeit medizinischer Leistungen wird zwar gefordert, es fehlt aber eine Präzisierung durch Verordnungen oder Rechtsprechung. Das Schweizerische Bundesgericht sagt in BGE 118 V 115: bei einem groben Missverhältnis zwischen den Kosten der medizinischen Leistung und dem zu erwartenden Erfolg kann eine Leistung verweigert werden.

2. *Medizin und Ärzteschaft*

a) Grundregeln ärztlichen Verhaltens

Oberstes Gebot für ärztliches Handeln ist der Eid des Hyppokrates. Darauf baut auch das Genfer Ärztegelöbnis der World Medical Association von 1948, zuletzt 1983 revidiert, auf. Der Satz "The health of my patient is my first consideration" kann als Leitsatz für ärztliches Handeln verstanden werden[23]. Wichtig ist auch die Maxime: "I will maintain the utmost respect for human life from its beginning even under threat and I will not use my medical knowledge contrary to the laws of humanity"[24]. Die ärztliche Ethik stellt den einzelnen Patienten und dessen Wohl in den Vordergrund. Sein Handeln beachtet die Würde des Menschen, respektiert das Leben. Entscheidungsgrundlage müssen medizinisches Wissen und die Lebensumstände des Patienten sein. Ökonomische Kriterien dürfen keine Rolle spielen. Die ärztliche Berufsfreiheit garantiert einen Schonraum für ärztliches Handeln, es soll von der staatlichen Gewalt mit einer gewissen Zurückhaltung beurteilt werden[25].

b) Entscheidungspielräume des Arztes

Ärztliches Handeln entscheidet über Leben und Tod und beinhaltet eine ethische Beurteilung über wichtigste Fragen einer Gesellschaft. Der grosse Freiraum, welcher der Medizin zur Lösung schwierigster ethischer Probleme belassen wurde, wird seit einiger Zeit durch Normen eingeschränkt. Ärzte sollen nicht mehr in jedem Einzelfall unter Berücksichtigung medizinischer, ethischer und sozialer Faktoren Entscheidungen treffen können. Das Bedürfnis nach Rechtssicherheit und Schutz der Patienten vor ärztlicher Willkür soll die Handlungsfreiheit der Ärzteschaft einerseits einschränken, andererseits auch Hilfe bei der Entscheidungsfindung im medizinischen Alltag leisten[26]. Der Missbrauch medizinischen Wissens in verschiedenen Staaten, als Beispiel können Deutschland und Japan während der Zeit des 2. Weltkrieges genannt werden, führte erschreckend deutlich vor Augen, dass Ärzte ihre Macht auch

---

[23] Wortlaut des hyppokratischen Eides in: Laufs/ Uhlenbruck, Handbuch des Arztrechts, § 4 N 13.

[24] Genfer Ärztegelöbnis der World Medical Association in: Giesen, International Medical Malpractice Law, 1988, Anhang II, S. 728.

[25] Honsell, Heinrich (Hrsg.), Handbuch des Arztrechts, Zürich 1994, S. 4.

[26] Oft geht es auch um eine Absicherung vor zivilrechtlicher und strafrechtlicher Haftung. Normen bieten Klarheit darüber, welches Handeln rechtlich nicht vorgeworfen werden kann.

missbrauchen können. Auch die heutigen technischen Möglichkeiten, wie beispielsweise die der Fortpflanzungsmedizin, Organtransplantation, pränatalen Diagnostik und künstlichen Lebenesverlängerung, werden nicht mehr der Entscheidungsgewalt einer einzelnen Person überlassen. Die Folge sind ein arztrechtliches Gesetzesesgefüge, das Missbräuche verhindern soll, sowie Ethikkommissionen, deren Aufgabe unter anderem die Ausarbeitung von Richtlinien für die verschiedenen medizinischen Problembereiche ist[27].

Ärztliche Handlungsfreiheit wird also zunehmend eingeschränkt. Tendenzen in den USA, die auch in Europa erkennbar sind, zeigen, dass immer mehr Arzthaftungsprozesse angestrengt werden. Die Ausübung des Arztberufes wird zu einem Risiko. Der Nachteil der Verrechtlichung der Medizin ist die mangelnde Flexibilität von Normen. Oft kommt es im Einzelfall zu unsinnigen oder gar gegen die Menschenwürde verstossenden Entscheiden, wenn dem Wortlaut eines Gesetztestextes gefolgt wird. Am einschneidendsten sind die strafrechtlichen Verbote und Gebote, die zu einer Geld- oder Freiheitsstrafe und einem Berufsausübungsverbot führen können[28]. Im Zentrum stehen unter anderem auch die strafrechtlichen Normen zum Schutz von Leben und Gesundheit. Wie geht nun das Strafrecht mit Rationierung in der Medizin um? Wenn Ärzte aus ökonomischen Gründen Behandlungen verweigern und damit den Tod von Patienten verursachen, können sie dies nur tun, wenn ihnen Straffreiheit garantiert wird[29].

3. *Strafrecht: Rationierung medizinischer Güter und Sterbehilfe*

a) Sterbehilfe

Unproblematisch ist die Sterbehilfe, die nicht mit einer Lebensverkürzung verbunden ist. Sie bedeutet Begleitung eines sterbenden Menschen durch medizinische, pflegerische, seelsorgerische und andere Betreuung. Die mit ihr verbundenen strafrechtlichen Fragen sollen hier nicht Diskussionsgegenstand sein. Das Hauptinteresse gilt der lebensverkürzenden Sterbehilfe, die auch im

---

[27] Massgebend für den Bereich der Sterbehilfe: Schweizerische Akademie der Medizinischen Wissenschaften, Medizinisch-ethische Richtlinien für die ärztliche Betreuuung sterbender und zerebral schwerst geschädigter Patienten vom 24.2.1995, in: Schweizerische Ärztezeitung 1995, S. 1223 ff.

[28] Vgl. Strafandrohungen der strafbaren Handlungen gegen Leib und Leben sowie Art. 54 StGB, Berufsausübungsverbot.

[29] Kühn, S. 45 (Fn. 11).

Zusammenhang mit ökonomischen Überlegungen eine wichtige Rolle spielt. Zu unterscheiden ist zwischen aktiver und passiver Sterbehilfe.

Aktive Sterbehilfe betreibt, wer bei einem sterbenden Menschen durch eine Handlung den Tod herbeiführt. Das aktive Töten eines Menschen ist ein Handlungsdelikt und in der Regel strafbar. Das Leben eines Menschen zu verkürzen, sei es auch um eine noch so kurze Dauer, ist bis heute strafbar geblieben. Da dies aber teilweise die Strafbarkeit in unerwünschter und sinnloser Weise ausdehnen würde, wird in der Lehre und Rechtsprechung zwischen direkt aktiver und indirekt aktiver Sterbehilfe, und damit zwischen strafbarer und strafloser Sterbehilfe unterschieden.

Mit direkter Sterbehilfe ist die gezielte, lebensverkürzende Tötunghandlung gemeint. Das Motiv für eine Tötung spielt keine Rolle, auch Mitleid oder die Bitte des Sterbenden selber, den Sterbeprozess zu beenden, führen nicht an einer Strafbarkeit vorbei[30]. Das Ziel der Tötung muss die Lebensverkürzung sein.

Bei der indirekt aktiven Sterbehilfe wird zwar das Leben einer sterbenden Person verkürzt, aber dies ist nicht erstes Ziel. Vielmehr soll einem Sterbenden unerträgliches Leiden erspart werden und man nimmt die mögliche Lebensverkürzung durch eine Schmerzbehandlung in Kauf. Dabei tritt das Problem auf, dass solches Verhalten trotz Vorliegen eines dolus eventualis nicht strafbar ist. Hinter der Straflosigkeit steht die Überzeugung, dass es sinnlos ist, ein Leben um den Preis grösster Schmerzen zu verlängern. Meist wird die Straflosigkeit mit rechtfertigendem oder entschuldigendem Notstand begründet[31]. Im Konflikt zwischen Leidensverminderung und Lebenserhaltung am Ende des Lebens scheint es widersprüchlich, wenn aus Achtung vor dem Rechtsgut Leben auf jede Schmerzlinderung verzichtet wird[32]. Trotzdem bleibt zu bemerken, dass die Gründe für die Straflosigkeit teilweise konstruiert wirken und rein strafrechtlich nicht restlos überzeugen. Trotzdem, die medizinische Behandlung, die der Schmerzlinderung und Erleichterung des Sterbeprozesses dient, aber den ungewollten Nebeneffekt der Lebensverkürzung hat, ist als indirekte Sterbehilfe straflos.

---

30 Allerdings wird Sterbhilfe aus achtenswerten Beweggründen oder auf Verlangen des Sterbenden in vielen Rechtsordnungen milder bestraft, so zum Beispiel Art. 114 und 115 des schweizerischen StGB, oder § 216 des deutschen StGB.

31 Andere Lösungsvorschläge in: Baronin von Dellingshausen, Ulrike, Sterbehilfe und Grenzen der Lebenserhaltungspflicht des Arztes, Düsseldorf 1981, S. 118 ff.

32 Hanack, E.W., Euthanasie in strafrechtlicher Sicht, in: Hiersche (Hrsg.), Euthanasie, Probleme der Sterbehilfe, München, 1975, S. 133.

Mit passiver Sterbehilfe wird der Verzicht auf lebensverlängernde Massnahmen bei einer sterbenden Person umschrieben[33]. Angesichts des unmittelbar bevorstehenden, nicht mehr abwendbaren Todeseintritts darf der Arzt auf lebenserhaltende Massnahmen verzichten, hier hat die ärztliche Lebenserhaltungspflicht ihre Grenzen. Diese Form der Sterbehilfe gehört in die strafrechtliche Kategorie der Unterlassungsdelikte. Im Strafrecht sind Handeln und Unterlassen Grundformen deliktischen Verhaltens. Dem Verbot, Rechtsgüter oder Interessen zu beeinträchtigen (Handlungsdelikte) steht das Gebot gegenüber, zugunsten solcher Güter oder Interessen tätig zu werden (Unterlassungsdelikt). Ein Gebot hat in unserer Rechts- und Gesellschaftsordnung eine untergeordnete Rolle[34]. Strafbar wegen einer Unterlassung macht sich nur, wer die Pflicht zum Handeln hat. Die ärztliche Handlungspflicht, strafrechtlich Garantenstellung genannt, wird gemäss der rechtlichen Stellung des Unterlassenden zum gefährdeten Rechtsgut definiert[35], der Arzt ist sogenannter Beschützergarant. Mit der faktischen Übernahme der Behandlung[36] geht er schriftlich, mündlich oder durch konkludentes Verhalten ein vertragliches Verhältnis, den Arztvertrag, ein. Die Garantenstellung wird mit der Aufnahme der Behandlung begründet. Anders als bei der Begründung der Garantenstellung besteht bei der Definition des Umfangs der Garantenpflicht ein weiter Ermessensspielraum. Sie kann sehr weit definiert werden, und vom Arzt alle medizinisch und technisch möglichen lebensverlängernden Massnahmen fordern. Das würde dazu führen, dass sich der Mensch der Technik ausliefert. Die Pflicht zur Lebensverlängerung wird deshalb, und dies ergibt sich auch aus dem ärztlichen Berufsethos, von der Pflicht zur Leidensverhütung begrenzt.

Da von der Einteilung eines Verhaltens in Handlungs- oder Unterlassungsdelikt sehr viel abhängt, beschäftigen sich Lehre und Rechtsprechung auch entsprechend intensiv mit der Definition von Handeln und Unterlassen. Es besteht die Gefahr, vom Ergebnis her zu argumentieren: wird Sterbehilfe als moralisch verwerflich angesehen, so wird auch möglichst jedes Verhalten als Handeln eingestuft. Umgekehrt wird, wenn immer möglich, ein Verhalten als Unterlassen gewertet, wenn Straffreiheit für Sterbehelfer gewünscht ist.

---

[33] Stratenwerth, Günter, ZStrR 95 (1978), S. 66.

[34] Stratenwerth, Günter, Schweizerisches Strafrecht Allgemeiner Teil I, Bern 1996, §7 N 14.

[35] Schönke/ Schröder, Kommentar zum Strafgesetzbuch, München 1991, 24. Auflage, § 15 N. 8.

[36] Künschner, Alfred, Wirtschaftlicher Behandlungsverzicht und Patientenauswahl, Stuttgart 1992, S. 157.

Ehrlicher ist die Feststellung, dass in der Sterbehilfediskussion nicht auf die übliche Handlungs- und Unterlassensdogmatik zurückgegriffen werden kann und deshalb eine offene, am Resultat orientierte Diskussion geführt werden muss. Im ganzen Bereich der Sterbehilfe hat sich die grosszügige Annahme eines Unterlassungsdelikts eingebürgert. Es kann sogar in Fällen geschehen, die ausserhalb des Bereiches der Sterbehilfe liegen, wie beispielsweise beim apallischen Syndrom. Dabei geht ein grosser Teil der Lehre davon aus, dass auch das Abstellen einer Beatmungsmaschine ein Unterlassen ist[37].

In der heutigen Sterbehilfediskussion lassen sich zwei Schwerpunkte feststellen: die Grenzziehung zwischen aktiver und passiver Sterbehilfe ist umstritten und es wird versucht, die Strafbarkeit der aktiven Sterbehilfe teilweise aufzuheben, indem es Ärzten beispielsweise erlaubt ist, einem sterbenden Patienten auf dessen Wunsch hin beim Sterben zu helfen[38]. Dahinter stehen unter anderem, wenn auch versteckt, wirtschaftliche Interessen. Dass es weitgehend an Strafprozessen im Bereich Sterbehilfe aus wirtschaftlichen Interessen fehlt, hat wohl nicht mit mangelnder Relevanz des Problems als vielmehr mit verdeckter Rationierung zu[39]. Unsichtbare Rationierung wird auch strafrechtlich verdeckt gelöst. Wirtschaftliche Interessen fliessen längst in die Anwendung und Auslegung der Tötungstatbestände ein und legitimieren die Rationierung medizinischer Güter.

b) Strafrechtliche Prüfung bei Rationierung medizinischer Güter

Auf Tatbestandsebene gibt es die Möglichkeit, das ärztliche Verhalten als Unterlassungsdelikt zu qualifizieren und somit als passive Sterbehilfe zu definieren. Beweisprobleme im Bereich der hypothetischen Kausalität und Zurechenbarkeit lassen die Anwendung eines Tatbestandes oft schon zu

---

[37] Geilen, Gerd, JZ 1968, S. 151 ff.

[38] Im Juli 1996 trat im Gliedstaat Northern Territory, Australien, ein Gesetz in Kraft, das die aktive Sterbehilfe auf Wunsch des Patienten zulässt. Auch in Holland wird seit einiger Zeit die Zulassung der aktiven Sterbehilfe diskutiert, einzelne amerikanische Bundesstaaten erlassen Gesetzte zur Einführung der aktiven Sterbehilfe.

[39] Im Fall des Zürcher Chefarztes Prof. Hämmerli wurde 1975 untersucht, ob er bei chronisch kranken Patienten die künstliche Ernährung eingestellt hatte, um Betten für aussichtsreichere Fälle frei zu haben. Als Begründung für die Einstellung des Verfahrens wurden unter anderem zwei Gründe aufgeführt: nach dem Personentod, von dem die Ärzte bei den Patienten ausgegangen seien, ende die Behandlungspflicht. Zweitens könne die Kausalität zwischen Nahrungsentzug und Todeseintritt nicht mit der erforderlichen Sicherheit festgestellt werden. Genaue Schilderung des Falles in: Künschner, S. 114 ff. (Fn. 36).

Beginn scheitern. Weiter muss die Tatmacht gegeben sein: eine Behandlung muss möglich und zumutbar sein.

Über die Garantenstellung lässt sich die ärztliche Lebenserhaltungspflicht definieren. Die Handlungspflicht hat aber Grenzen, wie bereits oben erörtert wurde. Fehlt die Garantenstellung, so ist das Unterlassen lebensverlängernder Massnahmen straflos. Es fragt sich, ob die ärztliche Lebenserhaltungspflicht nur innerhalb gewisser wirtschaftlicher Grenzen besteht.

Der Arztvertrag sichert das Vertrauensverhältnis zwischen Arzt und Patient und umschreibt Rechte des Patienten und Pflichten des Arztes. Der Vertrag ist ein Auftrag im Sinne des Obligationenenrechts und wird meist formfrei geschlossen[40]. Der Arzt wird obligationenrechtlich nicht verpflichtet, den Patienten auf die Kosten einer Behandlung aufmerksam zu machen oder nur wirtschaftliche Behandlungen vorzunehmen. Die aus Vertrag begründete Garantenstellung des Arztes beinhaltet auch nicht, dass er seine Lebenserhaltungspflicht nur innerhalb gewisser wirtschaftlicher Grenzen wahrnehmen muss.

Auch andere Rechtsquellen, wie das neue Krankenversicherungsgesetz (KVG)[41], klären nicht, ob die Garantenpflicht nur wirtschaftliche Leistungen beinhaltet. Wie schon erwähnt wurde, statuiert das KVG in Art. 56 das Gebot der Wirtschaftlichkeit. Der Satz wird nur dahingehend konkretisiert, dass im Einzelfall das Interesse des Versicherten und der Behandlungszweck den Umfang der durch die obligatorische Krankenpflegeversicherung zu vergütenden Leistungen bestimmen[42]. Die Verordnung führt aus, dass medizinische Leistungen von der Krankenkasse nur bezahlt werden, wenn sie wissenschaftlich anerkannt, zweckmässig und wirtschaftlich sind[43]. Schon über den Begriff der wissenschaftlich anerkannten Methode können wirtschaftliche Argumente einfliessen. Eine Methode ist dann wissenschaftlich anerkannt, wenn sie eine gewisse Erfolgsquote aufweist[44]. Zur Berechnung dieser Quote wird wohl auch auf die Kosten-Nutzen-Rechnung abgestellt werden müssen. Dies soll laut bundesgerichtlicher Rechtsprechung aber nur Bedeutung in Bezug auf verschiedene in Betracht fallende Behandlungsmassnahmen haben.

---

[40] Art. 394 ff. OR

[41] KVG vom 18. März (Fn. 22)

[42] Botschaft des Bundesrates über die Revision der Krankenversicherung vom 6.11.1991, BBl 1992 I, S. 189 f.

[43] Art. 21 der Verordnung über die Leistungen der Krankenkassen und Rückver-sicherungsverbände vom 20.12.1985 (SR 832.140)

[44] BGE 119 V 42 ff.

Ob eine wissenschaftlich anerkannte und geeignete Methode, gemessen an dem zu erwartenden Behandlungserfolg noch gerechtfertigt werden kann, ist nur von Bedeutung, wenn ein grobes Missverhältnis zwischen Aufwand und Nutzen besteht[45]. Das Bundesgericht hält zudem fest, dass Wirtschaftlichkeit einer Behandlung zurückstehen muss, wenn sie mit der körperlichen und psychischen Integrität konkurriert[46]. Das Gesetz legt den Umfang der Lebenserhaltungspflicht nicht zufriedenstellend fest und es geht daraus nicht hervor, dass die Lebenserhaltungspflicht endet, wenn eine weitere Behandlung mit zu hohen Kosten verbunden ist.

Andere Kriterien, die den Umfang der Garantenpflicht zu umschreiben versuchen, sind genauso vage wie die gesetzlichen Bestimmungen. Handlungsmöglichkeit und Zumutbarkeit als unrechtsbegründende Merkmale lassen sich ebensowenig definieren wie die Forderung nach Sinnhaftigkeit, einem pflichtbegrenzenden Merkmal.

Aus den rechtlichen Grundlagen Strafgesetzbuch, Krankenversicherungsgesetz und ausführende Verordnungen geht nicht hervor, dass die Behandlungspflicht bei einem Sterbenden endet, wenn eine weitere Lebenserhaltung zu kostspielig ist. Der Arzt, von dem wirtschaftliches Handeln gefordert wird, kann sich nicht auf das Gesetz berufen.

Bei der Prüfung der ärztlichen Lebenserhaltungspflicht muss festgestellt werden, dass der Arzt eine Garantenstellung innehat und die Strafbarkeit auf Tatbestandsebene nicht entfällt. Der nächste Schritt in der strafrechtlichen Prüfung der wirtschaftlich motivierten Sterbehilfe ist die Prüfung der Rechtswidrigkeit solchen Verhaltens.

c) Rechtswidrigkeit: Rechtfertigungsgründe für Rationierungsentscheide

Die Rechtfertigungsgründe lassen ein tatbestandsmässiges Verhalten unter Umständen als gerechtfertigt, also als rechtmässig erscheinen. Selbst die Tötung eines Menschen kann durch einen Rechtfertigungsgrund gedeckt und somit straflos sein.

Ein Arzt, der vorhandene Ressourcen aus Kostengründen nicht einsetzt, berücksichtigt Drittinteressen[47], und stellt diese über die Interessen seines Patienten. Ein solches Vorgehen ist nichts anderes als eine Abwägung von

---

45 BGE 118 V 115

46 BGE 111 V 229 und BGE 118 V 115

47 Stratenwerth, S. 76 (Fn. 33).

Interessen, die strafrechtsdogmatisch auf die Stufe der Rechtfertigung gehört.

Nur auf der Rechtfertigungsebene werden Kriterien zur Verfügung gestellt, die eine offene Abwägung der sich widerstreitenden Interessen möglich machen. Rationierung bedeutet abwägen und zu Gunsten der Wirtschaftlichkeit entscheiden. Auf der Rechtfertigungsebene stehen Mittel, beispielsweise die Kollisionsformeln von Notstand und Pflichtenkollision zur Verfügung, mit deren Hilfe geprüft werden kann, ob es Gründe gibt, eine Lebensverlängerung zu unterlassen, wenn sie mit sehr hohen Kosten verbunden ist. Im Sinne einer Offenlegung und richtigen dogmatischen Einordnung muss man sich der Abwägung von Kosten und Nutzen stellen, auch wenn sie erschreckend und möglicherweise unmoralisch ist.

Zwei Fallkonstellationen sind möglich: die unter dem Wirtschaftlichkeitsgebot entschiedene Behandlungsverweigerung bei einem Patienten (Kosten-Nutzen-Abwägung oder fehlende Kostendeckung), sowie der Kollisionsfall[48], durch akute Ressourcenknappheit bedingt. In der Praxis liegen akute Ressourcenknappheit und virtuelle Knappheit sehr nahe zusammen. Im Kollisionsfall muss der Arzt zwischen zwei konkreten Patienten eine Wahl treffen. Bei der virtuellen Knappheit steht die Funktionsfähigkeit des Gesundheitswesens und der Aufrechterhaltung der medizinischen Grundversorgung auf dem Spiel. Bei einem weiteren Anstieg der Gesundheitskosten, der hauptsächlich auf die privaten Haushalte abgewälzt wird, werden sich die einkommensschwächsten Mitglieder der Solidargemeinschaft nicht mehr alle Gesundheitsgüter leisten können, die medizinische Grundversorgung kann sogar gefährdet sein. Deshalb müssen Entscheidungen vorverlegt werden, bevor es zur akuten Knappheit kommt. Unter dem Gesichtspunkt der akuten und der virtuellen Knappheit ist zu prüfen, ob ein wirtschaftlicher Behandlungsverzicht gerechtfertigt werden kann.

d) Einwilligung des Verletzten und mutmassliche Einwilligung des Verletzten

Als Rechtfertigungsgründe für einen wirtschaftlichen Behandlungsverzicht kommen Einwilligung und mutmassliche Einwilligung des Verletzten in Frage. Bei einem rein wirtschaftlichen Behandlungsverzicht kann in den seltensten Fällen davon ausgegangen werden, dass Patienten ihre Einwilligung geben. Eine mutmassliche Einwilligung nur aus finanziellen Gründen wird wohl nicht angenommen werden können.

---

[48] Bekannt ist der Respitatorfall von Welzel.

e) Notstand, Art. 34 StGB

Ein weiterer Rechtfertigungsgrund ist der Notstand[49]. Beim Notstand greift der Notstandsberechtigte in die Rechtsgüter unbeteiligter Dritter ein, um so ein wertvolleres eigenes (Art. 34 Ziff. 1 StGB) oder fremdes (Ziff. 2) Rechtsgut aus einer drohenden Gefahr zu retten. Eine Rechtfertigung kommt nur in Frage, wenn zugunsten des geretteten Gutes ein deutlicher Wertüberhang besteht. Neben dem Vergleich des Rangverhältnisses der Rechtsgüter müssen auch die Grösse des drohenden Schadens, die Rettungschancen und die individuellen Interessen der betroffenen Rechtsgutinhaber berücksichtigt werden.

aa) Akute Mittelknappheit

Beim Kollisionsfall stehen die Rechtsgüter Leben und Gesundheit den gleichen Rechtsgütern gegenüber. Die drohende Gefahr für das Rechtsgut beider Patienten ist eine Verschlechterung des Gesundheitszustandes oder der schnellere Todeseintritt. Eine Notstandssituation ist nur denkbar, wenn der Arzt gegenüber einem Patienten eine Handlungspflicht, gegenüber dem anderen eine Unterlassungspflicht hat.

Wie bereits erwähnt wurde, stellt die Gesundheitsökonomie Regeln zur Berechnung des Wertes eines Menschenlebens auf. Mittels rechnerischer Gegenüberstellung des Wertes der betroffenen Güter könnte eine Notstandsabwägung erfolgen. Die mathematische Abwägung wird aber durch den absoluten Schutz höchstpersönlicher Rechtsgüter begrenzt. Die klassische Notstandsdiskussion negiert bei der Kollision von Leben deren Abwägung. Als absoluter Wert ist Leben grundsätzlich nicht abstufbar, also auch nicht nach Alter, sozialem Wert, Lebenserwartung usw.[50]. Ein verlorenes Leben darf auch nicht zu Gunsten eines anderen Lebens verkürzt werden. Hier scheint eine wirtschaftlich begründete Entscheidung nicht in Frage zu kommen.

bb) Virtuelle Mittelknappheit

In der virtuellen Knappheit wird keine Kollision gesehen. Doch bei genauerem Hinsehen geht es bei der Rationierung um eine Kollision wirtschaftlicher

[49] Art. 34 StGB, § 34 D StGB

[50] Lackner, Strafgesetzbuch mit Erläuterungen, 19. Auflage, § 34 N. 7.

Interessen, also des Interesses an der Funktionsfähigkeit des Gesundheitswesens mit den Interessen eines sterbenden Menschen[51]. Das menschliche Leben wird immer als höherwertiges Gut gesehen. Das Leben als höchstes Rechtsgut in unserer Rechtsordnung darf nicht den Interessen der Allgemeinheit, genauer gesagt der Solidargemeinschaft der Versicherten, geopfert werden[52]. Werden Gesundheitsgüter rationiert, so bedeutet dies aber, dass beispielsweise eine sehr aufwendige Notoperation bei Patient A dazu führt, dass diese irgendwann bei Patient B nicht mehr durchgeführt werden kann, weil die Mittel aufgebraucht sind. Nach welchen Grundsätzen werden die Mittel verteilt, wenn keine Kollision vorliegt? Zwar sagt die Lehre, dass einzelne Leben einander nicht gegenübergestellt werden dürfen; trotzdem müssen knappe Mittel eingesetzt werden, was eine Wertung bei der Verteilung beinhaltet. Indirekt werden somit dennoch Menschenleben gegeneinander abgewogen.

Trotzdem wird Notstand als Rechtfertigungsgrund bei akuter oder virtueller Knappheit mit dem Argument der Unbezahlbarkeit und Unvergleichbarkeit des menschlichen Lebens abgelehnt.

f) Pflichtenkollision

Bei der Pflichtenkollision im engeren Sinn, wo sich zwei gleichwertige Handlungspflichten oder in seltenen Fällen zwei Unterlassungspflichten gegenüberstehen, besteht die Möglichkeit der Güterabwägung gerade nicht, weil keine Pflicht die andere überwiegt. Oder es liegen, bei einer Pflichtenkollision im weiteren Sinn, eine Handlungs- und eine Unterlassungspflicht vor, die nicht beide erfüllt werden können[53]. Dieser Fall ist ein Notstand und wird nach den Regeln der Güterkollision entschieden. Gerechtfertigt ist nur, wer der höheren Pflicht nachkommt.

---

[51] Künschner, S. 183 (Fn. 36).

[52] Schönke/ Schröder, zu § 34, Rz. 41 d und e (Fn. 35).

[53] Die schweizerische Lehre subsumiert die Kollision einer Handlungs- mit einer Unterlassungspflicht unter die gesetzlich nicht geregelte Pflichtenkollision. Vgl. Stratenwerth, AT I, § 10 N. 63 ff. (Fn. 34); Trechsel/ Noll, Schweizerisches Strafrecht Allgemeiner Teil I, Zürich 1994, S. 122. Hier wird der deutschen Lehrmeinung, die nur in der Kollision von zwei Handlungs-, respektive Unterlassungspflichten eine Pflichtenkollision sieht, gefolgt.

aa) Akuter Kollisionsfall

Stehen sich zwei Handlungspflichten gegenüber (zwei Schwerverletzte in der Notfallstation, nur eine Notoperation möglich), und es kann keine Pflicht ohne die Verletzung der anderen erfüllt werden, so ist der Arzt bei Erfüllung der einen Pflicht gerechtfertigt. Wird ein ärztlicher Entscheid durch eine Pflichtenkollision gedeckt, so kann willkürlich - und endlich ungestraft – wirtschaftlich entschieden werden. Das, was bei allen anderen Rechtfertigungsgründen abgelehnt wird, nämlich die Abwägung von Menschenleben, und womöglich noch aufgrund wirtschaftlicher Kriterien, kann unter dem Schutz der Pflichtenkollision ungehindert geschehen. Um ein solches Resultat zu verhindern, müsste man die Pflichten nach Kriterien wie Überlebenschancen, Alter, familiäre Situation, sozialer Wert, Vorverschulden, Nationalität oder Wohnsitz, Geschlecht, zeitliche Priorität etc. gewichten. Eine Rechtfertigung käme nur in Frage, wenn der Arzt sich aufgrund dieser Kriterien für den „richtigen“ Patienten entscheidet oder, mit anderen Worten, die Güter gerecht verteilt. Welche Güterzuteilung gerecht und damit gerechtfertigt ist, muss erst in einer gesellschaftlichen und politischen Diskussion geklärt werden. Solange darüber kein Konsens besteht, muss dem Arzt, wie auch immer er im Fall einer Pflichtenkollision entscheidet, freie Hand gelassen werden. Es würde schikanös anmuten, wenn ihm die letzte Möglichkeit, strafrechtlich nicht belangbar das gesetzlich statuierte Wirtschaftlichkeitsgebot zu befolgen, genommen würde.

Bei Vorliegen einer Pflichtenkollision ist der absolute Schutz des Lebens nicht mehr garantiert. Die vorliegende Lücke macht wirtschaftlichen Behandlungsverzicht ohne strafrechtliche Folgen möglich.

bb) Virtuelle Knappheit

Bei einer virtuellen Knappheit stehen sich zwei Handlungspflichten gegenüber: einerseits wird vom Arzt das Tätigwerden gegenüber seinem sterbenden Patienten gefordert. Andererseits muss der Arzt andere Patienten, für die eine weniger konkrete Gefahr für Leib und Leben besteht, schützen. Sind beispielsweise drei lebenserhaltende Einheiten einer Intensivstation mit sterbenden Patienten belegt, so besteht die Gefahr, dass ein vierter Patient, dessen Leben gerettet werden könnte, nicht mehr optimal versorgt werden kann. Daraus resultiert prinzipiell eine ärztliche Handlungspflicht gegenüber potentiellen Patienten, deren Leben durch die Überbelegung einer Intensivstation in Gefahr gerät. Stehen sich verschiedene Lebenserhaltungsgebote gegenüber, so dürfte der Arzt, würde man die Regeln der Pflichtenkollision anwenden, frei entscheiden, wessen Leben er zuerst zu retten versucht.

Trotz dieser zwei sich gegenüberstehenden Handlungspflichten wird die Rechtfertigung wegen Vorliegen einer Pflichtenkollision aber abgelehnt. Dies geschieht mit der Begründung, dass die Handlungspflicht gegenüber einem potentiellen Patienten, von dem man nicht weiss, ob und wann er eintreffen wird, hinter der individuellen Behandlungspflicht zurückstehen muss[54].

g) Notstandsähnliche Fälle: gesetzlich nicht geregelte Güter- und Interessenkollisionen

Dass die gesetzliche Formulierung des Notstands zu eng ist und nicht alle Fälle umfasst, zeigt die Entwicklung neuer Kategorien von Rechtfertigungsgründen: neben dem gesetzlich geregelten Notstand anerkennt das Recht andere, notstandsähnliche Rechtfertigungsgründe, wie die Wahrnehmung berechtigter Interessen und den übergesetzlichen Notstand. In allen Fällen geht es um eine Situation, in der man zwischen zwei Rechtsgütern steht und sich für eines - auf Kosten des anderen - entscheiden muss. Die Regeln sind in allen Fällen die gleichen: es wird auf die im gesetzlichen Notstand entwickelte Interessenabwägungsformel zurückgegriffen[55]. Eine Rechtfertigung bei akuter oder virtueller Knappheit kommt, wie beim gesetzlichen Notstand, nicht in Frage.

Zusammenfassend kann zur Prüfung der Rechtfertigungsgründe folgendes gesagt werden: nur wirtschaftlich motivierte Sterbehilfe, sei es durch Handeln oder Unterlassen, ist strafbar (ausser im Fall der Pflichtenkollision bei akuter Ressourcenknappheit). Es liegt keine Sterbehilfe im eigentlichen Sinn mehr vor, vielmehr muss von einem kostensparenden schnellen Tod, einer vorsätzliche Tötung gesprochen werden.

Hinter dem Konzept des Notstandes und dem Verbot, ein endendes Leben zugunsten der Gemeinschaft der Krankenversicherten zu opfern, steht das Gebot des absoluten Lebensschutzes und der Vorrang des Individuums vor der Gemeinschaft.

---

[54] Künschner, S. 193 ff. (Fn. 36).

[55] von Dellingshausen, S. 406 ff. (Fn. 31).

h) Schuldausschlussgründe

Zu guter letzt ist zu prüfen, ob das ärztliche Verhalten entschuldigt werden kann. Der Arzt müsste sich in einer Zwangslage befinden, in der ihm rechtmässiges Verhalten nicht zugemutet werden kann (vgl. Art. 34 Ziff.1 Satz 2 StGB). Dass eine solche unentrinnbare Zwangslage besteht, in der es dem Arzt nicht zumutbar ist, zwischen zwei konkreten Patienten oder zwischen Patient und der Masse an zukünftigen Patienten zu entscheiden, wird in der Literatur abgelehnt[56]. Andere Schuldausschlussgründe liegen nicht vor.

4. Schlusswort

Es wird rationiert, das Strafrecht und andere Instanzen legen aber keine Regeln für ärztliches Verhalten fest. Eigentlich ist der überwiegend wirtschaftlich motivierte Behandlungsverzicht strafbar, er wird aber durch die grossen Ermessensspielräume auf Tatbestandsebene, insbesondere bei der Garantenpflicht, nicht selten wegdefiniert.

Hinter der ganzen Problematik verstecken sich grundsätzliche Probleme einer Gesellschaft. Bei strafrechtlicher Prüfung eines Tötungstatbestandes treten komplexe ethische Fragen an den Tag. Auf Tatbestandsebene ist zu erkennen, dass auf der Ärzteschaft zunehmend auch wirtschaftlicher Druck lastet: es gilt eine ärztliche Ethik, die ein teilweise veraltetes, romantisches Bild von Heilen und Helfen beinhaltet, und vom ungestörten Vertrauensverhältnis zwischen Arzt und Patient ausgeht. Dem stehen die harten Bedingungen einer modernen, technisierten Gesundheitsindustrie gegenüber, wo Wirtschaftlichkeit, die immer stärker betonten Patientenrechte, strenge Haftungsmassstäbe und andere gesetzliche Regeln nicht mehr viel Platz für Entscheidungen nach der bisherigen Ärzteethik lassen. Statt den wirtschaftlichen Druck in die Definition der Garantenstellung zu schmuggeln und die Ärzteschaft somit in einen unlösbaren Konflikt zu stürzen, muss die Frage der Rationierung auf der Rechtfertigungsebene behandelt werden.

Der Entscheid über die vielen offenen Fragen wird auf der Rechtfertigungsebene stattfinden. Hier müssen individuelles Leben und Interessen der Solidargemeinschaft gegeneinander abgewogen werden. Die christliche Betonung des Individuums steht der sozialistischen Idee der Gemeinschaft ge-

[56] Vgl. Künschner, S. 321 ff. und362 ff. (Fn. 36), mit weiteren Hinweisen.

genüber, und letztlich ist Rationierung eine Entscheidung zu ungunsten des Einzelnen, zugunsten der Allgemeinheit.

Das Strafrecht kann die Anworten nur wiederspiegeln, nicht aber selber geben. Enscheide werden von anderen Instanzen gefällt werden müssen: von den betroffenen Institutionen, den Versicherten und letztendlich von uns allen.

Rationierung lässt für das Rechtsgut Leben und Gesundheit eine Gefahr entstehen. Wir haben die Wahl, weiterhin Aufsätze über die Unantastbarkeit des Rechtsguts Leben und das Verbot der Abwägung von Leben zu lesen oder zu schreiben, oder wir können die unabwendbare Knappheit hinnehmen und uns darüber einig werden, nach welchen Kriterien die begrenzten Güter verteilt werden sollen. Nur wer sich dem Problem offen stellt, kann das Rechtsgut Leben vor überhandnehmenden wirtschaftlichen Interessen wirksam schützen. Strafrechtliche Kunstgriffe und Vertuschungsversuche müssen zugunsten einer klaren rechtlichen Lage aufgegeben werden.

Recht auf Sterbehilfe - Pflicht zur Sterbehilfe?

Von Dieter Birnbacher

Angesichts der Komplexität der ethischen Probleme der Sterbehilfe liegt es nahe, in Vereinfachungen zu denken, die eindeutige Abgrenzungen und Bewertungen ermöglichen. Vereinfachungstendenzen sind gegenwärtig sowohl in der Öffentlichkeit als auch bei vielen Ärzten zu beobachten - meist so, daß das Spektrum der Fälle in einen im Prinzip *befürworteten* Bereich von *passiver* Sterbehilfe und einen prinzipiell *abgelehnten* Bereich von *aktiver* Sterbehilfe aufgeteilt wird. Die Vorteile einer Koppelung von "passiv" und "moralisch zulässig" und "aktiv" und "moralisch unzulässig" sind offenkundig: Sie bringt Eindeutigkeit und Verläßlichkeit in ein ansonsten schwer zu übersehendes Feld von Fallkonstellationen und leistet - soziologisch gesprochen - eine beträchtliche Komplexitätsreduktion. Darüber hinaus stimmt diese Art der Aufteilung nahtlos mit den affektiven Gehalten der mit den jeweiligen Polen assoziierten Begriffe überein. Sprachliche Beschreibungen wie "Sterbenlassen", "den Sterbeprozeß nicht unnötig verlängern", "keine außergewöhnlichen Maßnahmen einsetzen", "nicht künstlich am Leben erhalten" usw. haben eine eindeutig *positive* Konnotation, während "Töten", "das Leben nehmen", "einschläfern" oder gar "Euthanasie" eindeutig *negativ* geladen sind. In der Tat läßt sich ein schärferer semantischer Kontrast kaum denken: "Sterben lassen" erscheint leicht als das Menschlichste, "Töten" als das Unmenschlichste überhaupt. Daß die "Komplexitätsreduktion" diesen einmal gebahnten Spuren folgt, ist also alles andere als zufällig. Ob die damit vollzogene Polarisierung auch sachangemessen und ethisch begründet ist, ist freilich eine andere Frage.

Zweifel an der Berechtigung der Polarisierung wecken bereits die Vielfalt der Verhaltensweisen, die der "aktiven Sterbehilfe" zugerechnet werden, sowie die Tatsache, daß im einzelnen höchst unterschiedliche Zuordnungen getroffen werden. Während sich die Rechtswissenschaft überwiegend darauf geeinigt hat, von "aktiver Sterbehilfe" lediglich dann zu sprechen, wenn ein Leben durch einen tätigen Eingriff am Patienten vorzeitig beendet wird und der Eingriff auf den Zweck der Leidensminderung zielt, wird unter Ärzten und in der Öffentlichkeit eine ganze Reihe weiterer Verfahrensweisen subsumiert, sofern sie auf Leidensminderung zielen und den Tod des Patienten zur Folge haben:

1. die Beihilfe zur Selbsttötung eines Schwerkranken,
2. den aktiven (technischen) Abbruch einer Behandlung,
3. das Unterlassen von nicht oder nicht eindeutig medizinischen Maßnahmen,
4. den Abbruch der künstlichen Ernährung,
5. den Abbruch der künstlichen Hydrierung.

Ausschlaggebend dafür, in jedem dieser Fälle von "aktiver Sterbehilfe" zu sprechen, scheint kein Sachkriterium zu sein, sondern die Tatsache, daß er vom jeweiligen Beurteiler *abgelehnt* wird. Die negative Konnotation der "aktiven Sterbehilfe" im engeren Sinne wird auf andere Formen der Herbeiführung des Todes übertragen, im Vertrauen darauf, daß der jeweilige Hörer die Bewertung der "aktiven Sterbehilfe" teilt und die negative Bewertung der jeweiligen Verfahrensweise "heraushört". Diese Art der "indirekten Mitteilung" erreicht ihr Ziel freilich nur solange, wie über die Ablehnung der aktiven Sterbehilfe Konsens besteht - eine Bedingung, die bereits heute nicht mehr verläßlich erfüllt ist.

Bedenklich ist die in der genannten Redeweise liegende Schwarz-Weiß-Zeichnung aber nicht wegen der - im Prinzip leicht zu korrigierenden - Mißverständnisse, die sie heraufbeschwört, sondern wegen der Vernachlässigung wichtiger sachlicher Unterschiede. Wenn etwa der Deutschen Gesellschaft für Humanes Sterben vorgehalten wird, sie propagiere und praktiziere die "aktive Sterbehilfe", so wird damit unterschlagen, daß alle bisherigen Verlautbarungen dieser Gesellschaft die aktive Sterbehilfe für den Normalfall *abgelehnt* und allenfalls für diejenigen seltenen Fälle eine Ausnahme gefordert haben, in denen ein Kranker so völlig bewegungsunfähig ist, daß er zur Aufnahme eines Mittels zur Selbsttötung nicht mehr in der Lage ist. Was die Deutsche Gesellschaft für Humanes Sterben - aber auch etwa Hackethal - praktiziert haben, ist die Beihilfe zur Selbsttötung, bei der die Herbeiführung des Todes nicht in den Händen des Helfers, sondern in den Händen des Sterbewilligen liegt. Die Beihilfe zur Selbsttötung verwirklicht lediglich eine Bedingung des Sterbens, juristisch: der Sterbewillige behält die Tatherrschaft über das Geschehen, während bei der aktiven Sterbehilfe der andere nicht nur eine Bedingung des Todes setzt, sondern diesen selbst herbeiführt. Unter ethischen Gesichtspunkten ist dieser Unterschied nicht vernachlässigbar. Auch das geltende Strafrecht macht hier einen Unterschied: Solange der Sterbewillige "freiverantwortlich" den Tod wünscht, ist die Beihilfe zur Selbsttötung straffrei, während die aktive Sterbehilfe unter denselben Bedingungen den Straftatbestand der "Tötung auf Verlangen" verwirklicht.

Auch zwischen dem aktiven Abbrechen einer Behandlung mit Todesfolge und einer aktiven Tötung bestehen ethisch relevante Unterschiede. Von einer Hilfeleistung abzulassen, ist moralisch nicht dasselbe wie ein das Leben gezielt beendender Eingriff. Das Handeln des Arztes wirkt in diesem Fall nicht auf den Patienten selbst und unmittelbar ein, sondern richtet sich auf die Beendigung einer Maßnahme, die das Leben des Patienten über den Zeitpunkt hinaus erhält, zu dem es andernfalls zu Ende gehen würde. Ethisch würde sich an der Sachlage nichts - oder zumindest nichts Wesentliches - ändern, wenn dieses Beendigen der aktiven Einwirkung durch ein Nichtstun erfolgte, z. B. ein von selbst aussetzendes Gerät nicht wieder eingeschaltet würde. Es muß allerdings eingeräumt werden, daß viele Ärzte einen aktiven Abbruch der Behandlung ähnlich zu erleben scheinen wie das Setzen einer Todesspritze. Anders ist kaum zu erklären, daß sie ein aktives Eingreifen auch in diesem Fall gewöhnlich eher vermeiden und den Tod des Patienten durch Untätigbleiben - das "Einfrieren" einer Intensivtherapie oder das "Absetzen" einer Medikation - herbeiführen. Hier scheint also wenn auch kein ethischer, so doch ein erheblicher *psychologischer* Unterschied zu bestehen. Das mag etwas mit der wahrgenommenen kausalen Rolle zu tun haben: Von dem Tod eines Patienten, der durch eigenes Unterlassen gestorben ist, kann man sich im allgemeinen psychisch leichter distanzieren als vom Tod eines Patienten, der durch eigenes Tun (und sei es nur durch den aktiven Abbruch einer bereits aufgenommen Behandlung) gestorben ist. Deshalb wird man im letzteren Fall dazu neigen, sich einen größeren Anteil der Kausalität zuzuschreiben.

Ähnlich läßt sich erklären, daß viele Ärzte den Abbruch einer einmal aufgenommenen Behandlung als sehr viel problematischer empfinden als die Nichtaufnahme einer Behandlung von Anfang an: Derjenige, der die Behandlung aufnimmt, geht eine Rollenbeziehung zum Patienten ein, die einen Abbruch der Beziehung sehr viel problematischer erscheinen läßt, als wenn die Beziehung gar nicht erst eingegangen worden wäre. Aber auch hier besteht, solange der Patient den Abbruch bzw. die Nichtaufnahme einer Behandlung *verlangt*, im allgemeinen kein ethischer Unterschied. Nur dann wäre der Abbruch einer Behandlung schwerer zu rechtfertigen, wenn er nicht auf ein Verlangen des Patienten zurückgeht, sondern etwa auf Überlegungen der Ressourcenverteilung (wenn z. B. ein anderer Patient ein knappes Gerät dringender braucht), da dann die zusätzliche Erwägung hinzukommt, daß der Abbruch zusätzlich die *Erwartung* des Patienten in die Fortsetzung der einmal aufgenommenen Behandlung verletzt.

Auch das Sterben-Lassen eines Patienten durch den Verzicht oder die Nicht-Weiterführung einer nicht im engeren Sinne medizinischen Maßnahme (wie künstliche Ernährung und Hydrierung) ist in ethischer Hinsicht nicht dasselbe wie eine aktive Sterbehilfe durch Einschläfern. Daß auch in diesem Fall von "aktiver Sterbehilfe" gesprochen wird, ist verständlich angesichts der Tatsache, daß zwischen dem lebensbeendenden Abbruch einer medizinischen Behandlung (passive Sterbehilfe) und dem Abbruch einer lebenserhaltenden Maßnahme wie der künstlichen Ernährung zu Recht eine Differenz gespürt wird, die etwas damit zu tun hat, daß die Verpflichtung zur Aufrechterhaltung der Lebensfunktionen durch Ernährung und Flüssigkeitszufuhr elementarer und für die gebotene helfende und sorgende Einstellung zum Patienten grundlegender ist als die Verpflichtung zu medizinischen Maßnahmen im engeren Sinne. Dennoch aber ist auch die Beendigung einer künstlichen Ernährung oder Hydrierung der Abbruch einer Behandlung. Diese Behandlung ist - wie andere, im eigentlicheren Sinne "medizinische" Maßnahmen - in der Regel durch die Krankheit des Patienten notwendig geworden und kann mit Therapien verglichen werden, durch die krankheitsbedingt ausgefallene Funktionen oder Substanzen ersetzt werden, wie bei der Dialyse im Fall ausgefallener Nierenfunktion oder der Insulingabe beim Diabetes. Insofern kann der Verzicht auf die Aufnahme oder Fortführung dieser Maßnahme schwerlich anders gewertet werden als die Nichtaufnahme oder der Abbruch anderer lebenserhaltender medizinischer Maßnahmen auch.

Die allzu pauschale Gleichsetzung von "passiv" mit "erlaubt" und "aktiv" mit "unerlaubt" hat überdies dazu geführt, daß berechtigte und notwendige Überlegungen hinsichtlich der sozialen Konsequenzen einer Praxis der Sterbehilfe weitgehend nur für die aktive, nicht aber für die passive Sterbehilfe angestellt werden. So werden Mißbrauchsargumente und das Argument, der Wille des Sterbewilligen könne durch Suggestion - seitens der Verwandten, der Pflegenden oder der Ärzte - übergebührlich beeinflußt sein, nahezu ausschließlich für die aktive, nicht aber für die passive Sterbehilfe diskutiert. Sachlich ist diese Einseitigkeit kaum zu begründen. Nicht nur das Verlangen, eingeschläfert zu werden, sondern auch das Verlangen, nicht weiter behandelt zu werden, kann auf einer Insinuation statt auf dem ureigensten Willen des

Patienten beruhen. Und selbstverständlich sind Mißbräuche auch bei der passiven Sterbehilfe zu befürchten - sogar noch eher als bei der aktiven, da sie nicht nur viel häufiger praktiziert wird, sondern auch viel eher unentdeckt bleibt und der Ausführende im allgemeinen eine niedrigere Hemmschwelle zu überwinden hat.

Das Hauptproblem bei der Gleichsetzung von Passiv mit Erlaubt (oder sogar Erfordert) und Aktiv mit Unerlaubt ist aber die Voraussetzung, unter der sie allererst zur intellektuellen Entlastung in Frage kommt, nämlich die Plausibilität der ethischen Differenzierung zwischen aktivem Handeln und passivem Geschehenlassen. Ist eine derart radikale ethische Differenzierung zwischen Aktiv und Passiv, wie sie der üblichen Einteilung zugrundeliegt, überhaupt zu rechtfertigen?

Auf den ersten Blick scheint es in der Tat für die moralische Beurteilung einen erheblichen Unterschied zu machen, ob eine bestimmte Folge - hier der Tod des Patienten - Folge eines aktiven Eingreifen oder eines bloßen Geschehenlassens ist. Schon die kausale Lage scheint unvergleichbar. Das eine Mal scheinen die Kausallinien vom menschlichen Eingreifen auszugehen, das andere Mal von den natürlichen Todesursachen, ohne jede kausale Beteiligung des Untätigen. Aber bei näherem Hinsehn zeigt sich, daß auch das Untätigbleiben dessen, der bloß passive Sterbehilfe leistet, kausal an dem Geschehen beteiligt ist: Sein Untätigbleiben hat zur Folge, daß der Patient früher stirbt, als er andernfalls gestorben wäre. Hätte er eingegriffen, hätte der Patient länger gelebt (vgl. Birnbacher 1995, Kap. 3). Im Fall der Sterbehilfe wiegt das unterlassene Eingreifen sogar besonders schwer, da Sterbehilfe gewöhnlich von jemandem geleistet wird, der zu dem Sterbewilligen in einer "Garantenstellung" steht, d. h. für das Wohl des Patienten moralisch und rechtlich in besonderer Weise verantwortlich ist. Infolge ihrer Garantenstellung können sich der behandelnde Arzt, die Pflegenden und die nahen Angehörigen gerade nicht darauf berufen, daß ein passives Geschehenlassen moralisch leichter wiegt als ein folgengleiches aktives Eingreifen. Vielmehr ist ihre Rolle so definiert, daß die Verpflichtung, zum Wohl des Patienten zu handeln, nicht weniger intensiv ist als die Verpflichtung, dem Patienten nicht zu schaden. Strafrechtlich wird diese Verpflichtung zur aktiven Hilfeleistung sogar für so vordringlich gehalten, daß ihre Unterlassung u. U. nicht nur als unterlassene Hilfeleistung (wie bei jedermann), sondern (im Falle des Todes) als Tötung durch Unterlassen oder (im Falle einer Gesundheitsschädigung) als Körperverletzung durch Unterlassen bestraft wird.

Gelegentlich wird die ethische Differenzierung dadurch begründet, daß sich aktive und passive Sterbehilfe in der zugrundeliegenden *Absicht* unterscheiden und daß die Absicht für die moralische Beurteilung einen wesentlichen Unterschied mache. Bei einer aktiven Sterbehilfe sei der Tod des Patienten beabsichtigt, während er bei der passiven Sterbehilfe in der Regel nicht beabsichtigt sei. Aber auch wenn man der Absicht eines Verhaltens (und nicht nur den vorausgesehenen Folgen) ethisches Gewicht zugesteht, läßt sich damit eine entsprechende Unterscheidung nicht begründen. Denn von einem "Geschehenlassen" (und die passive Sterbehilfe ist ein Geschehenlassen) sprechen wir nur dann, wenn die Folgen nicht nur das erwartete, sondern auch das angestrebte Resultat des jeweiligen Verhaltens sind. Jedes Verhalten, das sich als passive Sterbehilfe versteht, hat notwendig die Nicht-Verlängerung des Lebens des Patienten zum Ziel, d. h. einen früheren Todeseintritt, als er andernfalls zu erwarten wäre. Freilich wird dieses Ziel dabei nicht als Selbstzweck angestrebt, sondern lediglich als Zwischenziel, das seinerseits im Dienste der Leidensminderung steht. Aber das ändert nichts daran, daß es angestrebt und als solches gewollt wird. Die moralische Ungleichbehandlung von aktiver und passiver Sterbehilfe läßt sich also nicht darauf zurückführen, daß der Tod einmal beabsichtigt, das andere Mal nicht beabsichtigt ist.

Ein anderes Argument lautet, daß man bei der aktiven Sterbehilfe gewöhnlich mit Sicherheit weiß, daß der Patient in der Folge stirbt, während man bei der passiven Sterbehilfe diese Sicherheit nicht hat. Es kommt immer wieder vor, daß längst aufgegebene Patienten überleben. Dieser Unterschied besteht zweifellos. Aber ethisch kann er nur für solche Fälle relevant sein, in denen der Leidenszustand des Patienten nicht irreversibel ist, sondern Besserungschancen bestehen. In Fällen, in denen der Leidenszustand irreversibel ist und der Patient dieses Leiden nicht länger ertragen will oder kann, ist kein Grund ersichtlich, warum er den (passiven) Behandlungsabbruch dem aktiven Eingriff vorziehen sollte.

Einige Autoren meinen, Berechtigung und Verpflichtung seien bei der aktiven Sterbehilfe nicht zu trennen; eine wie immer eingeschränkte *Berechtigung* zur aktiven Sterbehilfe würde, einmal erteilt, quasi unweigerlich - in einer Art normativen "Dammbruch" - in eine standesethische, standesrechtliche oder anderweitige rechtliche *Verpflichtung* zur aktiven Sterbehilfe umschlagen. Eine *Verpflichtung* zur aktiven Sterbehilfe widerspräche jedoch elementaren und unaufgebbaren Grundsätzen der Gewissensfreiheit. Auch dieses Argument ist nicht überzeugend. Für einen Automatismus der befürchteten Art gibt es (zumindest in demokratischen Gesellschaften) keinerlei

Belege. Auch beim Schwangerschaftsabbruch hat die begrenzte Erlaubnis durch Indikationen- oder Fristenlösung das Recht des Arztes, einen Schwangerschaftsabbruch zu verweigern, nicht in Frage gestellt. Das von Richard Lamerton und anderen Gegnern der aktiven Sterbehilfe vorgebrachte Argument, jedes "Recht auf den Tod" schließe eine entsprechende Pflicht zu töten ein (Lamerton 1991, 129), scheint mir schlicht demagogisch. Auch dann, wenn es, wie Lamerton befürchtet, in der Folge einer rechtlichen Erlaubnis zur aktiven Sterbehilfe dahin käme, daß Druck auf ablehnende Ärzte ausgeübt würde, aktive Sterbehilfe zu leisten, wäre damit noch keine "Pflicht" anerkannt, diesem Druck nachzugeben.

Würde eine Praxis der aktiven Sterbehilfe auf Verlangen, wie sie in den Niederlanden seit einigen Jahren besteht, das Vertrauensverhältnis zwischen Arzt und Patient beeinträchtigen? Dies wird des öfteren behauptet, kaum aber jemals plausibel gemacht. Eine Ermöglichung aktiver Sterbehilfe würde die Rechte und Chancen des Patienten ja nicht beschneiden, sondern erweitern. Für den Patienten wäre das Wissen um die Möglichkeit, gegebenenfalls auf aktive Sterbehilfe als *ultima ratio* der Leidensbegrenzung rechnen zu können, eher willkommen. Daß die meisten Ärzte in Deutschland nicht bereit sind, aktive Sterbehilfe zu leisten, wird von den Patienten zwar verstanden, aber nicht unbedingt als Erleichterung aufgenommen. Denn die Aussicht auf keine oder eine lediglich passive Sterbehilfe ist sicher nicht in allen Fällen weniger bedrohlich, vor allem angesichts der in Deutschland nach wie vor skandalös unzureichenden Nutzung der Möglichkeiten der Schmerztherapie. Der "natürliche" Sterbeprozeß kann durchaus beschwerlicher und qualvoller als der künstlich verkürzte sein. Zwar berechtigen die beeindruckenden Erfolge der Palliativmedizin zu der Hoffnung, daß sich bei einer flächendeckenden Versorgung mit Palliativmedizin und Hospizdiensten der Wunsch nach Leidensverkürzung durch aktives Eingreifen (und damit auch das Problem der aktiven Sterbehilfe) erübrigt - vor allem, wenn sich die für die Hospizidee zentrale Forderung nach einer angemessenen *sozialen* Betreuung Sterbenskranker verwirklichen ließe. Andererseits stehen diese Dienste noch längst nicht überall zur Verfügung, und in einem kleinen, aber bedeutsamen Teil der Fälle bleibt auch die fortgeschrittenste Palliativmedizin machtlos gegen Schmerz, Atemnot, Übelkeit und andere krankheitsbedingte Leiden, die die letzte Lebensphase zur Qual machen können. Die Chance, in diesen Fällen aktive Sterbehilfe in Anspruch nehmen zu können, würde das Vertrauensverhältnis zwischen Patient und Arzt nicht schwächen, sondern stärken. Eine Schwächung des Vertrauens würde ein Angebot der aktiven

Sterbehilfe allenfalls dann bedeuten, wenn dies als Alibi dafür diente, die Möglichkeiten der modernen Palliativmedizin - womöglich aus Kostengründen - ungenutzt zu lassen.

Wenn nicht in diesen immer wieder angeführten Unterscheidungsmerkmalen - worin liegt dann die moralisch entscheidende Differenz zwischen Aktiv und Passiv, Eingreifen und Geschehenlassen? Ansatzpunkte für eine stichhaltigere Begründung der ethischen Differenz liegen in zwei Überlegungen: 1. dem unterschiedlich hohen Risiko von Fehleinschätzungen und 2. der unterschiedlich bedrohlichen Gefahr eines "Dammbruchs".

Die erste Überlegung lautet: Die Einschätzung, daß der Leidenszustand des Patienten irreversibel ist, kann in einzelnen Fällen falsch sein. Da die aktive Sterbehilfe strikt unumkehrbar ist, nimmt sie dem Patienten die Chance, eine in diesem Fall objektiv mögliche Besserung seines Zustands zu erleben. Die passive Sterbehilfe dagegen läßt sie ihm, zumindest immer dann, wenn sie auch ohne Weiterbehandlung eintreten würde. Bei einem Behandlungsabbruch könnte sich das Blatt nach Abbruch der Behandlung noch einmal wenden, der Sterbewunsch entfallen (vgl. Beauchamp 1989, 271).

Dieses Argument begründet eine gewisse Asymmetrie zwischen aktiver und passiver Sterbehilfe, ist allerdings, da es nur auf Fälle mit unsicherer Prognose zutrifft, in seiner Reichweite eng begrenzt. Von größerer Reichweite ist das Argument des "Dammbruchs" - das Argument, daß eine einmal etablierte Praxis der aktiven Sterbehilfe auf Verlangen in eine unvertretbare Praxis der Mitleidstötung *ohne* Verlangen ausufern könnte.

Die Metapher des "Dammbruchs" (bzw. der "schiefen Bahn", des "slippery slope") ist zweifellos in einer bestimmten Hinsicht irreführend. Sie legt nahe, daß ein mögliches Abgleiten in eine nicht mehr vertretbare Praxis schlechthin unumkehrbar, der einmal eingebrochene Damm irreparabel ist. Das ist keineswegs notwendig so. Sollte sich etwa herausstellen, daß eine Praxis der aktiven Sterbehilfe auf Verlangen unter bestimmten Sicherheitsvorkehrungen tatsächlich dazu führt, daß die Sicherheitsvorkehrungen mißachtet werden oder sich die Praxis der Sterbehilfe zu einer Praxis der Mitleidstötung (bei der das zentrale Kriterium der Selbstbestimmung aufgegeben wird) ausweitet, dürften sich die Grenzen durch entsprechende gesetzliche Vorkehrungen auch wieder enger ziehen lassen. Auch der Fortbestand der gegenwärtig in den Niederlanden geübten (und weiterhin umstrittenen) Praxis der aktiven Sterbehilfe ist keineswegs sicher.

Dennoch scheint mir das Dammbruchargument - mag es auch in den meisten seiner Anwendungen lediglich Ausdruck irrationaler Ängste oder nur vorgeschoben sein - in diesem Fall von beträchtlicher Überzeugungskraft. Es ist nicht nur nicht auszuschließen, sondern eher wahrscheinlich, daß die Zivilisationsdecke dünner ist, als es dem vorherrschenden kulturellen Selbstverständnis entspricht. Daß die menschlichen Tötungswünsche ernst zu nehmen sind, legen z. B. Befragungsergebnisse nahe, die auf eine erschrekkend hohe Akzeptanz von Mitleidstötungen und sozialdarwinistischen "Euthanasie"-Aktionen hinweisen (vgl. Lamb 38 ff. für die USA). Auch das kleine Risiko eines Einbruchs sollte deshalb zur Vorsicht mahnen. Es ist nicht auszuschließen, daß die Gegner der aktiven Sterbehilfe recht haben und daß eine weitgehende Liberalisierung in der Tat die Hemmschwelle gegen die Mitleidstötung senkt und eine ethisch nicht mehr zu rechtfertigende Praxis begünstigt. Immerhin dürfte eine mögliche Praxis der Mitleidstötung noch bedeutend unakzeptabler sein als eine mögliche Praxis der passiven Sterbehilfe ohne ausdrückliches Verlangen. Die Aussicht darauf, in einem irreversiblen Leidenszustand, auch ohne daß man danach verlangt hat, nicht weiter behandelt zu werden, ist immer noch eher zu ertragen als die Aussicht, in derselben Lage, ohne daß man eingewilligt hat, getötet zu werden.

Hinzu kommt eine quasi psychoanalytische Überlegung. Gerade die Rigidität, mit der viele Ärzte am Prinzip des unbedingten Lebensschutzes und der unbedingten Lebenserhaltung festhalten, läßt auf "abgewehrte" Tötungswünsche schließen. Gerade die "unvernünftige" Unbedingtheit, mit der viele Ärzte die aktive Sterbehilfe ablehnen, könnte ein Hinweis auf eine Reaktionsbildung sein, die einen sozial inakzeptablen und deshalb "unaussprechlichen" unbewußten Affekt in sein Gegenteil verkehrt. Insofern ließe sich die immer wieder beschworene Gefahr eines gesellschaftlichen Dammbruchs zumindest zum Teil auch als Spiegelung der Angst vor einem *inneren* Dammbruch verstehen. Damit wären zugleich auch einige der bei diesem Thema immer wieder auftretenden Kommunikationsschwierigkeiten zwischen Ärzten auf der einen und Ethikern und Juristen auf der anderen Seite erklärt: Da die zugrundeliegenden Affekte nicht genannt werden dürfen, kann den aus der Distanz der Nichtbetroffenheit urteilenden Normativisten der eigentliche Grund der Dammbruchbefürchtungen gewissermaßen immer nur verschlüsselt ("Ärzte sind auch nur Menschen") vermittelt werden.

Die Gefahr, daß aktive Tötung zur ärztlichen Routine werden könnte und daß eine Praxis der aktiven und passiven Sterbehilfe in ethisch unzulässiger Weise auf Fälle nicht-freiwilliger Mitleidstötung ausgedehnt werden könnten, spricht aus meiner Sicht allerdings nicht für ein striktes Verbot, sondern für eine strikte Begrenzung auf Extremfälle. Ein Extremfall liegt insbesondere dann vor, wenn zusätzlich zur Irreversibilität des Leidenszustands und zum wiederholt bekundeten Sterbewillen des Schwerkranken die Bedingung erfüllt ist, daß dem Sterbewilligen keine anderen Mittel zur Leidensbegrenzung, insbesondere auch nicht die Möglichkeit einer Selbsttötung, zur Verfügung stehen.

Damit ist das heikle Thema "Patientenselbsttötung" angesprochen. Ich möchte dazu gleich zu Beginn bemerken, daß in meinen Augen der wohlerwogene Wunsch nach Selbsttötung in einem irreversiblen Leidenszustand eine verständliche, nachvollziehbare und angemessene Reaktion ist und nicht, wie es von psychiatrischer Seite gelegentlich geschieht, als Depression pathologisiert werden sollte. Sofern der Leidende seinen Zustand nicht nur für irreversibel hält, sondern dieser nach bestem Wissen tatsächlich irreversibel ist, gibt es keinen vernünftigen Grund, den zur Selbsttötung Entschlossenen an der Ausführung seines Vorhabens zu hindern. Eine Verhinderung seiner Selbsttötung wäre in diesen Fällen nicht nur eine schwerwiegende Verletzung seines Selbstbestimmungsrechts, sondern läge nicht einmal in seinem besten Interesse, widerspräche also auch dem Fürsorgeprinzip.

Umstrittener und schwieriger zu beantworten ist die Frage, ob der Arzt über die unterlassene Hinderung hinaus dem zur Selbsttötung entschlossenen Patienten in einem irreversiblen Leidenszustand bei der Ausführung seines Vorhabens Beihilfe leisten darf, sei es durch Informationen über Suizidmittel, sei es durch deren Bereitstellung. Offenkundig wird er dazu nur unter entsprechend enger gefaßten Bedingungen berechtigt sein. Der entscheidende Gesichtspunkt für die bedingte moralische Zulässigkeit ist dabei, daß von einer Beihilfe zur Selbsttötung, da die Ausführung beim Sterbewilligen verbleibt, Dammbruchgefahren nicht in demselben Maße wie bei der aktiven Sterbehilfe (im Sinne eines direkten Eingriffs) zu befürchten sind.

M. E. sollte die moralische Zulässigkeit der Beihilfe zur Selbsttötung an die folgenden Bedingungen geknüpft sein:

1. Der Patientenwunsch nach Suizid beruht nicht auf psychischer Krankheit.

2. Der Patient vermag die Tragweite seiner Entscheidung zu überblicken.

3. Die Entscheidung zum Suizid ist subjektiv wohlerwogen.

4. Die Entscheidung ist objektiv nicht unberechtigt (beruht nicht auf Fehlinformationen oder falschen Erwartungen, z. B. Fehleinschätzungen der therapeutischen und palliativen Möglichkeiten, ihm das Weiterleben erträglich zu machen).

5. Die Einschätzung der Punkte 1-4 ist (auf der Seite des Beurteilers) hinreichend sicher.

Ist eine dieser Bedingungen nicht erfüllt, scheint mir eine Beihilfe zur Selbsttötung ethisch bedenklich.

Selbstverständlich sind diese Bedingungen noch nicht hinreichend operationalisiert, um als Kriterien in der Praxis zur Anwendung zu kommen. Solche Operationalisierungen sind in den letzten Jahren unabhängig voneinander auf der Grundlage individueller praktischer Erfahrungen entwickelt worden - von Ärzten, die den Mut hatten, Beihilfe zum Suizid nicht nur im Geheimen zu leisten, sondern damit auch an die Öffentlichkeit zu gehen. Bedenkenswert scheinen mir insbesondere die - weitgehend deckungsgleichen - Kriterien, die der amerikanische Neurologe und Psychiater Quill und der niederländische Psychologe Diekstra (1996, 82) für die Zulässigkeit einer Beihilfe zur Selbsttötung entwickelt haben. Quill (1994, 206 ff.) schlägt die folgenden Kriterien vor:

1. Der Patient muß aus eigenem freien Willen und aus eigener Initiative wiederholt den klaren Wunsch äußern, lieber zu sterben als weiterzuleben.

2. Das Urteilsvermögen des Patienten darf nicht beeinträchtigt sein.

3. Die Krankheit des Patienten muß unheilbar und mit ständigen schweren, unerträglichen Leiden verbunden sein.

4. Der Arzt muß sich sicher sein, daß die Leiden des Patienten und sein Wunsch nicht die Folge unzureichender palliativer Behandlung sind.

5. Voraussetzung für eine ärztliche unterstützte Selbsttötung sollte eine echte Beziehung zwischen Arzt und Patient sein.

6. Der Beihilfe leistende Arzt soll sich mit einem anderen erfahrenen Arzt beraten.

7. Die Entscheidungsgründe sollten im einzelnen dokumentiert werden.

Möglicherweise sollte, da in dieser Liste die Irreversibilität des Leidenszustands des Patienten fehlt, eine weitere Bedingung hinzukommen, die sich an eine Bestimmung in die Richtlinien der Schweizerischen Akademie der medizinischen Wissenschaften vom Februar 1995 anlehnt und sicherstellt, daß der Sterbewunsch nicht nur einer vorübergehenden Niedergeschlagenheit entspringt: "Es dürfen keine Erfahrungen vorliegen, die nahelegen, daß sich der Lebenswille nach kurzer Frist wieder einstellen wird."

Kann es auch Situationen geben, unter denen eine Beihilfe zum Suizid nicht nur moralisch *zulässig*, sondern auch moralisch *erfordert* erscheint? Ich glaube ja. Eine solche Situation liegt vor, wenn zusätzlich zu den berechtigenden Bedingungen die weitere Bedingung erfüllt ist, daß die Selbsttötung nicht oder nur in einer unzumutbaren Form ohne fremde Hilfe ausgeführt werden kann. Diese Situation kann so beschrieben werden, daß sich der schwer leidende Patient in einer Notlage befindet, in der er, um sterben zu können, ebenso auf fremde Hilfe angewiesen ist, wie er in anderen Situation, um leben zu können, auf fremde Hilfe angewiesen ist (vgl. Brandt 1975, 385). In seiner "Meditatio mortis" hat der Erlanger Philosoph Wilhelm Kamlah diese Notlage eindringlich geschildert: "Das Recht auf den eigenen Tod wird nur noch selten radikal bestritten. Aber wer von diesem Recht Gebrauch macht, weil er ein menschenwürdiges Leben nicht mehr führen kann, wird jedenfalls zu einem menschenunwürdigen Sterben gezwungen. Und zuvor, solange er seinen Entschluß noch erwägt, wird er hoffnungslos im Stich gelassen. Niemand sagt ihm, welches Mittel er wählen könnte." (Kamlah 1979, 222)

Prädestiniert für die Rolle des Helfers im Sterben eines zugleich selbstbestimmten und menschenwürdigen Todes ist der Arzt, insbesondere der Hausarzt. Nur in ihm verbinden sich die beiden Voraussetzungen für diese Aufgabe: hinreichende Sachkenntnis über Verabreichungs- und Wirkungsweise möglicher Suizidmittel und eine hinreichend gute Bekanntschaft mit dem Patienten, seinem Lebensschicksal und seinen innersten Wünschen und Anliegen. Angesichts dessen muß es als tragisch gelten, daß gerade auf ärztlicher Seite ausgeprägte Widerstände gegen eine Beihilfe zur Selbsttötung bestehen. Nachvollziehbar scheinen mir diese Widerstände nicht. Jedenfalls sind die Argumente, mit denen diese Zurückhaltung gerechtfertigt wird, mehr als zweifelhaft. So machte in den Siebziger Jahren der amerikanische Arzt Heifetz in seinem Buch "Das Recht zu sterben" das Bedenken geltend, eine ärztliche Unterstützung des Patientensuizids komme der Verleugnung der ärztlichen Verpflichtung gleich, die Ursachen des verzweifelten, den Suizidwunsch bedingenden Zustands zu beseitigen (vgl. Heifetz/Mangel 1976, 92). Aber offensichtlich trifft dieser Einwand nicht. Denn solange eine reale Chance einer Therapie besteht, besteht auch eine Berechtigung zur Beihilfe zur Selbsttötung nicht. Andere meinen, das Vertrauensverhältnis zwischen Arzt und Patient könnte durch eine Ermächtigung des Arztes zur Suizidbeihilfe Schaden nehmen. Aber dieses Bedenken erscheint ebenso unbegründet. Das Vertrauen des Patienten kann nur gestärkt werden durch die Sicherheit, daß sich die Ärzte in ihrem Verhalten so weit wie möglich an den Patientenwünschen statt an ihren eigenen Wertvorstellungen orientieren. Daß nicht nur die Bundesärztekammer in ihren Richtlinien zur Sterbebegleitung von 1993, sondern auch der Weltärztebund die ärztliche Suizidbeihilfe als "unärztlich" definiert, spiegelt ein bestimmtes gewachsenes Selbstverständnis des ärztlichen Standes wider, begründet dieses aber nicht. Der pauschale Hinweis auf Mißbrauchsgefahren, der sich in den bereits erwähnten Schweizerischen Richtlinien findet - zur Erläuterung der Bestimmung 2.2: "Beihilfe zum Suizid ist kein Teil der ärztlichen Tätigkeit" - reicht dazu nicht hin.

Sterbehilfe und Beihilfe zum Patientensuizid sind Beispiele dafür, wie der Konservativismus der Standesethik zunehmend in Konflikt gerät mit dem Anspruch der Gesellschaft auf eine Neudefinition der ärztlichen Rolle, nach der der Arzt nicht mehr nur Heiler und Lebenserhalter, sondern auch Helfer ist, der seine Hilfe nicht nur nach selbstgesetzten, sondern auch nach den jeweils individuellen Maßstäben des Patienten bemißt. Wie lange wird sich der ärztliche Stand diesem gewandelten Anspruch der Gesellschaft widersetzen können? Ich persönlich hoffe, daß wir in den nächsten Jahrzehnten ein geändertes Arztbild erleben, nach dem sich der Arzt nicht mehr nur als Helfer zu einem humanen Leben, sondern auch Helfer zu einem humanen Sterben versteht.

Nachweise

Beauchamp, T. L.: Antwort auf Rachels zum Thema Euthanasie. In: Sass, H.-M. (Hrsg.): Medizin und Ethik, Stuttgart 1989, 265-286.

Birnbacher, D.: Tun und Unterlassen. Stuttgart 1995.

Brandt, R. B.: The morality and rationality of suicide. In: Rachels. J. (Hrsg.): Moral problems. A collection of philosophical essays. New York [2]1975, 363-387.

Diekstra, R. F. W.: Erfahrungen in den Niederlanden: "Assisted Suicide". In: Anschütz, F./Wedler, H.-L. (Hrsg.): Suizidprävention und Sterbehilfe. Wiesbaden 1996, 77-90.

Heifetz, M. D./Mangel, C.: Das Recht zu sterben. Tötung oder Erlösung. München 1976.

Kamlah, W.: Meditatio mortis. In: Ebeling, H. (Hrsg.): Der Tod in der Moderne. Königstein 1979, 210-225.

Lamb, D. : Down the slippery slope. Arguing in applied ethics. London 1988.

Lamerton, Richard: Sterbenden Freund sein. Freiburg 1991.

Quill, T.: Das Sterben erleichtern. Plädoyer für einen würdevollen Tod. München 1994.

Schweizerische Akademie der Medizinischen Wissenschaften: Medizinische-ethische Richtlinien für die ärztliche Betreuung sterbender und zerebral schwerstgeschädigter Patienten. Schweizerische Ärztezeitung 76 (1995), 1223-1225.

Transplantationsgesetz - was nun?

Von Hans Lilie

I. Einleitung

Am 11. November 1997 ist das neue Transplantationsgesetz (TPG)[1] in der Bundesrepublik Deutschland in Kraft getreten. Setzt man sich mit einem soeben in Kraft getretenen Gesetz auseinander, so betritt man in der Regel Neuland. Häufig fehlen Erfahrungen im Umgang mit den neuen Regelungen, und man fragt sich deshalb, ob dieses Gesetz den gestellten Erwartungen gerecht werden kann. Bei dem Transplantationsgesetz besteht hierzu angesichts der vorhergehenden umfassenden öffentlichen Diskussion besonderer Anlaß. Es liegt eine 30jährige Erfahrung in der Organtransplantation vor, bei der sich eine Praxis herausgebildet hat, die sich nunmehr am Transplantationsgesetz messen lassen muß. Freilich kann man auch umgekehrt fragen, ob das Transplantationsgesetz dem gegenwärtigen Erfahrungsstand in der Transplantationspraxis gerecht werden kann. Da das vorliegende Transplantationsgesetz ein im Gesetzgebungsverfahren von vielen politischen Einflüssen geprägter Kompromiß ist, könnte vieles dafür sprechen, daß Regelungen mit Kompromißcharakter nicht gerade für klare und eindeutige Regelungen sorgen.

Auf den ersten Blick spricht vieles dafür, daß das vorliegende Gesetz mit den Erfahrungen der Vergangenheit einerseits und den Kompromissen im Gesetzgebungsverfahren andererseits nicht viel mehr leistet, als den gegenwärtigen status quo festzuschreiben. Für die so oft geführte Klage, daß das Transplantationsgesetz den Medizinern Rechtssicherheit bieten sollte, ist eigentlich kein Raum mehr - unabhängig von der Frage, ob die Transplantationsmediziner wie die wartenden Patienten die vermeintliche Rechtssicherheit eines Gesetzes überhaupt benötigen. Hinzu kommt, daß das Transplantationsgesetz praktisch durch die lobbyistische Begleitung im Gesetzgebungsverfahren alle

---

[1] Gesetz über die Spende, Entnahme und Übertragung von Organen vom 5. November 1997, BGBl. I 1997, S. 2631.

an diesem „Transplantationssystem“[2] Beteiligten angemessen berücksichtigt. Mit dem komplizierten Weg der Organspende bis hin zur Organverteilung sind sowohl die Koordinatoren der Transplantationszentren (§§ 10 und 11), die Deutsche Stiftung Organtransplantation (§ 11 Abs. 1 Satz 2 und 3) sowie Eurotransplant (§ 12 Abs. 2) im Gesetz verankert worden, ohne daß sie ausdrücklich mit dem Namen genannt werden. Betrachtet man das Transplantationsgesetz näher und versucht, seine Regelungen zu analysieren, muß man diese Voraussetzungen berücksichtigen. In dem hier gegebenen Rahmen bedeutet die Frage Transplantationsgesetz - was nun? freilich nur, daß exemplarisch einige Aspekte aufgegriffen werden können, die möglicherweise bereits bei der 2. und 3. Beratung des Transplantationsgesetzes am 25. Juni 1997 im Deutschen Bundestag sehr ausführlich besprochen worden sind[3]. Aber schon heute deutet sich an, daß Probleme auch bei ganz anderen Aspekten auftreten, die während des Gesetzgebungsverfahrens eher unauffällig oder sogar unbemerkt einen Platz im Gesetz gefunden haben[4].

Bundesgesundheitsminister Horst Seehofer hat in seiner Rede[5], mit der er den Entwurf des Gesetzes über die Spende, Entnahme und Übertragung von Organen am 16. April 1996 im Bundestag eingebracht hat, herausgestellt, daß das Transplantationsgesetz die Bereitschaft zur Organspende unterstützen soll. Die Bundesrepublik Deutschland war im europäischen Transplantationsverbund in die schwierige Rolle geraten, daß die Organspende in den vergangenen Jahren immer stärker zurückgegangen ist. Deshalb stehen die Bürger in der Bundesrepublik Deutschland vor der Aufgabe, im Rahmen einer Solidarisierung mehr Menschen zu motivieren, sich für die Organspende bereitzuerklären. Auf Dauer kann sich ein Wohlfahrtsstaat wie unser Land nicht auf die hohe Spendebereitschaft der Nachbarländer verlassen[6].

Im folgenden sollen drei Aspekte angesprochen werden: Erstens der Hirntod, der bei den Diskussionen im Bundestag bei der 2. und 3. Beratung des Transplantationsgesetzes im Mittelpunkt stand. Zweitens wird auf den Problemkreis der Allokation und der Wartelisten eingegangen werden. Hier wird

---

2 Vgl. dazu näher Feuerstein, Das Transplantationssystem, 1995, S. 123 ff.

3 Heuer/Conrads, MedR 1997, 195 ff.; Taupitz, JuS 1997, 203 ff.; zu weitergehenden Forderungen vgl. Schroeder, ZRP 1997, 265 ff.

4 Zu den strafrechtlichen Tatbeständen des TPG vgl. Schroth JZ 1997, 1149 ff.

5 Vgl. Pressemitteilung Nr. 35 des Bundesministeriums für Gesundheit vom 19. April 1996.

6 Ebenda.

ein neuer Weg beschritten, wenn Kriterien der Organverteilung nicht nur aus dem Inland, sondern auch aus dem Ausland auf der Grundlage des TPG gesteuert werden können. Betroffen ist dabei das Zusammenspiel der Transplantationszentren mit Koordinierungsstellen und Eurotransplant. Schließlich geht es drittens um die eigenwillige Regelung der Voraussetzungen für die Organentnahme (§ 3 i.V.m. § 16 Abs. 1 Nr. 1 TPG - Richtlinien zum Stand der Erkenntnisse der medizinischen Wissenschaft). Auch in diesem Zusammenhang hat der Gesetzgeber einen neuen Weg eingeschlagen, um Einzelheiten, aber auch ganz zentrale Punkte im Gesetz zu regeln.

II. Der Hirntod

Während im Gesetzgebungsverfahren die Einzelheiten des Transplantationgesetzes recht geräuschlos zu regeln waren, so hat die Frage nach dem Ende des Lebensschutzes eine ganz zentrale Rolle gespielt[7]. Die Diskussion hat im Gesetzgebungsverfahren insgesamt ein Ausmaß erreicht, das im vergangenen Sommer eine Verabschiedung des Transplantationsgesetzes fast verhindert hätte[8]. Da im Transplantationsgesetz von vornherein die Organspende eines Lebenden unter andere Voraussetzungen gestellt war als die Organentnahme vom Verstorbenen, hatte sich für den Gesetzgeber die Notwendigkeit ergeben, sich mit der Frage des Todes zu befassen.

Schaut man das Transplantationsgesetz genauer an, so fällt es schwer, eine Regelung des Hirntodes im Gesetz zu finden. Erst aus der Verknüpfung von § 3 Abs. 1 Nr. 2 TPG und § 3 Abs. 2 Nr. 2 TPG mit § 16 TPG erschließt sich ein ungewöhnlicher Weg des Gesetzgebers. Während § 3 Abs. 2 Nr. 2 TPG den endgültigen, nicht behebbaren Ausfall der Gesamtfunktion des Gehirns, des Kleinhirns und des Hirnstammes als Mindestvoraussetzungen für die Organentnahme definiert, spricht § 3 Abs. 1 Nr. 2 TPG von dem Tod des Organspenders als Zulässigkeitsvoraussetzung für eine Organentnahme. Da sowohl der Tod des Organspenders (§ 3 Abs. 1 Nr. 2 TPG) als auch der nicht behebbare Ausfall aller Gehirnfunktionen (§ 3 Abs. 2 Nr. 2 TPG) nach dem Stand der Kenntnisse der medizinischen Wissenschaft festzustellen sind, er-

---

[7] Schreiber, Wann ist der Mensch tot?, FAZ Nr. 46 v. 24.02.1997; Wolfsblatt, Zentralbl Neurochir 56 (1995), 210 ff.; Steffen, NJW 1997, 1619 (Wie viele Tode stirbt der Mensch?)

[8] Das breite Meinungsspektrum im Deutschen Bundestag belegen augenfällig die parteiübergreifenden Änderungsanträge: BT-Drs. 13/8025, 8026, 8028, 8029, 8030 und 8031, die sämtlich abgelehnt wurden.

schließt sich die Unterscheidung zwischen diesen beiden Kriterien möglicherweise anhand von § 16 TPG.

Nach § 16 TPG ist nämlich der Bundesärztekammer die Aufgabe übertragen worden, den Stand der Erkenntnisse der medizinischen Wissenschaft in Richtlinien festzulegen. Dabei unterscheidet § 16 TPG erneut zwischen zwei unterschiedlichen Kriterien, nämlich zwischen den Regeln zur Feststellung des Todes nach § 3 Abs. 1 Nr. 2 TPG und den Verfahrensregeln zur Feststellung des endgültigen, nicht behebbaren Ausfalls der Gesamtfunktionen des Großhirns nach § 3 Abs. 2 Nr. 2 TPG. Konkret bedeutet das, daß das Transplantationsgesetz unterscheidet zwischen der Feststellung des Todes einerseits und der Feststellung des endgültigen, nicht behebbaren Ausfalls der Gesamtfunktionen des Gehirns andererseits. Für die Feststellung des Todes nach § 3 Abs. 1 Nr. 2 TPG stellt die BÄK nach § 16 Abs. 1 Nr. 1 Var. 1 TPG durch Richtlinien die Regeln auf. Für die Feststellung des endgültigen, irreversiblen Ausfalls der Gesamtfunktionen des Gehirns hat der Gesetzgeber in § 3 Abs. 2 Nr. 2 TPG die maßgebenden Kriterien selbst aufgestellt; die BÄK hat lediglich die Befugnis, hierfür Verfahrensregeln zur Verfügung zu stellen (§ 16 Abs. 1 Nr. 1 Var. 2 TPG).

Es ergibt sich im Gesetz eine Spanne zwischen der zulässigen Organentnahme nach Einwilligung und Feststellung des Todes des Organspenders bis hin zur Unzulässigkeit, wenn entweder ein Widerspruch des potentiellen Spenders vorliegt oder eben nicht der Ausfall der Gesamtfunktion des Gehirns nach den Verfahrensregeln, die dem Stand der Erkenntnisse der medizinischen Wissenschaften entsprechen, festgestellt ist. Darüber hinaus ist bei der Vorschrift zum Nachweisverfahren in § 5 TPG festgelegt, daß zur Feststellung des Todes des Organspenders, nämlich zur Feststellung nach § 3 Abs. 1 Nr. 2 TPG, die Untersuchung und Feststellung durch einen Arzt ausreicht, wenn der nichtbehebbare Stillstand von Herz und Kreislauf eingetreten sind. Hieraus wird noch deutlicher, daß das Transplantationsgesetz zwischen dem Tod des Organspenders und der Mindestvoraussetzung, nämlich dem Ausfall der Gesamtfunktion des Gehirns, unterscheidet[9]. Aber gerade diese Unterscheidung läßt den Eindruck entstehen, daß spätestens seit dem Transplantationsgesetz von zwei unterschiedlichen Todesaspekten auszugehen ist.

Nach der Anhörung vor dem Gesundheitsausschuß und dem Rechtsausschuß des Deutschen Bundestages am 28. Juni 1995[10] war deutlich geworden,

---

[9] Dies wird dadurch bestätigt, daß der Gesetzgeber für den Ausfall der Gesamtfunktionen des Gehirns bewußt die medizinisch gebräuchliche Bezeichnung als „Hirntod“ vermieden hat.

[10] Vgl. Deutscher Bundestag, Gesundheit: Suche nach Kriterien für die Organentnahme, WiB Heft

daß ein Kompromiß hinsichtlich einer einheitlichen Todesregelung im Transplantationsgesetz schwierig werden würde. Aus überwiegend medizinischer Sicht war vorgetragen worden, daß der endgültige, nicht behebbare Ausfall der gesamten Hirnfunktion auch bei künstlich aufrechterhaltener Atmungs- oder Kreislauffunktion ein sicheres Zeichen für den eingetretenen Tod des Menschen sei[11]. Der so festgestellte und eingetretene Tod war nach dieser Auffassung eine Zulässigkeitsvoraussetzung für die Organentnahme beim Verstorbenen[12]. Dem wurde entgegengehalten, daß der Zustand des endgültigen, nicht behebbaren Ausfalls der gesamten Gehirnfunktion lediglich ein Zeichen für die Unumkehrbarkeit des Sterbeprozesses sei, solange die Atmungs- und Kreislauffunktion künstlich aufrechterhalten werde. Der Tod des Menschen sei in diesem Zeitpunkt noch nicht eingetreten. Der nachgewiesene endgültige, nicht behebbare Ausfall der gesamten Hirnfunktion komme zwar als eine Zulässigkeitsvoraussetzung für die Entnahme der Parenchynatösenorgane, wie Niere, Herz, Leber, Lunge, Bauchspeicheldrüse und Darm in Betracht, könne aber bei künstlich aufrechterhaltener Atmungs- und Kreislauffunktion nicht als Zeichen für den eingetretenen Tod gewertet werden[13]. Deshalb hatte auch der sogenannte „Omnibus“-Gesetzesentwurf[14] eine Entscheidung dem Gesetzgebungsverfahren überlassen. Die widerstreitenden Interessen im Bundestag haben dann wohl dazu geführt, daß der Begriff „Hirntod“ aus dem Gesetz regelrecht verbannt wurde. Man hat den Ausfall der Gesamtfunktion des Gehirns lediglich zur Mindestentnahmevoraussetzung degradiert.

In der Beratung des Gesetzes hat Rupert Scholz[15] ausgeführt, daß der Gesetzgeber wegen der Wesentlichkeitsrechtsprechung[16] des Bundesverfassungsgerichts eindeutig und klar die Frage des Todes entscheiden müsse. Wer

---

13, 5. Juli 1995

[11] BT-Drs. 13/4355, S. 12 f.; vgl. auch die Stellungnahme des Wissenschaftlichen Beirats der Bundesärztekammer. Kriterien des Hirntodes, DÄBl. 94 (1997), Heft 19, B-1032 ff.

[12] BT-Drs. 13/4355, S.12.

[13] Beckmann, ZRP 1996, 219 (225); Höfling/Rixen, Verfassungsfragen der Transplantationsmedizin, 1996, S. 75; Höfling, JZ 1995, 26 (32); Hoff/in der Schmitten, in: Wann ist der Mensch tot?, hrsg. von Hoff/in der Schmitten, 1994, S. 153 (190 ff.); Rixen, ZRP 1995, 461 (464 f.); dagegen zutreffend Heun, JZ 1996, 213 (215 ff.).

[14] BT-Drs. 13/4355.

[15] BT-Plenarprotokoll 13/183, S. 16420.

[16] Zur Wesentlichkeitstheorie des BVerfG siehe BVerfGE 33, 125 (163); 41, 251 (259 ff.); 49, 89 (126 ff.).

sie offen lasse und hier keine klare und rechtssichere Antwort gebe, der schaffe nicht nur Rechtsunsicherheit in einem mehr oder weniger formalen Sinne, sondern - so führt Scholz weiter aus - der schaffe auch nicht Recht. Mit Recht ist dabei das Recht auf Leben und Gesundheit sowie der Schutz der Menschenwürde gemeint. Dieses Recht steht dem Organspender wie letztlich auch demjenigen, der auf ein gespendetes Organ hofft, zu. Die Frage des Todes kann deshalb nicht offen gelassen werden. Indes hat man sich im Bundestag wohl doch dazu veranlaßt gesehen, den Kritikern des Hirntodes nachzugeben, da schon der Begriff Hirntod im Gesetz nicht verwendet wird. Es hat sich zwar eine Mehrheit für eine erweiterte Zustimmungslösung gefunden. Letztendlich hat man sich wohl doch dem Argument nicht ganz verschließen können, daß die Gleichsetzung der Hirntoddiagnose mit der Todesfeststellung des Menschen einzig und allein dem Verwertungsinteresse der Transplantationsmedizin geschuldet sei[17].

Nun wird man sich freilich völlig zu Recht fragen müssen, ob der Gesetzgeber überhaupt richtig beraten gewesen wäre, wenn er im Rahmen eines Transplantationsgesetzes den Todeszeitpunkt des Menschen gesetzlich geregelt hätte. Zu bedenken war hier insbesondere, daß die Kritiker des Hirntodes von einem Transplantationssystem sprechen, das die normative Kraft des medizinischen Wissens beanspruche, auf diese Weise einen Schlüsselfaktor einsetze und mit professioneller Steuerungskompetenz eine transplantationsadäquate Todessemantik fördere[18].

Transplantationsgesetz - was nun? Die Kritiker des Hirntodes werden nicht aufgeben. Es ist zu erwarten, daß das Gesetz auf den Prüfstand des Bundesverfassungsgerichts gehoben wird. Nicht zu Unrecht hat Steffen[19] gefragt: „Wieviele Tode darf ... der Gesetzgeber dem Betroffenen, der Gesellschaft zumuten?“ Nach der Anhörung vor der abschließenden Beratung hatte Steffen schon zu bedenken gegeben, daß der Gesetzgeber in Erklärungszwang geraten sei. Gerade wegen der gegensätzlichen Auffassungen über die Reichweite des Lebensschutzes sei deshalb der Gesetzgeber aufgefordert, eine klare Position dazu zu beziehen, wann der Mensch von Rechts wegen als tot zu gelten habe[20]. Dies ist mit dem Transplantationsgesetz m.E. nicht geglückt.

---

17 Feuerstein, a.a.O., S. 367.

18 Feuerstein, a.a.O., S. 358 f.

19 Steffen, NJW 1997, 1619.

20 Steffen, a.a.O.

III. Organallokation und Warteliste

Um zu einer gerechten Organallokation zu kommen, zwingt das Transplantationsgesetz die einzelnen Transplantationszentren, Wartelisten zu führen. Neben den Regeln für die Organvermittlung für wartende Patienten ist in § 12 Abs. 3 Satz 2 TPG festgehalten, daß die Wartelisten der Transplantationszentren als einheitliche Warteliste zu behandeln sind. Da das Gesetz es bei den Transplantationszentren erforderlich macht, Wartelisten anzulegen (§ 9 TPG), und sämtliche Wartelisten der einzelnen Transplantationszentren zu einer einheitlichen Warteliste gemäß § 12 Abs. 3 Satz 2 TPG zusammengeführt werden, ist ein Problem entstanden, dessen Auswirkung im Gesetzgebungsverfahren nicht erkannt worden ist.

Der Umfang der Wartelisten und die Verweildauer auf der Warteliste sind heute zentrale Kriterien für die Organzuteilung[21]. Das bedeutet: Je größer und umfangreicher die Warteliste eines einzelnen Transplantationszentrums ist, desto wahrscheinlicher ist es, daß das einzelne Zentrum bei der Organvergabe berücksichtigt wird. Das hat dazu geführt, daß gerade große Transplantationszentren sehr umfangreiche Wartelisten geführt haben und dadurch auch zu einer nicht unerheblichen Steigerung ihrer eigenen Transplantationsfrequenz gekommen sind[22]. Bei kleineren Zentren mit nur wenigen Patienten auf der Warteliste bedeutet dies, daß die Organzuteilungen immer seltener werden und daß sich damit die Wartezeit der Patienten im Verhältnis zu der der großen Transplantationszentren unverhältnismäßig verlängert[23]. Um dieser für die kleinen Transplantationszentren nachteiligen Wirkung zu entgehen, hat man sich in jüngster Zeit bemüht, durch eine Regionalisierung der Wartelisten einzelner Transplantationszentren zu einer besseren Organverteilung zu kommen[24]. Dabei geht es den Transplantationszentren in erster Linie gar nicht nur

---

[21] Schmidt, Ist die Verteilung knapper Gesundheitsgüter ein medizinisches Problem? Überlegungen am Beispiel der Transplantationsmedizin,in: Zur Gerechtigkeit der Organverteilung, hrsg. von Lachmann/Meuter, 1997, S. 49 (64); zu den „selektiven Filtern", die durchlaufen werden müssen, um auf eine Warteliste zu kommen, vgl. Conrads, Rechtliche Aspekte der Organallokation unter besonderer Berücksichtigung der strafrechtlichen Verantwortung des Arztes, ebenda, S. 69 (71 ff.); ders., MedR 1996, 300 ff.

[22] Schmidt, Politik der Organverteilung, 1996, S. 100; Conrads, MedR 1996, 300 (304) - anders Eigler, Organ-Allokation aus ärztlicher Sicht, in: Lachmann/Meuter (Fn. 18), S. 1 (3), der allerdings die Besonderheiten der lokalen Verteilung außer Acht läßt.

[23] Schmidt, a.a.O. (Fn. 19).

[24] Zur Regionalisierung siehe Feuerstein, S. 306.

um eine Organverteilung. Im Vordergrund steht gerade für die kleinen Transplantationszentren die Regionalisierung der Organspende[25]. Neben den medizinischen Vorteilen, die in einer kürzeren kalten Ischämiezeit gesehen werden, ist aber gerade der Effekt wichtig, daß auch die peripheren Krankenhäuser zur Organspende für die Transplantationszentren sensibilisiert werden[26].

Dies läßt sich mit der Regionalisierung der Wartelisten der Thoraxchirurgie zeigen. Keine Region mit normal großer Warteliste, d.h. mit weniger als 30 Patienten, wird sich für die Organspende einsetzen, um andere Zentren mit für die Spenderhäuser nicht kontrollierbaren Wartelisten zu „subventionieren". Zwar ist das Transplantationsgesetz schon so weit gegangen, daß die Regeln zur Aufnahme in die Warteliste nach § 10 Abs. 2 Nr. 2 TPG wiederum durch die Bundesärztekammer nach dem Stand der Erkenntnisse der medizinischen Wissenschaft festzulegen sind. Gleichwohl läßt die Führung einer einheitlichen Warteliste befürchten, daß Zentren mit einer großen Anzahl wartender Patienten bevorzugt bedient werden. Deshalb wird zunehmend, insbesondere für die Herztransplantation, das Konzept der Regionalisierung als erfolgreicher betrachtet.

Am Beispiel der Herztransplantation werden neue Wege aufgezeigt, das Dilemma - die zunehmende Diskrepanz zwischen Organangebot und Organbedarf - zu entschärfen. Regionalisierung ist das Schlagwort, das in einem definierten Raum durch Bündelung der Kräfte einen Kreislauf von Organspende, erfolgreicher Allokation und Transplantation mit zunehmender Dynamik in Bewegung gesetzt hat. Die logistische und geographische Überschaubarkeit führt zu erfolgreichen örtlichen Transplantationen, die letztlich die Identifikation der Bevölkerung mit ihrer Region fördern und auf diese Weise auch zu einer steigenden Organspendebereitschaft führen[27].

Von den 23 deutschen 1996 bei Eurotransplant registrierten Herztransplantationszentren bzw.

-verbünden wurden nur in vier Fällen mehr Herzspenden in den Eurotransplant-Pool vermittelt als durch den Mitteldeutschen Transplantationsverbund[28], der hierfür als Beispiel dienen soll. Damit blieb die Verringerung des

---

[25] Zerkowski/Lilie, DÄBl. 94 (1997), 2 f.

[26] Zerkowski/Lilie, a.a.O.

[27] Zerkowski/Lilie, a.a.O.

[28] Zerkowski/Lilie, a.a.O.

Eurotransplantpools ohne eindeutig negative Auswirkungen. Das heißt, daß gerade die Regionalisierung zu einem Anstieg in der Organspende führt. Sind trotz der obligatorischen Trennung von Organspende und Organallokation auch Organspenderegion und Allokationsregion geographisch identisch, so ist die Identifizierung der Bevölkerung sowie der Spenderkrankenhäuser mit ihrer Region so groß, daß die Organspendebereitschaft erhöht wird[29]. Auch das Gesundheitsstrukturgesetz und wirtschaftliche Gründe stehen jeder Form von „Transplantationstourismus“ entgegen und verlangen nach regionaler Transplantation und Nachsorge[30].

Dem scheint gegenwärtig noch § 12 Abs. 3 Satz 2 TPG entgegenzustehen. Das bedeutet aber, daß die intensiv eingeforderte Verteilungsgerechtigkeit bei einer solchen Warteliste zu Lasten der aktiven Organspendezentren geht, die bei einer entsprechenden Anwendung des § 12 Abs. 3 Satz 2 TPG gegenüber großen Zentren benachteiligt werden würden. Für die Zukunft heißt das, daß die einheitliche Warteliste gemäß § 12 Abs. 3 Satz 2 TPG Öffnungsmöglichkeiten enthalten muß, wie dies gegenwärtig bei Eurotransplant praktiziert wird. In Leiden sind alle Patienten gemeldet. Dazu gehören auch die, die auf regionalen Listen mit einem sogenannten local donor versorgt werden. Mit anderen Worten: Die einheitliche Warteliste kann nur die Summe aller wartenden Patienten reflektieren. Um die modernen Aspekte der Verteilungsgerechtigkeit konkret anzuwenden, soll eine lokale Organzuteilung aber dennoch möglich sein. Im Gesetzgebungsverfahren war diese Entwicklung offensichtlich noch nicht hinreichend bekannt. Weder in der Begründung noch in der Lesung des Gesetzes im Bundestag ist diese Frage angesprochen worden. Da das Transplantationsgesetz als wichtigste Ziele die Sicherheit für die Organspende einerseits und gerechte Allokation andererseits anstrebt, ist hier ein Problem programmiert, das den Streit zwischen den Transplantationszentren für die Zukunft sicherstellen wird.

IV. Richtlinienkompetenz der Bundesärztekammer nach § 16 Abs. 1 Nr. 1 TPG

Eine weitere Quelle für Probleme in der Zukunft bietet § 16 TPG. Gemäß dieser Vorschrift ist die Bundesärztekammer beauftragt, Richtlinien festzulegen

---

[29] Zerkowski/Lilie, a.a.O.

[30] Zerkowski/Lilie, a.a.O.

- für die Feststellung des Todes,
- für die Aufnahme in die Warteliste,
- für die Beurteilung, ob ein Patient als Organspender in Betracht kommt,
- für die Maßnahmen, die zum Schutz des Organempfängers erforderlich sind,
- für die Regeln der Organvermittlung und schließlich
- für die im Zusammenhang mit der Organtransplantation erforderlichen Maßnahmen

zur Qualitätssicherung.

Grundsätzlich ist zu begrüßen, daß ärztliche Standards gebildet und damit Sorgfaltsmaßstäbe festgelegt werden, die nicht zuletzt auch im Zusammenhang mit dem Fahrlässigkeitsbegriff bei der jeweiligen Berufsgruppe für die Mitglieder dieses Verkehrskreises von Bedeutung sind. Daß hier Handlungsbedarf besteht, zeigt sich schon daran, daß die Vorstände von Bundesärztekammer und Kassenärztlicher Bundesvereinigung sich intensiver auch im Zusammenhang mit der Qualitätssicherung bemühen, Beurteilungskriterien als Leitlinien in der medizinischen Versorgung zu schaffen. Hintergrund ist, daß bei zunehmender Komplexität der Medizin Leitlinien eine Hilfe für ärztliche Entscheidungsprozesse nicht zuletzt auch für eine leistungsfähige Versorgung der Patienten darstellen[31]. Die Leitlinien, die bislang von der Bundesärztekammer und der Kassenärztlichen Bundesvereinigung aufgestellt worden sind, sollen die Transparenz, die Zuverlässigkeit und Reproduzierbarkeit von Entscheidungen sowie eine multidisziplinäre Entwicklung fördern. Leitlinien sind flexibler, manchmal auch klarer und eindeutiger als Gesetze und machen jeden Eingriff anhand fester Kriterien überprüfbar[32].

Mit der Regelung des § 16 TPG sind erstmals Richtlinienkompetenzen für die Bundesärztekammer in ein Gesetz aufgenommen worden. Bislang hatte die Bundesärztekammer die Richtlinien zur Feststellung des Hirntodes ebenso wie die Sterbehilferichtlinien im Wege ihrer Selbstverwaltungsaufgaben entwikkelt. Die Regelung des § 16 TPG könnte sich indes als problematisch erwei-

[31] Zur Leitlinienbildung der AWMF vgl. DÄBl. 94 (1997), 1007; zum aktuellenStand http://www.uni-duesseldorf.de/WWW/AWMF/.

[32] Vgl. allgemein zur Erstellung von Richtlinien durch den Wissenschaftlichen Beirat der Bundesärztekammer bei Bachmann/Heerklotz, DÄBl. 1997, S. A-582.

sen. Bislang sind sowohl das allgemeine Gesundheitsrecht als auch die Verwaltungstätigkeiten, soweit sich aus dem Grundgesetz nichts anderes ergibt, in der Regelungshohheit des Landesgesetzgebers angesiedelt. Durch die kürzliche Änderung des Art. 74 Abs. 1 GG, nämlich durch die Hinzufügung der Nummer 26, könnte jedoch eine Gesetzgebungskompetenz über das Transplantationsgesetz für solche Richtlinien bei der Bundesärztekammer entwikkelt worden sein.

Nach dieser Bestimmung ist der Bund insbesondere zur Gesetzgebung über Fragen der Transplantation befugt. Da die Bundesärztekammer hier Regelungen für die Transplantation im Detail entwickeln soll, ist die Kompetenznorm des Art. 74 Abs. 1 Nr. 26 GG einschlägig. Probleme ergeben sich jedoch daraus, daß unter anderen Aspekten die Kompetenz des Landesgesetzgebers berührt wird. Hier kann es zunächst um die allgemeine Zuständigkeit des Landesgesetzgebers für das Gesundheitsrecht gehen. Immerhin ist hier die Regelung des ärztlichen Berufsrechts berührt. Diese Kompetenz ist von den Landesgesetzgebern umfassend ausgefüllt worden. So regeln die Kammergesetze für die Heilberufe der Bundesländer die Einzelheiten über die Errichtung, die Zwangsmitgliedschaft sowie die Aufgaben der Landesärztekammern. Die Landeskammergesetze enthalten in der Regel auch Vorschriften über die ärztliche Berufsausübung. Die Festschreibung von Standards für die ärztliche Berufsausübung in Form von Richtlinien ist damit von der Kompetenz zur Regelung der ärztlichen Berufsausübung erfaßt.

Dennoch ist kein Konflikt zwischen dieser grundsätzlichen Kompetenz und § 16 TPG zu entdecken. Soweit die bundesrechtliche Kompetenz für die Verabschiedung des Transplantationsgesetzes im Grundgesetz verankert wurde, handelt es sich um eine Spezialregelung, so daß die Auffassung vertretbar wäre, daß die Fragen der ärztlichen Berufsausübung im Zusammenhang mit Maßnahmen der Transplantationsmedizin entsprechend von der Gesetzgebungskompetenz des Bundes erfaßt sind. Damit könnte der Bund auch eine Aufgabe an die Bundesärztekammer delegieren. So betrachtet wäre die Regelung des § 16 TPG verfassungskonform.

Schwierigkeiten ergeben sich jedoch daraus, daß die Verwaltungskompetenzen im Grundgesetz zugunsten der Länder geregelt sind (Art. 83 GG). Aus einer Gesetzgebungskompetenz des Bundes folgt nicht unmittelbar, daß der Bund die entsprechenden Verwaltungsbehörden einrichten, regeln und ihre Zuständigkeiten festlegen darf.[33] Insoweit könnte durch § 16 TPG die Rege-

---

[33] v. Münch/Broß, GG-Kommentar, Art. 84 Rd. 4.

lungsautonomie der Länder betroffen sein. In den sogenannten Heilberufekammergesetzen haben die Länder für die Aufsicht über die ärztliche Berufsaufsicht die Landesärztekammern als Selbstverwaltungskörperschaften des öffentlichen Rechts gesetzlich errichtet und ihnen die entsprechenden Aufgaben zugewiesen.[34] Eine Verwaltungskompetenz des Bundes im Bereich der ärztlichen Berufsausübung ist nicht ersichtlich. Man könnte daher die Auffassung vertreten, daß der Bund allenfalls zur Regelung befugt gewesen wäre, vorzuschreiben, daß allgemeine Richtlinien zu den in § 16 TPG genannten Problemkreisen verabschiedet werden. Die Umsetzung solcher Richtlinien hätte jedoch in die Hände der Länder gehört. Insbesondere hätte nicht die Kompetenz der Länder berührt werden dürfen, die zuständigen Organe im Einzelfall festzulegen. Insofern scheint also § 16 TPG für die Zukunft Konflikte zu bereiten. Die Bundesärztekammer, ein nichtrechtsfähiger Verein, ist organisatorisch lediglich die Arbeitsgemeinschaft der Gesamtheit aller Landesärztekammern.[35] In einzelnen Heilberufekammergesetzen der Bundesländer ist vorgesehen, daß Arbeitsgemeinschaften von Kammern desselben Heilberufs länderübergreifend eingerichtet werden können.[36] In diesen Ermächtigungsvorschriften wird den Landesärztekammern die Kompetenz zur Wahrung von Berufs- und Standesfragen in Zusammenarbeit mit anderen Kammern der Arbeitsgemeinschaften eingeräumt. Insofern haben die einzelnen Landesgesetzgeber die von den Ärztekammern wahrgenommene Möglichkeit, Fragen der Berufsausübung bundesweit von Arbeitsgemeinschaften regeln zu lassen, ausdrücklich vorgesehen. Man könnte deshalb nur daran denken, daß der Bundesgesetzgeber über § 16 TPG an diese ohnehin bestehende von den Ländern wahrgenommene Kompetenzzuweisung anknüpfen wollte. Der Bund weist die Aufgabe letztendlich nur den Stellen zu, die nach der bisherigen Praxis der Länder diese Aufgaben erfüllen sollen. Aber auch einer solchen verfassungsfreundlichen Interpretation des § 16 TPG stehen Hindernisse entgegen. Der Bund ist nämlich nicht befugt, ohne Verwaltungskompetenz die zuständige Landesbehörde, in diesem Fall die jeweilige Landesärztekammer, als ausführende Einrichtung festzulegen[37]. Hier würde der Bund aber sogar

---

[34] Vgl. etwa das Gesetz über die Kammern für Heilberufe Sachsen-Anhalt (KGHB-LSA) vom 13. Juli 1994 GVBl. S. 832, geändert durch ÄndG vom 9. Juli 1996 (GVBl. S. 220).

[35] Taupitz, Die Standesordnung der freien Berufe, 1991, S. 295 und 748.

[36] So ausdrücklich § 5 Abs. 6 des KGHB-LSA.

[37] Art. 83, 84 Abs. 1 GG; vgl. dazu v. Münch/Broß, GG-Kommentar, Art. 83 Rd. 4 ff., Art. 84 Rd. 4.

weitergehend den Landesärztekammern mit § 16 TPG in ihrem arbeitsgemeinschaftlichen Verbund, zu dessen Aufrechterhaltung sie landesrechtlich nicht verpflichtet sind, eine konkrete Aufgabe verbindlich zuweisen. Insoweit fehlt es erst recht an der Verwaltungskompetenz des Bundes.

V. Schlußbetrachtung

Das neue Transplantationsgesetz sollte Rechtssicherheit bringen. Wie jedes neue Gesetz entstehen gerade nach Abschluß des Gesetzgebungsverfahrens aber neue Probleme, die vorher nicht gesehen oder als Kompromißlösung bereits in das Gesetz eingebaut worden sind. Auch ohne das Transplantationsgesetz hat die Arbeitsgemeinschaft der Transplantationszentren in Zusammenhang mit der Deutschen Stiftung Organtransplantation und Eurotransplant in Leiden in immer ausdifferenzierterer Form die Konflikte in Verbindung mit dem Heileingriff „Organtransplantation" geregelt. Nach wie vor erscheint es fraglich, ob das Gesetz wirklich notwendig war. Wenn man bedenkt, daß in Kürze ein Transfusionsgesetz folgen wird und daß bereits im Gesetzgebungsverfahren auch ein besonderes Gesetz für den Umgang mit fetalem Gewebe[38] eingefordert wurde, so sind wir nun wirklich auf dem Weg zu einer Verrechtlichung der Medizin. Ob die von dem Bundesminister kürzlich behauptete Steigerung bei den Zahlen der Organspende in einem ursächlichen Zusammenhang mit dem Transplantationsgesetz und der so eingetretenen angeblichen Sicherheit steht, wage ich zu bezweifeln. Jedenfalls fehlen empirisch nachvollziehbare Belege. Eher glaube ich, daß es um das Thema wieder äußerlich ruhig geworden ist. Schon die Tatsache, daß die Transplantationsmedizin von äußeren Einflüssen unberührt ihre Arbeit überzeugend weiterführen kann, scheint mir der wahre Grund für die Zunahme von Organspenden zu sein.

---

[38] BR-Drs. 635/97.

Extrem unreife Frühgeborene und der Beginn des strafrechtlichen Lebensschutzes

Rechtsethische und strafrechtliche Grundlagen

Von Reinhard Merkel

A. Das Problem

I. Ein Beispielsfall aus der höchstrichterlichen Judikatur

1. In einer Entscheidung des Bundesgerichtshofs in Strafsachen aus dem Jahre 1957 findet sich eine eher beiläufige Bemerkung, die das Gericht in casu für unerheblich erklärt und mit der es lediglich die Grenze der Reichweite eines seiner tragenden Argumente markiert. Doch formuliert der Satz eine These, die weit über den Sachverhalt hinausreicht und beträchtliche normative Sprengkraft enthält. In der Strafrechtswissenschaft ist sie in den nachfolgenden vier Jahrzehnten seltsam unbemerkt geblieben. Dagegen hat die medizinische Entwicklung in dieser Zeit das damals in einem obiter dictum versteckte Problem offenkundig und zu einem der schwierigsten in der heutigen Neonatalmedizin gemacht. Der Sachverhalt, um den es in der Entscheidung ging, erscheint in deren Tatbestand (mit Zitaten aus dem erstinstanzlichen Urteil) so:

„Die Ehefrau des Angeklagten, die frühere Mitangeklagte L.R., war seit etwa Ende Oktober 1954 schwanger. Mit dem Einverständnis ihres Ehemannes unternahm sie mehrere Abtreibungsversuche. Diese blieben erfolglos. Am 5. März öffnete sie sich mit einer Stricknadel die Fruchtblase. Bald danach traten Wehen ein.

'Gegen 24 Uhr kam es zum Ausstoß. Dieser ging glatt.' Das 'ausgestoßene Wesen' [...] war etwa 25 cm lang und sah 'etwas flauschig' aus. Seine Körperformen waren ausgeprägt. 'Es piepste. Hierbei wollte es den Mund wie zum gehörigen Schrei öffnen. Die piepsenden Laute klangen etwa wie die von

Mäusen oder wie das Reiben von Gummiabsätzen auf Linoleum. Die Bewegungen waren mehr zuckender Art.'

Aus diesen Erscheinungen hat das Schwurgericht, das sich eines fachärztlichen Sachverständigen bedient hat, nicht mit Sicherheit schließen können, ob das Kind außerhalb des Mutterleibes gelebt hat. Das Piepsen kann ein vergeblicher Atmungsversuch[1], die Zuckungen können bloße 'Reflexbewegungen anläßlich der Spontanreaktion nach dem Ausstoß gewesen sein.'"[2]

Das Gestationsalter des abgetriebenen Fetus betrug nach den Feststellungen des Schwurgerichts erst 16 bis höchstens 20 Wochen. Ein längeres extrauterines Überleben des Kindes war damit ausgeschlossen. Immerhin hielten die Mutter und der Ehemann das Kind für lebend, möglicherweise auch für überlebensfähig. Mit ihrem Einverständnis wurde es von einem Dritten „zwei Minuten lang fest in die Matratze gedrückt, bis man keine Regungen mehr verspürte". Der BGH hat die schwurgerichtliche Verurteilung wegen versuchten Totschlags (bei Unterstellung einer Totgeburt) bestätigt. Eine Leibesfrucht könne „auch dann, wenn sie vorzeitig zur Welt kommt, ein 'Mensch' im Sinne des § 212 StGB sein." Das ist gewiß unbestreitbar. Der BGH sieht aber das Problem, mit dem dieser Satz im Fall eines extrem frühen Ausstoßes der gleichwohl kurzzeitig lebenden Frucht konfrontiert wird. Ob diese ein Mensch im strafrechtlichen Sinne sei, hänge davon ab, „ob sie unabhängig vom Leben der Mutter in menschlicher Weise lebt, sei es auch nur kurze Zeit."[3] Was unter Leben „in menschlicher Weise", und vor allem, was bei einem lebendgeborenen Fetus umgekehrt unter einer „*nicht*-menschlichen" Weise des Lebens zu verstehen sei, bleibt freilich dunkel. Das Gericht führt weiter aus: Die Auffassung der Revision, eine Leibesfrucht von 16 - 20 Wochen Gestationsalter könne stets nur Gegenstand einer Abtreibung, nicht aber eines Totschlags sein, gehe fehl. Doch dann folgt, durchaus überraschend, jener eingangs erwähnte und apostrophierte Satz:

„Bis zu welchem Zeitpunkt in der Entwicklung des keimenden Lebens *immer nur von einer Frucht* und *niemals von einem Menschen* gesprochen

---

[1] Warum ein „vergeblicher Atmungsversuch" nicht als zwingendes Lebenszeichen gewertet wurde, ist unverständlich. Denn die Atmung wird vom *Hirnstamm*, nicht von Reflexzonen des Rückenmarks gesteuert. Bei (Hirn-)Toten sind spontane Atmungsversuche ausgeschlossen.

[2] BGHSt 10, 291 f.

[3] A.a.O., S. 292.

werden kann, mag sich schwer sagen lassen, braucht hier aber auch nicht entschieden zu werden."[4]

Daß es jedoch einen solchen Zeitpunkt und *vor* diesem die Möglichkeit einer extrauterinen Tötung gebe, die von § 212 StGB nicht erfaßt wird, setzt das Gericht ganz offenbar voraus. Sub specie iuris ist das alles andere als selbstverständlich. Der Begriff „Mensch" wird hier vom BGH in seiner strafrechtlichen, nicht in einer biologischen oder ethischen Bedeutung verwendet. Als solcher zieht er die Trennlinie zwischen zwei unterschiedlichen Formen und Intensitäten des rechtlichen Lebensschutzes: Pränatal wird das Leben des (biologisch) menschlichen Individuums als das einer „Leibesfrucht" nur von den §§ 218 ff. StGB geschützt (wenn man das angesichts der vielfachen, an unkontrollierbare Kriterien gebundenen Durchbrechungen dieses Schutzes so nennen will).[5] Der umfassende, an den „Menschen"-Status geknüpfte strafrechtliche Lebensschutz der §§ 211 ff. beginnt dagegen erst mit der Geburt.

2. Wann genau? (Der Geburtsvorgang kann lange dauern.) Die Antwort findet sich, etwas versteckt und mittelbar, im Gesetz selbst. § 217 StGB spricht von der *Tötung* des (nichtehelichen) *Kindes* – unterscheidet dieses also eindeutig von der Leibesfrucht und jene vom Schwangerschaftsabbruch –, sofern die Tötung „*in* oder gleich nach der Geburt" erfolgt. Damit definiert es als strafrechtlich relevanten Anfang der „Menschen"- („Kindes"-)Eigenschaft den *Beginn* der Geburt; denn alles, was mit tödlicher Folge danach stattfindet, geschieht „*in*" der Geburt und heißt per Legaldefinition bereits „Tötung". Die Terminologie und der systematische Kontext des § 217 zeigen, daß die so gezogene Trennlinie zwischen „Mensch" und „Leibesfrucht" für alle Tötungen, nicht nur für die in § 217 erfaßten, gilt: Werden sie zu irgendeiner Zeit *während* des Geburtsvorgangs begangen, unterfallen sie den Tatbeständen der §§ 211 ff. (wie auch der §§ 222 und 223 ff.), nicht mehr dem des § 218 StGB.

Als Kriterium für dieses Menschwerdungs-Merkmal „Geburtsbeginn" gilt seit mehr als hundert Jahren nach der ganz überwiegenden Auffassung in Rechtsprechung und Literatur der Beginn der „naturgemäßen Ausstoßungs-

[4] A.a.O., S. 292 f. (Hervorhebung von mir).

[5] Das Gesetz verwendet in § 218, anders als in dessen alter Fassung, den Terminus „Leibesfrucht" nicht (er taucht lediglich in § 168 StGB auf); doch entspricht es einhelliger Auffassung, daß das Tatobjekt eines Schwangerschaftsabbruchs nur die „Leibesfrucht" ist.

versuche" des Mutterleibs, also ein bestimmtes Stadium der Geburtswehen.[6] Die Gynäkologie unterscheidet unter geburtsfunktionalen Gesichtspunkten drei Varianten vorgeburtlicher Wehen: Senk- bzw. Stellwehen, Eröffnungswehen und Austreibungs- mit Preßwehen.[7] Im Anschluß an die medizinische Auffassung vom Beginn der „Ausstoßungsversuche des Mutterleibs" betrachtet die heute ganz überwiegende Meinung in der Strafrechtslehre ebenso wie die Rechtsprechung den Anfang der Eröffnungswehen als den dafür entscheidenen Zeitpunkt.[8] Das erscheint als adäquates Kriterium: Es stimmt mit den Lehren der zuständigen Wissenschaft überein und ist mit dem alltagssprachlichen Verständnis des Begriffs Geburtsbeginn" jedenfalls gut verträglich. Freilich ist es nur für den regulären (vaginalen) Geburtsverlauf tauglich. Bei Geburten, die nicht von Wehen, sondern durch geburtshilfliche Maßnahmen, vor allem dcn sog. Kaiserschnitt, eingeleitet werden, gilt nach h.M. die operative Öffnung des Uterus als Kriterium des Geburtsbeginns.[9]

Die Zäsur „Geburtsbeginn" als definierendes Merkmal der strafrechtlichen „Mensch"-Werdung ist ersichtlich nicht einfach das Resultat einer empirischen Erkenntnis, sondern enthält ein deutliches normatives Element: das einer *Entscheidung*. Dafür gibt es einen guten sachlichen Grund. Mit dem Beginn des Geburtsvorgangs beginnt regelmäßig auch die Begleitung des weiteren Geschehens durch eine geburtshilfliche Überwachung. Damit kommt das noch ungeborene Kind erstmals in die Reichweite eines möglichen direkten Zugriffs von außen, nämlich in den Wirkungsbereich bestimmter medizinischer Maßnahmen. Sie müssen sorgfältig durchgeführt werden, da sie andernfalls ein hohes Schädigungspotential für das Kind darstellen. Die §§ 218 ff. StGB schützen die Leibesfrucht weder gegen eine fahrlässige Tötung noch gegen

6 Formulierung aus RG, GA 1907, 288; ähnlich *Frank*, Kommentar zum StGB, 11.-144 Aufl., 1915, Bem. I. vor § 211 (m.w.N.); anders *Binding*, Lehrbuch BT, 1.Bd., 2. Aufl., 1902, S. 38, der den teilweisen Austritt der Leibesfrucht aus dem Mutterleib fordert; ebenso noch LK-*Lange*, 9. Aufl., 1958, Vorbem. 2 vor § 211.

7 Statt aller *Pschyremebel/Dudenhausen*, Praktische Geburtshilfe, 18. Aufl., 1994, S. 195 ff. Die u.U. schon während der Frühgravidität auftretenden sog. Schwangerschaftswehen haben dagegen ebenso wie die sog. Nachgeburts- und die Nachwehen keine spezifische Funktion für die Geburt selbst (vgl. a.a.O., S. 196 f.).

8 Grundlegend *Lüttger*, JR 1971, 135; Sch./Sch.-*Eser*, Rnr. 13 vor § 211; LK-*Jähnke*, Rnr. 3 vor § 211; SK-*Horn*, § 212 Rnr. 3; noch offengelassen in BGHSt 31, 356, aber klargestellt in BGHSt 32, 194; a.A. (Beginn der Austreibungs- und Preßwehen) *Saerbeck*, Beginn und Ende des Lebens als Rechtsbegriffe, 1974, S. 94 ff.

9 Statt aller Sch./Sch.-*Eser*, Rnr. 13 vor § 211 (m.w.N.).

eine (fahrlässige oder vorsätzliche) Körperverletzung.[10] Wollte man diesen Status erst mit dem vollständigen oder partiellen Austritt des Kindes aus dem Mutterleib von den §§ 211 ff., 223 ff. ablösen lassen, bliebe das Kind während des Geburtsvorgangs gegenüber der gerade dabei vielfach erhöhten Gefahr unsorgfältiger Manipulationen ohne strafrechtlichen Schutz, ein Zustand, der mit Recht für inakzeptabel gehalten wird.[11]

Die Definition der „Menschwerdung“ als Geburtsbeginn gilt nach der (soweit ich sehe) unbestrittenen Meinung in Rechtsprechung und strafrechtlicher Literatur ausnahmslos. Der Anfang des Schutzes der §§ 211 ff. StGB hängt danach, abstrakt formuliert, allein vom äußeren (physischen) Verhältnis zwischen dem mütterlichen und dem kindlichen Organismus ab: Es muß das Verhältnis der *beginnenden Trennung* beider sein, mag diese natürlich (Eröffnungswehen) oder geburtshilflich (Öffnung des Uterus) veranlaßt sein. Keine Rolle darf dagegen der biologische Entwicklungsstand des Fetus bzw. des Neugeborenen spielen.

Prima facie erscheint das vernünftig, ja selbstverständlich. Doch schon das zitierte obiter dictum des BGH deutet, wenngleich ohne genauere Festlegung, auf eine Grenze dieser rein formalen Definition von „Mensch“-Werdung: Irgendeinen Zeitpunkt in der fetalen Entwicklung soll es offenbar geben, *vor* welchem „*immer* nur von einer Frucht und *niemals* von einem Menschen gesprochen werden“ könne – also auch dann, wenn sich der Fetus zu dieser Zeit *außerhalb* des Mutterleibes befindet und klare Zeichen des Lebens zeigt. Nach 16 bis 20 Wochen Schwangerschaft hält der BGH diesen Zeitpunkt bereits für überschritten; bei 13 Wochen dürften umgekehrt wohl die Zweifel daran überwiegen. Auch Feten dieses Gestationsalters können jedoch, wenngleich nur sehr kurzzeitig, Lebenszeichen aufweisen, etwa ein mehrfaches (vergebliches) Schnappen nach Luft, sekunden-, ja minutenlang zuckende Bewegungen und ein ebensolange schlagendes Herz. Man verzeihe die Rabiatheit der folgenden Veranschaulichung: Schlüge jemand einem solchen lebenden Fetus den Kopf ab oder ein, so bliebe er straflos: Einen

10 Die damit verbundenen und (anders als bei gewollten Abtreibungen) höchst unpopulären Schutzlücken – v. a. gegenüber fahrlässigen Unterlassungen unmittelbar vor Geburtsbeginn – verdeutlicht plastisch BGHSt 31, 352 ff.; dazu *Lüttger*, NStZ 1983, 481 ff. Die (völlig richtige) Entscheidung „Straflosigkeit“ hat seinerzeit große öffentliche Empörung ausgelöst.

11 Vgl. bereits RGSt 9, 131 ff; 26, 178 ff.; RG, GA 1907, 288 f.; eingehend *Lüttger*, JR 1971, 133 ff.

„Menschen" im Sinne der §§ 211 ff. StGB hätte er nicht getötet und eine „Schwangerschaft abgebrochen" (§ 218) ganz gewiß ebenfalls nicht.[12]

3. So etwas mag äußerst selten oder niemals vorkommen. Immerhin: der zitierte Fall des BGH *kam* vor und mußte entschieden werden. Auf dem Hintergrund der Andeutung des Gerichts, daß es für den Beginn des „Mensch"-Seins nicht nur die objektive Geburts-, sondern auch eine subjektiv-fetale Entwicklungsgrenze gebe, fragt man sich, woher der BGH seine Sicherheit bezog, daß diese Grenze bei 16 bis 20 Wochen Gestationszeit jedenfalls überschritten sei. Da er dafür keinerlei Argument anführt, wirkt die Behauptung willkürlich (warum bei 13 Wochen oder jedenfalls irgendeiner früheren Zeit *nicht*?) und als bloßer Tribut an die moralische Empörung über das grausige Tatgeschehen.

So plausibel nun (jenseits der Begründungslosigkeit ihrer rechtlichen Folge) diese Empörung zunächst erscheint: bei genauerer Betrachtung erweist sie sich als seltsam verfehlt. Angesichts der tatsächlichen Situation, die der Täter des Tötungsdelikts vorgefunden hat – die Folgen der (nicht von ihm unternommenen) Abtreibung, nämlich den extrauterin lebenden Fetus – wäre die Einhaltung des Tötungsverbots, dessen Verletzung ihm der BGH als Verbrechen vorwirft, darauf hinausgelaufen, das absolut überlebensunfähige Wesen unangetastet liegen, und das heißt: sterben zu lassen. Das hört sich harmloser an, als es ist. Befreien wir zum Zweck einer klareren Sicht das Szenarium von dem (ablenkenden) Problem des verbotenen Schwangerschaftsabbruchs und setzen stattdessen die ungewollte *natürliche* Geburt eines extrem unreifen Frühchens in der 19. Gestationswoche voraus. Eine aktive Tötung, etwa per Injektion durch den Geburtshelfer, verbietet § 212; das hat der BGH dem Täter unseres Falles nachdrücklich attestiert. Das bloße „Nichtstun", also das Sterbenlassen ist dagegen in jedem Fall (auch bei bestehender Garantenstellung) tatbestandslos, ja sogar rechtlich geboten, da der Todeserfolg nicht abwendbar ist und jede intensivmedizinische Maßnahme deshalb eine sinnlose Quälerei (§§ 223 ff. StGB) bedeuten würde.[13]

---

[12] Die Strafvorschriften des EmbryonenSchG wären aus verschiedenen Gründen nicht einschlägig, auch und schon deshalb, weil es sich hier nicht (mehr) um einen Embryo handelte.

[13] Es gibt im übrigen nach neuesten Forschungen Indizien dafür, daß Frühgeborene jedenfalls ab der 25. Schwangerschaftswoche physiologisch *nicht*, wie man früher annahm, schmerzunfähig, sondern im Gegenteil in höherem Grade schmerzempfindlich sind als ältere Kinder oder Erwachsene; vgl. *Scanlon*, The Very Low-Birth-Weight Infant, in: *Avery/Fletcher/MacDonald* (Hg.), Neonatology, 4. Aufl., 1994, S. 399 ff., 408 (m.w.N.); *Anand/Hickey*, Pain and Its Effects in the Human Neonate and Fetus, in: New Engl. J. of Med. (künftig: NEJM) 317 (1987), 1321 ff.; umfassend *Anand/McGrath* (Hg.), Pain in Neonates, 1993.

Nun besteht das beklemmende Problem aber darin, daß auch solche extrem unreifen und nicht überlebensfähigen Neugeborenen keineswegs immer schnell, sondern nicht selten über Stunden hinweg einen im wahren Wortsinne erbärmlichen Tod durch Ersticken sterben. Eine amerikanische Studie aus dem Jahre 1976 hat 38 Fälle extrem unreifer Frühgeborener nach induzierter Abtreibung untersucht; in 18% der Fälle wurde der Todeseintritt innerhalb der ersten Stunde festgestellt, in 50% innerhalb von 1 - 4 Stunden, in 26% innerhalb von 4 - 24 Stunden und in 5% erst nach Ablauf eines Tages.[14] Moralisch kann das quälende passive Sterbenlassen dieser Kinder schwerlich eine höhere Dignität beanspruchen als die schnelle und schmerzlose aktive Tötung.[15] Strafrechtlich scheint diese allerdings ebenso eindeutig *ver-* wie (deshalb) das Unterlassen *ge*boten zu sein. Zwingt also das Recht in solchen Fällen unter hoher Strafdrohung zu einem Verhalten, das kaum anders als unmenschlich genannt werden kann?

4. Damit ist das grundsätzliche Dilemma unseres Themas scharf profiliert. Man mag es ergänzen um den Hinweis auf die normative Inkonsistenz einer Rechtsordnung, die zwar die extrauterine Tötung selbst extrem unentwickelter und überlebensunfähiger Frühchen (jedenfalls jenseits der vom BGH vage angedeuteten Untergrenze ihrer Entwicklung) als Kapitalverbrechen bestraft, andererseits in § 218 a Abs. 2 StGB heute auch späteste Abtreibungen, also die gezielte intrauterine Tötung erheblich älterer, weiter entwickelter und problemlos überlebensfähiger Feten relativ großzügig und *alleine* unter Berücksichtigung der Interessen der Schwangeren zuläßt. Die beiden normativen Unstimmigkeiten lassen sich kombinieren: Die unrettbar verlorene (sagen wir) 18-Wochen-Frühgeburt unseres BGH-Falles zu töten, wurde als schweres Verbrechen bestraft (und würde dies wohl auch heute); einen doppelt so alten, gesunden und lebensfähigen Fetus mit Tötungsvorsatz abzutreiben und, falls er dabei lebend geboren wird, liegen und qualvoll sterben

---

[14] *Stroh/Hinman*, Reported Live births following induced abortion: Two and one-half years' experience in Upstate New York, in: Am. J. of Obstetrics & Gynecology 126 (1976), 83 ff., 84. (33 [= 87%] der Kinder erhielten übrigens eine Intensivbehandlung); vgl. auch *Lee/Baggish*, Live birth as a complication of second trimester abortion, in: Advances in Planned Parenthood 13 (1978), 7 ff.: bis zu 13 Stunden Überlebenszeit. Heute könnten wohl manche dieser Kinder am Leben erhalten werden. Doch ist ein in der 19. Woche Frühgeborenes nach wie vor (noch?) unrettbar; vgl. statt vieler *Allen/Donohue/Dusman*, The Limit of Viability – Neonatal Outcome of Infants Born at 22 to 25 Weeks' Gestation, in: NEJM 329 (1993), 1597 ff.

[15] Daß auch im zitierten Fall des BGH nicht schmerzlos und wohl nicht schnell genug getötet wurde, sei festgehalten. Das ist für unser gegenwärtiges Problem irrelevant: Es geht um das Verbot *jeder* aktiven Tötung in solchen Fällen, das der BGH ganz selbstverständlich voraussetzt.

zu lassen, ist bei „psychologischer“ Indikation (was immer darunter zu verstehen sein mag) zugunsten der Schwangeren *rechtmäßig* und wäre ohne Indikation selbst bei blanker, boshafter Willkür nur als Abtreibung, also als Vergehen, strafbar.

Kann, ja darf man das akzeptieren? Der probate Hinweis auf die seit Kant geläufige „Trennung“ von Recht und Moral (der ohnehin nicht als Blankotitel für ethisch indiskutable Rechtsnormen mißbraucht werden darf) verfängt hier a limine nicht: Die rechtliche Regelung selbst ist inkonsistent. Sub specie „Lebensschutz“ – und dieser gilt allgemein als Zweck des strafrechtlichen Tötungsverbots – läßt die Unterscheidung zwischen stets verbotener extrauteriner und großzügig erlaubter intrauteriner Tötung jedenfalls dann kein rationales Differenzierungskriterium mehr erkennen, wenn im ersteren Fall das Leben ohnehin unrettbar verloren, dagegen im letzteren problemlos erhaltbar wäre.

Doch mag das Thema Schwangerschaftsabbruch hier im weiteren auf sich beruhen; seine rechtliche Behandlung im deutschen StGB wirft nur einen der beiden skizzierten Schatten auf unser Problem: den der Inkonsistenz. Im folgenden soll es nur noch um die behauptete Absolutheit des Verbots der aktiven Tötung geborener „Menschen“ gehen. Sie wirft den zweiten, dunkleren Schatten: den ihrer ethischen Unerträglichkeit in bestimmten Fällen. Vom Inhalt der §§ 218 ff. StGB hängt diese nicht ab.

II. Mögliche Alternativen

Zwei grundsätzliche Möglichkeiten eines humaneren Umgangs als des bisher dargestellten mit unserem Problem sind denkbar.

1. Die erste knüpft an das zitierte obiter dictum des BGH an und nimmt es beim Wort: Man könnte eine absolute Untergrenze des Entwicklungsalters festlegen, unterhalb deren der strafrechtliche Status des Menschseins nicht erreicht werden kann, unabhängig davon, ob sich das Kind innerhalb oder außerhalb des Mutterleibs befindet. Nicht nur der BGH, auch Lüttger deutet in seiner Abhandlung zur strafrechtlichen „Menschwerdung“ eine solche Möglichkeit an und kommentiert sie mit dem Hinweis, das Problem sei „noch ungeklärt“.[16] Nun hat jüngst Norbert Hoerster in rechtsethischer Perspektive

---

[16] *Lüttger*, JR 1971, 136; *ders.*, Fschr. für Heinitz, 1972, S. 371. Die von Lüttger avisierte „gesonderte “ Darstellung der Frage ist nicht erfolgt.

vorgeschlagen, den Beginn des strafrechtlichen Lebensschutzes für jedes menschliche Individuum unabhängig von seinem intra- oder extrauterinen Status an ein Mindestalter von 28 Wochen post conceptionem zu binden.[17] Damit würden freilich nicht nur Fälle wie der hier berichtete des BGH, sondern zudem eine große Zahl von Frühgeborenen erfaßt, die mit den Methoden der heutigen Neonatalmedizin nahezu sicher und in zahlreichen Fällen ohne gravierende Behinderungen am Leben erhalten werden könnten.[18]

Immerhin entwickelt Hoerster (anders als der BGH) eine prinzipielle ethische Begründung für seinen Vorschlag. Darauf komme ich zurück. Schon auf den ersten Blick drängen sich freilich Einwände auf, die vorweg benannt seien. Der nächstliegende ist formeller Art: Eine solche untere Grenze des rechtlichen „Menschen"-Status wäre eine so weitreichende und gravierende Revision der bisher ganz unbestrittenen Rechtslage, daß allenfalls der Gesetzgeber, nicht aber die Judikatur oder die Strafrechtslehre dafür zuständig sein kann.[19] Auch müßten die weiteren rechtlichen Konsequenzen einer solchen Lösung unbedingt mitgeregelt bzw. klargestellt werden. Denn der Rückzug der §§ 211 ff. und 223 ff StGB dürfte selbstverständlich nicht dazu führen, daß man mit Neugeborenen unterhalb der zeitlichen „Mensch-" und damit Lebensschutzschwelle *beliebig* verfahren könnte. (Der Schutz des § 218 stünde ihnen ja jedenfalls nicht mehr bei: Zwar mag man sie dann mit der zitierten Bemerkung des BGH auch nach der Geburt noch als „Leibesfrucht", aber ihre Tötung ließe sich ganz sicher nicht mehr als „Schwangerschaftsabbruch" bezeichnen.)

2. Eine zweite prinzipielle Lösungsmöglichkeit wäre nicht über die a-limine-Verweigerung des Lebenschutzes, sondern über die Regeln einer humanen Sterbehilfe für hoffnungslose Fälle zu suchen. Lassen sich solche Regeln

---

[17] *Hoerster*, Neugeborene und das Recht auf Leben, 1995, S. 57.

[18] S. aus der umfangreichen medizinischen Lit. statt vieler nur *Beller/Zladnick*, The Beginning of Human Life, in: Clinical Obstetrics & Gynecology 35 (1992), 726: Bei einem Gestationsalter von 26,6 Wochen beträgt die durchschnittliche Überlebenschance der Frühgeborenen *mit medizinischer Behandlung* zwischen 90 und 100%.

[19] Bemerkenswert ist, daß sich diese Überlegung dem BGH bei seinem obiter dictum nicht aufgedrängt zu haben scheint. – Im übrigen ist eine solche gesetzliche Regelung auf absehbare Zeit kaum denkbar. Das liegt aber nicht daran (und sich dies klarzumachen, ist wichtig), daß hier für das geltende Recht nicht ein gravierendes Problem läge, sondern daran, daß es seit eh und je in den Kliniken stillschweigend erledigt, oder vielmehr: mit seiner „natürlichen Lösung" (nämlich dem „Sterbenlassen" der Kinder) hingenommen wird. Daß diese für die Neugeborenen keinesfalls die beste und humanste, ja nicht selten eine ausgesprochen barbarische ist, dürfte bereits deutlich geworden sein (vgl. oben zu Anm. 14).

finden und ethisch wie rechtlich beglaubigen, dann wäre eine so problematische Revision der Rechtslage (und wohl auch unseres Rechtsempfindens) wie die oben unter a) skizzierte ggf. mit den besseren Argumenten zu vermeiden.

B. Grundlagen einer ethisch und rechtlich rationalen Lösungsstrategie

I. Klinische Daten und Probleme

1. Vorweg seien die klinischen Phänomene schärfer umrissen. Terminologisch haben sich in der internationalen medizinischen Literatur für den Gesamtbereich der Frühgeburten die folgenden Unterscheidungen durchgesetzt:

- **Frühgeburt** („premature newborn"): Neugeborenes, dessen Geburtstermin vor der vollendeten 37. Schwangerschaftswoche liegt;
- **untergewichtiges Neugeborenes** („low birth weight"): Geburtsgewicht unter 2500 g (*unabhängig* vom Gestationsalter);
- **sehr kleines bzw. unreifes Frühgeborenes** („very low birth weight"): Geburtsgewicht zwischen 1000 und 15000 g;
- **extrem unreifes Frühgeborenes** („extremely low birth weight"): Geburtsgewicht unter 1000 g.[20]

Sehr bzw. extrem unreife Frühgeborene stellen heute die quantitativ umfangreichste Gruppe neonataler Problemfälle zwischen Leben und Tod dar. Sie bilden daher statistisch auch seit langem den höchsten Anteil an der Gesamtpopulation neonatologischer Intensivstationen; nach neueren australischen und neuseeländischen Studien liegt er bei über 50%.[21] Auch der prozentuale Anteil dieser Kinder ist – trotz einer in den letzten Jahren stetig und dramatisch verbesserten Lebenserhaltungsquote in der gesamten Neonatalmedizin – unter

---

[20] Zum Ganzen etwa *Mayfield/Uauy/Warshaw*, The Premature Newborn, in: *Oski et al.* (Hg.), Principles and Practice of Pediatrics, 2. Aufl., 1994, S. 325; etwas abweichend (weniger differenzierend) *Fenner*, Prämaturität und Dysmaturität, in: *Bachmann et al.* (Hg.), Pädiatrie in Praxis und Klink, Bd. I, 2. Aufl. 1989, S. 176.

[21] Vgl. *Blank*, Treatment of Critically Ill Newborns in Australasia, in: . J. of Legal Medicine 16 (1995): International Symposium on Critically Ill Newborns, S. 211 ff., 213 f. Die Zahl dürfte als rein klinisch bestimmte für alle Industriestaaten verallgemeinerbar sein. Vgl. die ähnlichen Angaben für Amerika bei *Anspach*, Deciding Who Lives, 1992, S. 2 (jeweils m.w.N.). Im übrigen ist die Gesamtzahl extrem unreifer Frühgeborener auch im nationalen Rahmen schwer zu bestimmen, da keine systematischen Zählungen vorgenommen werden; eine neuere amerikanische Studie geht von 45.000 Fällen pro Jahr in den U.S.A. aus, bei denen das Geburtsgewicht unter 1000 g liege; s. *Brown/Elkins*, Ethical Issues in Obstetric Cases Involving Prematurity, in: Clinics in Perinatology 19 (2) (1992), 469 ff., 470.

deren Risikogruppen noch immer mit Abstand der höchste.[22] Was die vielfältigen Ursachen von Frühgeburten angeht, so besteht inzwischen Einigkeit unter den Fachleuten, daß neben zahlreichen im engeren Sinne physiologischen auch verschiedene soziale Faktoren eine erhebliche Rolle spielen: vor allem der sozioökonomische Status der Mutter, aber auch ihr Risikoverhalten während der Schwangerschaft, pränatale Betreuung, Umweltfaktoren etc.[23] Damit dürften im übrigen entscheidende Gründe dafür benannt sein, daß sich diesseits aller Erfolge in der Lebenserhaltung extrem unreifer Frühgeborener die Inzidenz solcher kritischen Geburten selbst offenbar nicht reduzieren läßt, vielmehr (und wohl weltweit) eine eher steigende Tendenz erkennen läßt.[24]

2. Nicht selten weisen sehr bzw. extrem unreife Frühgeborene zusätzlich Mißbildungen auf. Doch kommt eine erhebliche Zahl von ihnen ohne eigentliche kongenitale Defekte zur Welt. Je geringer Gestationsalter und Geburtsgewicht solcher Kinder sind, desto höher ist das allein ihrer Unreife zuzuschreibende Risiko der Mortalität oder des postnatalen Auftretens von Krankheiten und Schädigungen. Diese bilden ihrerseits ein breites Spektrum von Möglichkeiten, das zahlreiche typische Formvarianten sowie alle denkbaren Schweregrade zwischen „leicht" und „letal" umfaßt. An erster Stelle stehen hier verschiedene Formen von Hirnblutungen, die bei sehr bzw. extrem unreifen Frühgeborenen mit einer Inzidenz von über 50% und mit der häufigen Folge schwerer cerebraler Schäden auftreten.[25] Aber auch alle anderen physiologischen Teilsysteme unreifer Frühgeborener sind im Maße der jeweiligen Vorterminierung der Geburt sehr schädigungsanfällig.[26] Das spiegelt sich wider in den entsprechenden Morbiditäts-Statistiken, die eine erheblich gesteigerte Inzidenz schwerer bis schwerster Schadensfolgen bei

---

[22] *Lantos et al*, Survival after Cardiopulmonary Resuscitation in Babies of Very Low BirthWeight, in: NEJM 318 (1988), 91 ff., nennen hier ebenfalls 50%; vgl. auch *Schulte/Spranger*, Lehrbuch der Kinderheilkunde, 27. Aufl., 1993, S. 33.

[23] Vgl. *Cin-Chu Lin*, High Risk Situations: The Very Low Birth Weight Fetus. Medical Considerations in Obstetric Management, in: *Evans et al.* (Hg.), Fetal Diagnosis and Therapy, 1989, S. 199 ff. (m.w.N.); *Fenner* (Anm. 20), S. 179 f.

[24] Statt aller *Kliegman*, The Perinatal Paradox, in: American J. of Public Health 85 (1995), 909 ff. (m.w.N.).

[25] Vgl. *Ment*, Intraventricular Hemorrhage of the Preterm Infant, in: *Oski et al.* (Anm. 20), S. 347 ff.; umfassend *Volpe*, Neurology of the Newborn, 3. Aufl., 1995, Chap. 11 („Intracranial Hemorrhage"), S. 403 - 463 (m.zahlr.N.).

[26] Eine Liste der extrem anfälligen körperlichen Teilsysteme Frühgeborener bei *Scanlon* (Anm. 13), S. 400.

Frühgeburten ausweisen.[27] Zwar lassen sich aus der Vielzahl der Einzeluntersuchungen kaum einheitliche statistische Figuren gewinnen[28]; die darin abgebildeten generellen Trends sind jedoch eindeutig: Je unreifer und untergewichtiger das Frühgeborene, desto größer das Risiko seines neonatalen Sterbens oder einer bleibenden Schädigung. Eine amerikanische Studie aus dem Jahre 1993 ermittelte unter den (wenigen) Überlebenden extremer Frühgeburten während der 23. Schwangerschaftswoche einen Anteil von 98% schwer- und schwerstgeschädigter Kinder; schon eine Woche mehr an Gestationszeit läßt diese Rate auf 79% und eine weitere Woche auf 31% fallen.[29]

3. Vor diesem Hintergrund sind die gelegentlich in der medizinischen Literatur mitgeteilten Rekordergebnisse bei der Lebenserhaltung extrem unreifer Frühgeborener nicht ohne ein irritierendes Unbehagen zu lesen. Breit angelegte Studien stützen die wohl vorherrschende Auffassung der Neonatologen, daß heute ungefähr bei 22 Wochen Gestationszeit – jedenfalls statistisch – die Zeitgrenze der Lebensfähigkeit anzusetzen sei.[30] Doch gibt es immer wieder Einzelfälle, in denen dieses Limit unterboten wird. Der amerikanische Medizinethiker Norman Fost berichtet vom Überleben eines nach 20, sein Kollege Robert Weir sogar von dem eines nach 19 Schwangerschaftswochen

---

[27] Vgl. aus der riesigen Lit. nur *American Academy of Pediatrics et al.*, Perinatal Care at the Threshold of Viability, in: Pediatrics 96 (1995), 974 ff.; *McCormick*, Has the Prevalence of Handicapped Infants Increased With Improved Survival of the Very Low Birthweight Infant?, in: *Walsh-Sukys/Kliegman* (Hg.), Current Controversies in Perinatal Care II, in: Clinics in Perinatology 20 (1993), S. 263 ff. *Milli et al.*, Prevalence of Birth Defects Among Low-Birth-Weight Infants, in: American J. of Diseases of Children 145 (1991), 1313 ff.; *Ehrenhaft et al.*, Changing Prognosis for Very Low Birth Weight Infants, in: Obstetrics & Gynecology 74 (1989), 528 ff.; *Wood et al*, Survival and Morbidity of Extremely Premature Infants, in: Obstetrics & Gynecology 74 (1989), 889 ff.

[28] So auch *Hagberg/Hagberg/Zetterström*, Decreasing Perinatal Mortality – Increase in Cerebral Palsy Morbidity, in: Acta Paediatrica Scandinavica 78 (1989), 664 ff., 668, hin. Vgl. auch die unterschiedlichen Einschätzungen bei (einerseits) *Perlman et al.*, Secular changes in the outcomes [...] of extremely low birth weight infants, in: J. of Pediatrics 126 (1995), 75 ff.: Abnahme der schweren Behinderungen, dagegen keine wirkliche Verbesserung der Mortalitätsrate (lediglich eine unwesentliche Verlängerung durchschnittlicher Überlebenszeiten); und andererseits *Hack/Friedman/Fanaroff*, Outcomes of Extremely Low Birth Weight Infants, in: Pediatrics 98 (1996), 931 ff.: Abnahme der Mortalität, jedoch gleichbleibender Anteil schwerer Behinderungen.

[29] Vgl. *Allen et al.*, NEJM 329 (1993), 1597 ff.

[30] S. v.a. *Allen et al.*, a.a.O.

geborenen Kindes[31] Nun mag es naheliegen, in solchen Einzelfällen nichts anderes zu sehen als Triumphe des neonatologischen Fortschritts über eine ansonsten gnadenlose Statistik des Todes. Das wäre freilich verfehlt. Solche klinischen Siege über die Natur fordern einen hohen Preis; ihn bezahlt aber niemand anderer als die Frühgeborenen selbst, und nicht selten ist er schlechterdings unerträglich.[32] Der folgende Bericht stammt aus dem Jahre 1979. Denkt man sich das damalige Geburtsgewicht des Kindes um die Hälfte verringert, so erhält man ein paradigmatisches Beispiel des Problems für die Gegenwart:

Andrew Stinson wurde im Dezember 1976 in der 25. Schwangerschaftswoche mit einem Gewicht von 800 g geboren und sofort auf die Intensivstation der Klinik verlegt. Da seine Lungen für eine spontane Eigenatmung nicht ausreichend entwickelt waren, schloß man ihn ohne die (ausdrücklich verweigerte) Einwilligung seiner Eltern an einen Respirator an. Im Laufe der folgenden Monate stellten sich zahlreiche schwere Komplikationen ein, die größtenteils iatrogen, also durch die Intensivbehandlung selbst verursacht waren: Bronchopulmonale Dysplasie (das ist eine fortschreitende, irreversible Zerstörung der Lungenbläschen); zahllos häufiges Aussetzen des Herzschlags mit anschließender Zyanose, einem Sauerstoffdefizit mit der Folge einer Blauverfärbung von Haut und Schleimhäuten, was jeweils künstliche Beatmung, häufig auch Bluttransfusionen erforderlich machte. Die konzentrierten Sauerstoffgaben erzeugten eine „Retinopathia neonatorum" und damit ein allmähliches Erblinden des Kindes. Zahlreiche Infektionen traten auf, außerdem eine fortschreitende Demineralisierung und deshalb vielfaches Brechen der Knochen; ein Defekt der Lungenarterie führte zu mehreren Hirninfarkten. Allein die Infektionen machten verschiedene Operationen im Urogenitalbereich notwendig, am rechten Bein mußte ein großer Teil des abgestorbenen und nekrotischen Muskelgewebes bis auf den Knochen abgeschält werden. Wiederkehrende Lungenentzündungen wurden mit Antibiotika bekämpft. Das Kind hatte außerdem einen schweren Herzfehler, Lungenblutungen, Mikrozephalie und andere Gehirnschäden. Andrew Stinson starb nach sechs Monaten auf der Intensivstation. Er war, wie seine Eltern später schrieben, "vom Respirator 'gerettet' worden, um fünf lange, qualvolle

---

[31] *Fost*, Medical Futility: Commentary, in: *Goldworth et al.* (Hg.), Ethics and Perinatology, 1995, S. 76; *Weir*, Selective Nontreatment of Handicapped Newborns, 1984, S. 52.

[32] Die *finanziellen* Kosten solcher Behandlungen ignoriere ich hier und im folgenden gänzlich; das von ihnen aufgeworfene normative Problem ist eines der gesellschaftlichen Verteilungsgerechtigkeit und liegt auf einer anderen Ebene als die Fragen unseres Themas.

und teuere Monate später an den Nebenwirkungen des Respirators zu sterben".[33]

Ein solcher Bericht dürfte schon prima facie dem Vorschlag Hoersters, Neugeborenen mit einem Gesamtalter von weniger als 28 Wochen (seit der Empfängnis) kein Recht auf Leben zuzuerkennen[34], viel vom unmittelbaren Anschein des Skandalösen nehmen. Eine Begründung ersetzt er selbstverständlich nicht. Wie könnte eine solche aussehen?

II. Normative Prämissen

1. Grundlage von Hoersters Vorschlag ist eine verbreitete rechtsphilosophische These. Danach ist die Zuerkennung subjektiver Rechte nur dann rational begründbar, wenn diese dazu geeignet sind, dem Schutz *subjektiver Interessen* ihrer jeweiligen Inhaber zu dienen, was auf deren Seite offensichtlich das Vorhandensein solcher Interessen voraussetzt.[35] Die These stützt sich auf ein begriffliches und ein normatives Argument: Der Begriff des „subjektiven Rechts" (nicht nur juridischer, sondern auch moralischer Provenienz) ist analytisch mit dem des *Schutzes* und dieser mit dem der *Verletzbarkeit* seines Inhabers verknüpft. Subjektive Rechte haben daher als normatives Korrelat entsprechende Pflichten anderer, sie zu achten. Ein Wesen jedoch, das bestimmte Interessen nicht haben *kann* (also nicht bloß aktuell und vorübergehend nicht hat), kann auch kein subjektives moralisches Recht auf Berücksichtigung („Nichtverletzung") solcher Interessen haben, weil es insofern nicht verletzungsfähig und daher auch nicht schützbar ist. Normativer Grund der subjektiv-rechtlichen Verletzungsverbote wie etwa des Tötungsverbots ist moralisch wie rechtlich die Primärpflicht des „neminem laede". Im Hinblick auf ein nicht verletzungs- (schädigungs-, interessens-

---

33 *Stinson/Stinson*, On the Death of a Baby, in: *Beauchamp/Walters*, Contemporary Issues in Bioethics, 3.Aufl. 1989, S. 276 ff.; s. zu diesem Fall bereits *Merkel*, JZ 1996, 1146.

34 *Hoerster* (Anm. 17).

35 Grundlegend für die neuere rechtstheoretische Diskussion *Tooley*, Abortion and Infanticide, in: Philosophy & Public Affairs 2 (1972), 37 ff. (dt. in: *Leist* [Hg.], Um Leben und Tod, 1990, S. 157 ff.); *ders.*, Abortion and Infanticide, 1983, S. 110 ff.; *Feinberg*, The Rights of Animals and Unborn Generations, in: *ders.*, Rights, Justice and the Bounds of Liberty, 1980, S. 159 ff. (dt. in: *Birnbacher* [Hg.], Ökologie und Ethik, 1986, S. 140 ff.); eingehend *Steinbock*, Life Before Birth, 1992, S. 9 ff.; in Deutschland *Hoerster*, Abtreibung im säkularen Staat, 1991, S. 19 ff., 69 ff.; allgemein auch *ders.*, Moralbegründung ohne Metaphysik, in: Erkenntnis 19 (1983), 225 ff. – Der Grundgedanke ist freilich wesentlich älter; vgl. bereits *Nelson*. Grundlagen der Ethik, 1. Bd., Kritik der praktischen Vernunft, 1917, S. 144 ff., 344 ff.

)fähiges Wesen kann aber gegenüber anderen eine Pflicht zur Schadensvermeidung (Interessensbeachtung) schon nicht verständlich gemacht und a fortiori nicht legitimiert werden.[36]

Auf der Abstraktionshöhe dieser Formulierungen ist der behauptete Zusammenhang relativ trivial und unschwer zu verdeutlichen. Man vergleiche:

(1) „Ein Kind hat kein Recht zu rauchen"

(2) „Eine Zeitung hat kein Recht, nicht zerrissen zu werden."[37]

Beide Sätze sind richtig und ihrer syntaktischen Form nach gleich. Sie unterscheiden sich aber in ihrer, wenn man will, inneren Form oder Logik prinzipiell: Der erste benennt ein kontingentes Faktum unserer Moral- und Rechtsordnung, also etwas, das auf irgendeine Weise mit gesellschaftlichen Entscheidungen zusammenhängt und grundsätzlich auch anders entschieden werden könnte. Dagegen scheint der zweite Satz eine Art analytischen Zusammenhangs auszudrücken: Es wäre nicht verständlich, ein Zeitungsexemplar als möglichen Inhaber eines Rechts zu bezeichnen. Es wäre daher auch nicht legitimierbar, weil subjektive Rechte Pflichten *anderer* implizieren, die diesen gegenüber rational begründbar sein müssen. Bei Rechten einer Zeitung ist dies nicht vorstellbar.[38] Der obige Satz (2) informiert also nicht über ein inhaltlich-normatives Faktum in einer bestimmten Gesellschaft, das sich in anderen Gesellschaften vielleicht anders darstellte, sondern sagt etwas, das jeder, der die Begriffe „Zeitung" und „Recht" versteht, damit schon eo ipso weiß. Zeitungen sind als Rechtsinhaber a priori untauglich, während Kinder sehr wohl Inhaber eines Rechts zu rauchen sein könnten. Der insofern maßgebliche Unterschied besteht in einer bestimmten Eigenschaft, die bei Kindern wirklich oder möglich, bei Zeitungen dagegen unmöglich, und die offenbar Voraussetzung dafür ist, daß jemand (oder etwas) Inhaber eines Rechts sein kann. Diese Eigenschaft ist – abstrakt und im weitesten Sinne – eben die Fähigkeit, bezüglich des Rechtsinhalts Interessen zu haben.

---

[36] Eine eingehende Begründung hätte hier freilich vor allem den schwierigen Begriff des „subjektiven Interesses" zu klären. Das muß im gegenwärtigen Rahmen unterbleiben. Ich setze hier einen vermutlich konsensfähigen paradigmatischen Interessensbegriff voraus.

[37] Beispiele von *Tooley*, Abortion and Infanticide, 1983, S. 95; aufgenommen von *Leist*, Eine Frage des Lebens, 1990, S. 135. (Es ließen sich beliebige andere erfinden.)

[38] De lege lata kann man natürlich allen möglichen Gegenständen formale Rechtspositionen zuschreiben (im amerikanischen Seerecht sollen Schiffe rechtsfähig sein und Caligula hat bekanntlich sein Lieblingspferd zum Konsul gemacht); es ist aber wichtig zu sehen, daß damit keine echten subjektiven Rechte und daß die korrespondierenden Pflichten in Wahrheit nicht gegenüber dem „Inhaber" solcher Rechte, sondern „in Ansehung" seiner gegenüber Dritten begründet werden.

Bei unbelebten Gegenständen (wie Zeitungen) ist dieser Unterschied augenfällig demonstrierbar. Er erklärt aber auch bei lebenden Wesen die prinzipiellen und selbstverständlichen Unterschiede hinsichtlich der Möglichkeit einer Inhaberschaft von Rechten. Man vergleiche wieder:

(1) „Ein Kind darf nicht geschlagen werden."

(2) „Ein Edelweiß darf nicht gepflückt werden."

Wieder sind beide Sätze richtig und in ihrer syntaktischen Form gleich. Der erstere läßt sich jedoch transformieren in: „Ein Kind hat ein Recht, nicht geschlagen zu werden", der zweite dagegen nicht in: „Ein Edelweiß hat ein Recht, nicht gepflückt zu werden". Der relevante Unterschied besteht wiederum im möglichen (und de facto wirklichen) Interesse des Kindes am Nichtgeschlagenwerden und der prinzipiellen Unfähigkeit des Edelweißes zu einem Interesse am Nichtgepflücktwerden. Zu einem solchen faktischen Interesse muß seine hinreichende Stärke und Berechtigung kommen, um es zum Verpflichtungsgrund für andere und damit zum Recht werden zu lassen (denn ganz offensichtlich sind nicht alle faktischen Interessen rechtsbegründungsfähig). Beim Edelweiß scheitert die Möglichkeit eines Rechts jedoch nicht am Mangel der Stärke oder Legitimität eines Interesses, sondern an dessen prinzipieller Unmöglichkeit. (Daß ein Edelweiß nicht gepflückt werden darf, bedeutet nicht den Schutz seiner, sondern unserer – menschlichen – Interessen und ggf. Rechte bezüglich seiner Existenz.)

Der skizzierte Zusammenhang ließe sich nun in vielfachen Varianten und Differenzierungen ausbuchstabieren. Mit einem letzten illustrierenden Beispiel mag es sein Bewenden haben: Wohl die meisten Menschen würden es für wesentlich schlimmer halten, einen erwachsenen Menschen gegen seinen Willen schmerzlos zu töten, als ihn fünf Minuten lang zu foltern (wiewohl natürlich beiderlei Verhalten schweres, aber eben nicht gleich schweres Unrecht darstellt); doch würden wohl ebenfalls die meisten Menschen es weitaus verwerflicher finden, ein neugeborenes Kätzchen fünf Minuten lang zu foltern, als es schmerzlos zu töten.[39] Wieder erklärt die Interessensfähigkeit bzw. -unfähigkeit – unter jeweils konkreten Aspekten – die Zusammenhänge und die Unterschiede der hier im Spiel befindlichen Rechtspositionen.

Der bislang skizzierte Zusammenhang von Rechten und Interessen gilt als analytischer auch für Lebensrechte. Ein Wesen zu töten, das schlechthin kein subjektives Interesse an seiner eigenen Existenz haben kann – z.B. eine

[39] Beispiel nach *Tooley*, Abortion and Infanticide, 1983, S. 100.

Pflanze oder ein Bakterium – kann dieses Wesen nicht schädigen und daher *ihm gegenüber* kein Unrecht sein.

2. An dieser Stelle erscheint es angebracht, eine vor allem in der deutschen Strafrechtswissenschaft vertretene rechtsphilosophische Lehre zu erwähnen, nach der strafrechtliche „Rechtsgüter", also strafbewehrte subjektive Rechte und Pflichten, ganz anders, nämlich – gut kantianisch – allein aus dem „freiheitlichen Rechtsverhältnis" zu begründen seien.[40] Köhler, der neuestens diese Lehre nachdrücklich profiliert hat, schreibt:

> „Es ist grundlegend einzusehen, daß das Recht wesentlich nicht in pragmatischen Wohl- (Interessen-) Imperativen bestehen kann, da es gerade das äußere Verhältnis verschiedener freier Subjekte mit je unterschiedlichen Glückskonzeptionen (und Vorstellungen von Gütern) schlüssig-freiheitsgemäß zu regeln hat."[41]

Unter Bürgern, deren Status als Freiheits- und Rechtssubjekte außer Zweifel steht, ist dies als Prinzip überzeugend.[42] Nicht richtig ist freilich die von Köhler suggerierte wechselseitige Exklusivität dieser „freiheitsrechtlichen" und der oben skizzierten interssensfundierten Rechtsbegründung. Der hier verwendete Interessensbegriff ist (als materialer) gegenüber dem rein formellen kantischen Freiheitsbegriff in bestimmten, genau benennbaren Hinsichten der grundlegendere. Das gilt schon insofern, als nur das, was möglicher Gegenstand eines Interesses der Rechtssubjekte ist, zum legitimen Inhalt distributiv geschützter Freiheit gemacht werden kann. Deutlicher wird der fundamentalere Status des Interessenbegriffs aber, wenn man fragt, wer denn überhaupt zum Kreis der möglichen Rechtssubjekte gehören soll. Die oben skizzierte „Interessenstheorie" antwortet: Wer in der jeweils fraglichen Hinsicht *interessens*fähig ist. Das ist jedenfalls prima facie eine plausible Position. Strikt freiheitsrechtlich kann die Antwort dagegen nur lauten: Wer

---

[40] Locus classicus und Ausgangspunkt ist *Kants* berühmter Satz aus der „Einleitung in die Rechtslehre" wonach „das angeborne Recht ... nur ein einziges" sei: „*Freiheit* (Unabhängigkeit von eines anderen nöthigender Willkür), sofern sie mit jedes anderen Freiheit nach einem allgemeinen Gesetz zusammen bestehen kann, ist dieses einzige, ursprüngliche, jedem Menschen kraft seiner Menschheit zustehende Recht." (Metaphysik der Sitten, AA VI, 1907, S. 237).

[41] *Köhler*, Strafrecht AT, 1997, S. 11.

[42] Freilich lassen sich bestimmte strafrechtliche Institute so nicht erklären, z.B. der rechtfertigende Notstand. Insofern ist *Kant* konsequent: Er schließt die Möglichkeit der Rechtfertigung einer Notstandstat kategorisch aus (vgl. Metaphysik der Sitten, Rechtslehre, AA VI, 1907, S. 236); Dagegen kann *Köhlers* Versuch, § 34 StGB gleichwohl freiheitsrechtlich zu begründen, nicht überzeugen (vgl. *ders.*, a.a.O., S. 284 f.).

*freiheits*fähig ist. Das wäre, nähme man es beim Wort, definitiv inakzeptabel: Wo blieben Embryonen, Kleinkinder, geistig Schwerbehinderte etc.? Kant erledigt das Problem apodiktisch (und keineswegs überzeugend) ungefähr im folgenden Schlußmodus: Freiheitsfähig ist – als Vernunftwesen – nur „der Mensch"; also steht „*jedem* Menschen *kraft seiner Menschheit*" jenes einzige „angeborne" Grundrecht auf Freiheit zu.[43] Das ist offenkundig ein *non sequitur*. Von dem Umstand, daß der Normalmensch freiheitsfähig im Sinne Kants ist, führt keine logische Brücke zu der Behauptung, also sei es auch der Embryo, der geistig Schwerstbehinderte, der lebendgeborene Anenzephalus mit einer Überlebenszeit von wenigen Wochen – oder eben der nach 18 Gestationswochen frühgeborene und überlebensunfähige Fetus, und zwar jeweils einfach „kraft seiner Menschheit". Will man die indiskutable Konsequenz vermeiden, diese individuell ganz zweifelsfrei *nicht* freiheitsfähigen Menschen a limine rechtlos zu stellen, muß irgendein Zusatzargument die Verallgemeinerung des Rechtsbegründungsverhältnisses bis an die biologische Grenze der Spezies tragen.[44] Solche Argumente werden vertreten. Darauf komme ich zurück. Sicher ist jedoch, daß die bloße Emphase der Formel „kraft seiner Menschheit" als Verallgemeinerungs-Strategie nicht taugt.

3. Ließe sich auch keine andere überzeugend begründen, dann wäre nun (mit Hoerster und anderen[45]) etwa folgendermaßen zu argumentieren: Projiziert man die bisherigen Überlegungen zum Begründungszusammenhang von Rechten und Interessen auf die Frage nach dem Lebensrecht eines menschlichen Wesens, dann fordern sie als entscheidendes Kriterium für den Beginn eines solchen Rechts die Bestimmung des Zeitpunktes in der individuellen Entwicklung eines Menschen – von der befruchteten Eizelle bis zum Erwachsenen –, von dem ab die Fähigkeit zum echten subjektiven Lebensinteresse sinnvoll behauptet und zugeschrieben werden kann. So gestellt umfaßt die Frage nach den Zuschreibungsbedingungen für Lebensinteressen ein normatives und ein empirisches Element: Erstens, welche im weitesten Sinne mentale Eigenschaft des sich entwickelnden Menschen ist das (normativ) zutreffende Kriterium einer solchen Zuschreibung? Und zweitens, ab wann

---

[43] Vgl. Anm. 40 (Hervorhebung hier von mir).

[44] „Interessen" werden dafür nicht anerkannt; sie würden im übrigen auch die Gattungsgrenzen teils sprengen, teils verfehlen.

[45] Vgl. außer Hoerster die bereits zitierten Arbeiten von *Tooley*; außerdem *Glover*, Causing Death and Saving Lives, 1977; *Singer*, Practical Ethics, 1979 (dt.: Praktische Ethik, 1984), Kap 2 - 7; *Harris*, The Value of Life, 1985 (dt.: Der Wert des Lebens, 1995), passim.

liegen (empirisch) die bio-physischen Korrelate dieser Eigenschaft vor? Läßt sich ein solcher Zeitpunkt ermitteln, so ist der Beginn des Lebensinteresses und damit der Fähigkeit wie Notwendigkeit einer Zuerkennung des subjektiven Rechts auf Leben markiert.

a) In der analytischen Moralphilosophie gibt es eine ausgedehnte Diskussion über das richtige Kriterium für den Beginn eines individuellen Lebensinteresses. Sie hat im wesentlichen zwei Kandidaten profiliert, die ernsthaft in Betracht kommen: den (wie immer rudimentären) *Wunsch* des Individuums nach seinem eigenen Weiterleben; und seine *Empfindungsfähigkeit*, die den Beginn seines (wie immer rudimentären) subjektiven Erlebens markiere und damit einen plausiblen Grund abgebe, dem Individuum ein Interesse am *weiteren* Erleben zuzuschreiben.[46] Kein eigenes sachliches Kriterium wird dagegen mit der vor allem im angelsächsischen Sprachraum häufig erwähnten „Person"-Eigenschaft eines Menschen formuliert, von der die Zuschreibung eines Lebensrechts abhängen soll; denn die Möglichkeit des so verstandenen „Person"-Seins hängt ihrerseits von der Annahme entweder des Wunsch- oder des Empfindungsfähigkeits-Kriteriums ab. Die Zuschreibung des Personen-Status trägt daher in unserem Zusammenhang keine Argumentationslast, sondern verwendet einfach ein abkürzendes Symbol für das Ensemble der sachlich entscheidenden Kriterien.

Die angedeutete Diskussion um diese beiden Kriterien überspringe ich nun. Ich habe an anderer Stelle ausführlich zu zeigen versucht, daß es gute Gründe für die vorsichtigere (lebensschutzfreundlichere) These gibt, wonach der Beginn der *Empfindungsfähigkeit* als nicht nur notwendige, sondern auch hinreichende Bedingung des Beginns eines rudimentären Lebensinteresses aufzufassen sei.[47] Dies sei im folgenden unterstellt. Doch löst eine solche Annahme die Grundprobleme unseres Themas nicht. Einerseits dürften nach dem heutigen Erkenntnisstand lebende Frühgeborene praktisch ausnahmslos bereits empfindungsfähig sein.[48] Andererseits läßt dieses Kriterium auch un-

---

[46] Dazu übersichtlich *Leist* (Anm. 37), S. 141 ff.

[47] Vgl. meine Habilitationsschrift „Früheuthanasie", 4. Kap., B. I. 1. – 3. (im Erscheinen).

[48] Unstreitg ist das freilich nicht; vgl. z.B. *Burgess/Tawia*, When did you first beginn to feel it? – Locating the beginning of human consciousness, in: Bioethics 10 (1996), 1 ff.: „Experiences with sensational content" sollen beim Fetus erst zwischen der 30 und 35 Schwangerschaftswoche auftreten. Im Sinne der von mir gemeinten „Empfindungsfähigkeit" ist das sicher unrichtig; die Meinungsdifferenz hängt allerdings primär mit der Unbestimmtheit des englischen Begriffs „consciousness" zusammen, der von den Autoren (höchst zweifelhafterweise) synonym mit

abhängig von der Frage, wann genau im Verlauf der fetalen Entwicklung die Empfindungsfähigkeit beginnt, zwei wesentliche Fragen offen: ob die empirisch noch minimale Subjektivität eines undifferenzierten, sozusagen rohen Empfindungs-Erlebens bereits die Zuschreibung eines *vollen* Lebensrechts begründen kann (und das darin eingeschlossene Problem, ob es „abgestufte" Lebensrechte geben darf)[49]; und zweitens, welches Gewicht ein solches rudimentäres Lebensinteresse in konkreten Kollisionen mit anderen Interessen – sei es der Mutter, sei es vor allem des Kindes selbst – beanspruchen kann. Empirisch ist die Stärke subjektiver Überlebensinteressen ganz gewiß graduierbar (man vergleiche insofern nur höhere Säugetiere mit erwachsenen Menschen). Kann, darf oder muß auch innerhalb der biologischen Gattung Mensch parallel zu solchen faktischen Unterschieden *normativ* differenziert werden?

b) Folgt man Hoersters Auffassung, so entsteht ein solches Problem nicht. Er hält (im Anschluß an Tooley und Singer) allein das oben erwähnte „Wunsch"-Kriterium für geeignet, ein subjektives Lebensinteresse und damit ein Lebensrecht zu begründen. Bei Feten mit einem Gestationsalter von 28 Wochen ist ein solcher Lebenswunsch ausgeschlossen; deshalb *müsse* ihnen kein genuin eigenes Lebensrecht zuerkannt werden. Da Lebensrechte gravierende Pflichten anderer implizieren und da Frühgeborene vor der 28. Gestationswoche ohne medizinische Intensivversorgung nicht überlebensfähig seien, *sollte* ihnen bis dahin auch kein Lebensrecht zuerkannt werden.[50]

Damit wären die meisten unserer bisher skizzierten Probleme behoben. Gravierend falsche Behandlungsentscheidungen (wie im Fall Andrew Stinson); normative Inkonsistenzen mit der großzügigen Erlaubnis zu Spätabtreibungen; und vor allem eine möglicherweise bestehende Rechtspflicht zur Unmenschlichkeit bei unrettbar verlorenen Frühgeburten, nämlich das Gebot

---

„having experiences with sensational content" verwendet wird und daher als einen viel engeren Begriff von „Empfindungsfähigkeit" darstellt.

[49] Daß diese Fragen, wenngleich auf gänzlich ungeklärten und meist unausgewiesenen Grundlagen, auch für das gegenwärtige Recht eine erhebliche Rolle spielen, läßt sich unschwer daran erkennen, daß – entgegen allen Lippenbekenntnissen im Straf- und Verfassungsrecht – das (eigentlich nur sogenannte) Lebensrecht des Embryos und Fetus von den heutigen §§ 218 ff. StGB keinesfalls als ein dem postnatalen Lebensrecht prinzipiell gleiches ausgestaltet wird.

[50] *Hoerster* (Anm. 17), S. 57 ff. – Daß Hoerster *allen* später geborenen Kindern sofort mit der Geburt ein subjektives Lebensrecht zuerkannt wissen will, obwohl auch von diesen (nach Hoersters Überzeugung) *keines* die Fähigkeit zu einem Lebenswunsch haben kann, hat pragmatische, keine rechtsethisch zwingenden Gründe (auf die hier nicht einzugehen ist) und steht deshalb hierzu nicht im Widerspruch.

zum langsamen, quälenden Sterbenlassen, (wie im dargestellten Fall des BGH) – alles mit einem Schlag erledigt: Frühgeborene vor dem Erreichen der 28. Woche post conceptionem dürften schnell, schmerzlos und aktiv getötet werden. Daß dieser Vorschlag mit dem geltenden Recht nicht zu vereinbaren ist, weiß auch Hoerster. Aber geltendes Recht kann natürlich geändert werden. Sollte es?

III. Einwände und Präzisierungen

Dagegen spricht eine Reihe grundsätzlicher Einwände.[51] Sie lassen sich unter vier Titeln einordnen: *Spezieszugehörigkeit*, *Entwicklungskontinuum*, *Potentialität* und *personale Identität* des menschlichen Individuums. Die beiden erstgenannten stehen dabei jeweils für eine Argumentation, welche die hier analysierte Perspektive der Interessensfundierung von Rechten insgesamt als prinzipiell verfehlt ablehnt. Die beiden letzteren setzen dagegen diese Perspektive voraus, erweitern aber mit unterschiedlichen Überlegungen den zeitlichen Rahmen, innerhalb dessen schützenswerte Lebensinteressen zu ermitteln sind, über die bloße Gegenwart der jeweiligen Entscheidung hinaus auch auf künftige Zustände des Individuums, um dessen mögliche Interessen es geht.

Alle vier genannten Titel spielen eine erhebliche, wenngleich manchmal kryptische und niemals auch nur annähernd geklärte Rolle in der Judikatur des BVerfG und in der verfassungs- wie der strafrechtlichen Literatur zu den Grundlagen des Lebensschutzes. Auch deshalb erscheint es dringend erforderlich, sie genauer zu untersuchen.

1. Spezieszugehörigkeit

Das Argument, das diesem Einwand zugrundeliegt, ist denkbar einfach: Nicht irgendwelche Interessen eines menschlichen Individuums seien das Fundament seines Rechts auf Leben, sondern allein seine biologische Zugehörigkeit zur Spezies Mensch. Da auch Embryonen ab dem Zeitpunkt der Befruchtung der Eizelle individuelle Angehörige dieser biologischen Spezies sind, haben sie hiernach bereits ein vollständiges Lebensrecht. Tiere sind aus dem so

---

[51] Und zwar auch unabhängig von dem oben erörterten (unzulänglichen) Einwand aus dem „freiheitlichen Rechtsverhältnis".

begründeten Lebenschutz a limine ausgeschlossen. Ihr Schutz mag anders (oder gar nicht) begründbar sein: mit dem für Menschen hat er keinen Zusammenhang.

a) Das Argument kommt weit verbreiteten moralischen Intuitionen entgegen. Auch steht es mit der christlichen Schöpfungslehre und den daran geknüpften moraltheologischen Folgerungen über den kosmisch singulären Status des Menschen als Ebenbild Gottes in Einklang. Es deckt sich daher im Ergebnis mit der christlichen Lehre zum Lebensrecht aller (auch ungeborenen) menschlichen Individuen, und es ließe sich schließlich offenkundig dem oben erörterten „freiheitlichen Rechtsverhältnis" bequem als Fundament unterschieben.[52] Im Verfassungs- wie im Strafrecht wird es weitgehend und offenbar als selbstverständlich vorausgesetzt. Gleichwohl ist es außerhalb religiöser Glaubensüberzeugungen als rationales Fundament für Regelungen einer säkularisierten Moral- und Rechtsordnung nicht haltbar.

In der hier dargestellten „reinen", allein an die biologische Spezieszugehörigkeit anknüpfenden Form ist das Argument schon normenlogisch fehlerhaft. Es beruft sich allein auf ein biologisches Faktum, ohne dessen moralische Relevanz darzulegen. Die bekannten grundsätzlichen Erwägungen zum sog. normativistischen Fehlschluß demonstrieren, daß eine Normbegründung *allein* aus einem Faktum der Natur unmöglich ist. Selbstverständlich legen zahllose Naturtatsachen (etwa auch die gerade in unserem Zusammenhang wichtige Fähigkeit, aufgrund bestimmter biologischer Voraussetzungen de facto ein Lebensinteresse zu haben) normative Konsequenzen nahe, aber nicht qua Faktum, sondern weil es *moralische Prinzipien* gibt, die genau unter solchen tatsächlichen Voraussetzungen bestimmte Verhaltensweisen fordern. Deren normatives Fundament sind daher diese Prinzipien, nicht die Fakten selbst.

Der Hinweis auf die Spezieszugehörigkeit erweist sich damit als petitio principii: Ohne zusätzliche Einführung eines *moralischen Prinzips* wiederholt er lediglich die Ausgangsfrage als apodiktische Behauptung. Im übrigen führt auch die moraltheologische Berufung auf das Spezies-Argument in Wahrheit ein solches verpflichtendes normatives Prinzip ein: das Gebot Gottes. Freilich ist das allein jedenfalls keine taugliche Grundlage für eine säkularisierte Rechtsordnung; es kann in einer Welt, in der viele Menschen die

52 Wiewohl Kants Verallgemeinerungsüberlegungen keineswegs an ein so schlichtes biologistisches Argument anknüpfen, sondern einen (freilich am Ende aporetischen) Lösungsweg über den Begriff der menschlichen Würde suchen. Dem kann hier nicht genauer nachgegangen werden; vgl. dazu *Bayertz*, ARSP 81 (1995), 465.

zugrundeliegenden Glaubensüberzeugungen nicht mehr teilen, auch als Moralfundament längst nicht mehr allgemein verbindlich gemacht werden.

b) Diese Zusammenhänge werden in der philosophischen Diskussion nicht ernsthaft bestritten. Peter Singer hat zur Kennzeichnung dieser Form des Spezies-Arguments den treffenden Begriff des „Speziesismus" eingeführt, der sich inzwischen durchgesetzt hat.[53] Er macht plastisch deutlich, daß die einfache Berufung auf die Spezieszugehörigkeit als Fundament moralischer Vorrangstellungen in ihrer normativen Logik (nämlich Unlogik) identisch ist mit den illegitimen Diskriminierungen in rassistischen oder sexistischen Behauptungen, die ebenfalls allein aus der biologischen Tatsache einer bestimmten Gruppenzugehörigkeit moralische Privilegien (und v.a. entsprechende Benachteiligungen anderer) ableiten. Die Richtigkeit der Speziesismus-Kritik wird häufig mit einem Gedankenexperiment illustriert, das daher hier ebenfalls erwähnt sei[54]: Man stelle sich vor, daß in einer ferneren Zukunft auf der Erde intelligente Lebewesen von anderen Planeten landen und wir Menschen an diesen Wesen zweierlei konstatieren: einerseits, daß sie biologisch gänzlich anders beschaffen sind als wir (einer ganz anderen Spezies angehören); und andererseits, daß sie eine mit der unseren vergleichbare subjektive Erlebensfähigkeit haben, mit Ich-Bewußtsein, Begriffen von Vergangenheit und Zukunft und ähnlichen Überlebenswünschen bzw. -interessen wie wir selbst. Die Frage lautet: Würden wir diesen Wesen gegenüber ein Tötungsverbot für moralisch ebenso begründet halten wie gegenüber uns Menschen? Es ist schwer zu sehen, wie sie verneint werden könnte. Und wer dies doch wollte, müßte sich die umgekehrte Frage gefallen lassen: Ob er, falls diese Wesen aus ihrer Sicht ebenso speziesistisch dächten und ein Tötungsverbot zwar untereinander, aber nicht gegenüber Menschen für begründet hielten, konsequenterweise bereit wäre, Tötungen von Menschen

---

53 *Singer*, Animal Liberation, 1975, Kap. 1 (dt.: Animal Liberation. Die Befreiung der Tiere, 1996, S. 27 ff. (Anm. 45), S. 70 ff.; vgl. auch *Tooley*, Abortion and Infanticide, 1983, S. 61 ff.; *Leist* (Anm. 37), S. 61 ff.; *LaFolette/Shanks*, The Origin of Speciesism, in: Philosophy 71 (1996), 41 ff.

54 Da Gedankenexperimente mit faktisch unwahrscheinlichen Annahmen in der Strafrechtslehre wenig beliebt zu sein scheinen, sei hier auf folgendes hingewiesen: Die – in normativen Zusammenhängen fruchtbare und daher wichtige – Funktion solcher fingierten Beispiele ist es nicht, die Realität abzubilden, sondern bestimmte fragwürdige oder streitige Elemente einer Behauptung besonders deutlich zu profilieren, sie mit Folgerungen, die sich aus ihnen ergeben, zu konfrontieren und so ihre Haltbarkeit einem Verfahren der *härteren* und *transparenteren* Prüfung zu unterziehen als sie der (regelmäßig komplexere und daher verwirrende oder ablenkende) Kontext ermöglicht, in dem sie gewöhnlich auftreten.

durch diese Wesen für moralisch richtig zu halten? Wäre er das nicht, beurteilte aber umgekehrt die Tötung dieser Wesen durch Menschen als moralisch problemfrei, dann wäre sein Standpunkt offenkundig der einer nackten, illegitimen Diskriminierung.

Das Beispiel demonstriert die Unhaltbarkeit eines *reinen* Spezies-Arguments. In dieser Form wird das Argument, wenn ich recht sehe, auch kaum mehr vertreten, selbst von denen nicht, die sich seit Mitte der achtziger Jahre in einer Art theoretischer Gegenbewegung sozusagen offensiv als „Speziesisten" bezeichnen.[55] Diese knüpfen vielmehr an bestimmte *typische Eigenschaften* an, die (soweit wir wissen) nur Menschen besitzen und aus denen sich in Verbindung mit – freilich meist stillschweigend vorausgesetzten moralischen Prinzipien – ein prima-facie-Verbot der Tötung von Menschen ableiten lasse. Betrachtet man die dabei genannten Eigenschaften genauer, dann zeigt sich, daß es regelmäßig dieselben sind, die von den Interessenstheoretikern ebenfalls genannt werden, und gerade die sind, die als Grundlage von Lebensinteressen geltend gemacht werden. Im weitesten Sinne: die höheren mentalen Fähigkeiten der Menschen, die zu Selbstbewußtsein und Lebenswünschen führen.

c) Von hier an die teilen sich die Wege der Argumentation. Während die Interessenstheoretiker für die Frage des Tötungsverbots nach der Fähigkeit zum Lebensinteresse bei jedem konkreten Individuum fragen und dessen Gattungszugehörigkeit dabei für irrelevant erklären, erstrecken die „uneigentlichen" Speziesisten (im eben dargelegten Sinn) die Zuschreibung von Lebensinteressen und -rechten, die sie aus den *typischen* Eigenschaften des Homo sapiens begründen, auf ausnahmslos alle Mitglieder der Spezies und erklären dabei das Fehlen dieser Eigenschaften im konkreten einzelnen Fall, etwa bei Feten und extrem unreifen Frühgeborenen, für irrelevant.[56] Der dafür meistgenannte (nichtreligiöse) Grund lautet „Gattungssolidarität"; ebenfalls in Frage käme „Menschenwürde" oder, spezieller, ein neo-aristotelischer Begriff

---

[55] Z.B. *Cohen*, The Case for Biomedical Experimentation, in: NEJM 315 (1986), 867 ff.; *Post*, The Emergence of Species Impartiality, in: Perspectives in Biology and Medicine 36 (1993), 294 ff. Daß auch die christliche Moraltheologie kein reines Spezies-Argument vertritt, sondern (explizit oder implizit) ein göttliches Gebot als moralisch verbindliches Prinzip voraussetzt, ist bereits erwähnt worden. – Eine Ausnahme (i.S. des *reinen* Speziesismus) ist vielleicht *Davis*, All Babies Should Be Kept Alive As Far As Possible, in: *Gillon* (Hg.), Principles of Health Care Ethics, 1994, S. 629 ff., 632, die gänzlich apodiktisch bleibt.

[56] Dezidiert *Hursthouse*, Beginning Lives, S. 101 ff., 218 ff.; ähnlich *Nozick*, About Mammals and People, in: New York Times Book Review 27. 11. 1983, S. 11 und 29, sowie die in der vorigen Anm. Genannten (mit Ausnahme von *Davis*).

der „Tugend".[57] Jedenfalls das Ergebnis dieser letzteren Position, die zu einem uneingeschränkten primären Lebensrecht bei *allen* Neugeborenen und, sofern sie konsequent vertreten wird, auch bei allen menschlichen Embryonen und Feten führt, dürfte ebenfalls verbreiteten moralischen Intuitionen entsprechen.

Gleichwohl ist auch das so erweiterte Spezies-Argument unplausibel. Das zeigt sich, wenn man seine logischen Implikationen über die (prima facie problemlose) Schutz*erweiterung* hinaus, die es bezweckt, daraufhin untersucht, ob es auch zu ungerechten oder sonst inakzeptablen Diskriminierungen und Schutz*einschränkungen* führen könnte. Das ist aber der Fall. Man erwäge die folgenden Gedankenexperimente[58]: Angenommen, ein Schimpanse erwiese sich nach einem Mutationssprung oder einem „genetic engineering" als wesentlich intelligenter als seine Artgenossen und demonstrierte erkennbar menschliche mentale Fähigkeiten, insbesondere deutliche zukunftsbezogene Lebenswünsche, die er etwa auch zu artikulieren imstande wäre. Nach dem erweiterten Spezies-Argument dürfte er dennoch getötet werden, da die Gattung, der er angehört, seine eigenen (schutzqualifizierenden) Eigenschaften typischerweise nicht aufweist – ethisch ein schwerlich akzeptables Ergebnis. Und (sozusagen umgekehrt): angenommen nach einem großen Atomkrieg wäre die Intelligenz der weitaus meisten überlebenden Menschen auf das Niveau der durchschnittlichen Intelligenz von Schimpansen reduziert, während ein kleinerer Rest das vorkriegstypische mentale Niveau der Spezies Homo sapiens behalten hätte. Dann müßte *allen* überlebenden Menschen (auch den intelligenten) gegenüber das Tötungsverbot hinfällig werden, da nun der Typus der Spezies die erforderlichen schutzqualifizierenden Eigenschaften nicht mehr aufwiese – ein ebenfalls indiskutables Resultat. Die Überlegung zeigt, daß auch ein erweitertes Spezies-Argument die Schwäche des reinen Speziesismus nicht vermeiden kann: in „Einzelfällen Individuen auf moralisch unakzeptable Weise beurteilen zu müssen"[59].

Die beiden Gedankenexperimente enthüllen eine normative Tiefenstruktur des Spezies-Arguments, die von der bizarren Fiktionalität der Szenarien ganz unabhängig ist und die zeigt, daß das Argument auch dann nichts taugt, wenn es in dem Kontext, für den es entworfen wurde, akzeptable Ergebnisse liefert. Und wer gleichwohl die unter Strafrechtlern verbreitete (unberechtigte)

---

[57] So etwa *Hursthouse*, a.a.O., S. 218 ff. Die Kategorie „Tugend" stellt primär auf die Moralität (den Charakter) des *Handelnden*, nicht auf die seiner Handlungen ab.

[58] Im wesentlichen nach *Leist* (Anm. 37), S. 66.; überzeugend auch *Harris*, Not All Babies Should Be Kept Alive As Long As Possible, in: *Gillon* (Anm. 53), S. 643 ff., 651 f.

[59] So zutr. *Leist* (Anm. 37), S. 66.

Abneigung gegen Gedankenexperimente teilt, aber auch die dort ebenfalls gängige (berechtigte) Zuneigung zur literarischen Sphäre, möge sich das Gemeinte an einem berühmten Beispiel der Weltliteratur verdeutlichen: an Gregor Samsa in Franz Kafkas „Verwandlung", der sich eines Morgens „zu einem ungeheueren Ungeziefer verwandelt"[60] sah, aber sein früheres Ich-Bewußtsein und seine alten mentalen Fähigkeiten in seinem neuen Insektenkörper vollständig behalten hatte und sich nun zahlreiche Gedanken über sein Leben machte. Wer der Meinung ist, der verwandelte Gregor Samsa dürfte keinesfalls getötet werden (und welcher anderen Meinung könnte man ernsthaft sein?), hat *alle* Spezies-Argumente verworfen![61] Im übrigen stellen die vorstehenden Überlegungen einfach klar, was im Grunde ohnehin auf der Hand liegt: daß nämlich unser Gefühl der Solidarität, das von dem erweiterten Spezies-Argument eingefordert wird, schwerlich an die biologischen Gattungsmerkmale eines Individuums adressierbar wäre, sondern immer diesem *als einem empfindenden und erlebenden Wesen* gilt – und daher einem sprechenden, intelligenten Schimpansen oder einem verwandelten Gregor Samsa in genau gleichem Maße zu gelten hätte, wie einem menschlichen Artgenossen.

2. Entwicklungskontinuum

Was damit gemeint ist, läßt sich am besten anhand einer Passage aus dem ersten Fristenlösungsurteil des BVerfG demonstrieren, in der das entsprechende Argument als tragende Säule der Begründung herangezogen worden ist:

„Der damit [d.i.: mit der sog. Nidation des Embryos] begonnene Entwicklungsprozeß ist ein kontinuierlicher Vorgang, der keine scharfen Einschnitte aufweist und eine genaue Abgrenzung der verschiedenen Entwicklungsstufen des menschlichen Lebens nicht zuläßt. Er ist auch nicht mit der Geburt beendet; die für die menschliche Persönlichkeit spezifischen Bewußtseinsphänomene z.B. treten erst längere Zeit nach der Geburt auf. *Deshalb* kann der Schutz des Art.2 Abs.2 S.1 GG weder auf den 'fertigen' Menschen nach der Geburt noch auf den selbständig lebensfähigen nasciturus beschränkt

[60] So die eindrucksvolle Formulierung im ersten Satz der Erzählung.

[61] Und wer etwa sagen wollte, auch der im Insektenleib steckende Gregor Samsa sei eben in moralisch relevanter Hinsicht noch *genau dasselbe Individuum* wie vorher, hätte vielleicht recht, aber das Spezies-Argument noch nachdrücklicher verworfen: Dann wäre offenbar ein Wesen, das *biologisch* ein Tier wäre, nicht nur *wie* ein, sondern geradezu *als* Mensch zu behandeln.

werden. Das Recht auf Leben wird jedem gewährleistet, der 'lebt'; zwischen den einzelnen Abschnitten des sich entwickelnden Lebens vor der Geburt oder zwischen ungeborenem und geborenem Leben *kann* hier kein Unterschied gemacht werden."[62]

Die tatsächliche Behauptung des bezeichneten Kontinuums ist unbestreitbar. Der darauf gestützte Schluß ist gleichwohl falsch. Erstaunlich ist dies deshalb, weil es sich um einen in jedem Sinne klassischen, nämlich seit der Antike bekannten Fehlschluß handelt.[63] Zur Verdeutlichung erwäge man folgendes Beispiel:

Ein Mann von 1,50 m Körpergröße ist ein kleiner Mann; 1 mm mehr an Körpergröße bedeutet keinesfalls den entscheidenden Übergang von „klein" zu „groß"; also ist ein Mann von 1,50 m + 1 mm Körpergröße ebenfalls ein kleiner Mann. Nun beginne man erneut: Ein Mann von 1,50 m + 1 mm Körpergröße ist somit ein kleiner Mann; 1 mm mehr an Körpergröße macht keinesfalls den entscheidenden Unterschied zwischen „klein" und „groß", also ... usw. Auf diesem Weg erreicht man das absurde Resultat, daß ein Mann von 1,50 m Körpergröße + *jede beliebige Zahl* von Millimetern ein kleiner Mann ist. Wenn man den Vorgang also 1000 Mal wiederholt, kommt man zu dem Ergebnis, daß ein Mann von 2,50 m Länge ein kleiner Mann ist.[64] Man kann das Spiel selbstverständlich auch umgekehrt spielen, bei einem „großen Mann" von 2,50 Länge beginnen, millimeterweise rückwärts zählen und dann dem Mann von 1,50 Körpergröße das Attest „großer Mann" ausstellen. (Die klassische Bezeichnung „Sorites-" [„Haufen"-] Paradox kommt von der ursprünglichen Exemplifizierung des Fehlschlusses durch seine Erfinder, die griechischen Sophisten: Ein Sandkorn ist kein Sandhaufen, eines mehr macht nicht – und *nie* – den entscheidenden Übergang zum Haufen aus; also kann es keine Sandhaufen geben.[65])

Keiner der Übergänge (und man könnte selbstverständlich auch Zehntel- oder Hundertstel-Millimeter-Schritte wählen und müßte dann eben nur etwas länger ad absurdum conclusionis zählen) stellt einen „scharfen Einschnitt" (BVerfG, a.a.O.) zwischen klein und groß dar. Dennoch unterscheiden wir

---

62 BVerfGE 39, 1 ff., 37 (Hervorhebungen von mir).

63 Das sog. Sorites- (d.i. „Haufen"-)Paradox; zu diesem Namen sogleich im Text.

64 Beispiel im Anschluß an *Black*, Reasoning with Loose Concepts, in: *ders.*, Margins of Precision, 1970, S. 1 ff.

65 Als Erfinder des Paradoxons gilt *Eubulides*; vgl. dazu und zu den diversen Spuren in der Antike, etwa bei Cicero, *Walton*, Slippery Slope Arguments, 1992, S. 37 ff.

vollkommen korrekt zwischen einem 1,50 m *kleinen* und einem 2,50 m *großen* Mann, so wie wir zwischen einem Sandkorn und einem Sandhaufen oder zwischen stockdunkler Nacht und sonnenhellem Tag unterscheiden, auch wenn im Zwielicht der Morgendämmerung kein bestimmter Moment den „scharfen Einschnitt“ markieren könnte, vor dem es dunkel und nach dem es hell gewesen ist.

Der Fehlschluß des BVerfG, der eines der tragenden Elemente (wenn nicht *das* tragende) der Entscheidung darstellt, ist offensichtlich, wenn auch seine logische Analyse nicht ganz einfach ist.[66] Das Gericht verkennt, daß die grundsätzliche Unmöglichkeit, in einem Kontinuum mit beliebig feinen (begrifflichen!) Unterteilungen einen sozusagen ausdehnungslosen Punkt als *den* maßgeblichen „scharfen Einschnitt“ auszuzeichnen, nichts an der Zulässigkeit eindeutiger und vernünftiger Unterscheidungen ändert. Wo man sich Schnitte zu legen entschließt, ist immer auch eine Frage der *Entscheidung* und erfordert daher regelmäßig das, was bei Kant „Urteilskraft“ heißt. Das kann nie einfach eine Frage wissenschaftlicher Entdeckung sein. Denn solche Schnitte sind sprachliche, also vom Konsens über die Begriffsverwendung abhängig; das Kontinuum, auf das sie projiziert werden ist ein realer Naturvorgang und weist *solche* Schnitte selbstverständlich niemals auf. Daß sprachliche Unterscheidungen auch *Entscheidungen* sein müssen, macht sie weder unmöglich noch willkürlich. Auch das BVerfG würde einen Unterschied zwischen einem Embryo und dem daraus später gewordenen Erwachsenen als in vielerlei Hinsicht vernünftig anerkennen, obwohl sich die gesamte Zeit zwischen beiden Existenzphasen unschwer in Zehntelsekunden zerlegen ließe, von denen keine einzige als der entscheidende „Einschnitt“ zwischen dem Embryonal- und dem Erwachsenenstadium auszuzeichnen wäre. Schließlich: auch der Übergang vom zweifelsfreien Leben eines Menschen zur zweifelsfreien Verwesung aller seiner Körperzellen ist als Naturprozeß ein

---

[66] Vgl. die von *Black*, a.a.O., vorgeschlagene Deutung. In aller Kürze: Die Verwendung sprachlicher Termini impliziert die traditionellen logischen Regeln (v.a. Widerspruchsfreiheit und Satz vom ausgeschlossenen Dritten). Bei der sprachlichen Beschreibung bestimmter Vorgänge als Kontinua (solche Vorgänge können stets auch anders beschrieben werden) erhalten die Wörter unscharfe Bedeutungen; sie ziehen gleichwohl qua Logik begrifflich scharfe *ad-hoc-Demarkationslinien,* die aber dann innerhalb einer semantischen Region mit (beliebig fein differenzierbaren) Fällen liegen, welche nicht eindeutig klar sind. Man müsse, so Black, einfach wissen und beachten, daß es in der Gesamtregion der Bedeutung solcher Begriffe („loose concepts“) sowohl *eindeutige* Fälle als auch „*borderline cases*“ gebe, und keine *zwingenden* Regeln dafür, wo jene ad-hoc-Demarkationen einzuziehen sind. Beachte man all dies, dann seien aber vollkommen vernünftige und gut begründbare Unterscheidungen zu treffen. – Daran ist, wie die obigen Beispiele zeigen, nicht zu zweifeln. Der Satz des BVerfG behauptet freilich das genaue Gegenteil.

Kontinuum ohne irgendwelche ontologisch vorgegebenen Einschnitte. Gleichwohl ziehen wir seit eh und je einen solchen Einschnitt und nennen ihn „Tod".

Mit dieser Kritik ist nicht gesagt, daß die Entscheidung des BVerfG, auch der Embryo müsse vom Zeitpunkt der Nidation ein Grundrecht auf Leben zugeschrieben erhalten, nicht vielleicht anders begründbar wäre. Aber das dafür herangezogene Kontinuums-Argument begründet sie fehlerhaft und somit gar nicht.[67] Da es ganz prinzipiell unrichtig ist, kann es auch in keiner anderen Weise zu unserer gegenwärtigen Frage etwas Sinnvolles beitragen. Der Umstand, daß das alles individuelle Leben ein Kontinuum ist, ist für die Frage, ob und wann einem menschlichen Individuum Lebensinteressen (und Lebensrechte) zugeschrieben werden sollten, vollständig belanglos.

Damit sind die beiden grundsätzlichen Einwände gegen eine interessensfundierte Lösung unseres Problems, das Spezies- und das Kontinuums-Argument gescheitert und ich wende mich den beiden anderen zu, die es voraussetzen und modifizieren.

3. Potentialität

Das Argument lautet in einfacher Form etwa so: Menschliche Babys mögen sich im Status quo ihrer schutzqualifizierenden Eigenschaften nicht in relevanter Weise von Tieren unterscheiden und sich damit nicht plausibel als *gegenwärtige* Träger von Lebensinteressen bezeichnen lassen; sie unterscheiden sich aber von Tieren radikal in ihrem Status ad quem; denn sie sind potentielle Personen mit einem künftig erwartbaren vollen Lebensinteresse, und dahin gelangen sie spätestens wenige Wochen (allenfalls Monate) nach der Geburt.

Zwei grundsätzlichen Schwierigkeiten liegen auf der Hand: ein Abgrenzungs- und ein Wertungsproblem. Das erstere entsteht v.a. aus der vagen Vieldeutigkeit des Begriffs „Potentialität". „Potentiell" kann alles mögliche nahezu alles andere sein. Wenn der Status des Neugeborenen als potentiellen Inhabers eines Lebensinteresses seinen Schutzanspruch hinsichtlich dieses Lebensinteresses begründet: warum nicht die Potentialität von Ei- und Samenzelle (was wohl niemand ernsthaft behauptet)? Das zweite Problem, das

[67] Man beachte die Hervorhebungen im obigen Zitat des BVerfG: „Deshalb" und „kann kein Unterschied..." etc. Das ist jedenfalls unrichtig, auch wenn es in der Lit. vielfach nachdrückliche Zustimmung gefunden hat; vgl. z.B. *Belling*, MedR 1995, 185; *Geiger*, Fschr. Tröndle, 1988, S. 652.

der Bewertung, besteht in der Frage, warum eigentlich potentielle Interessen bzw. ein Status als potentieller Interessensträger den gleichen Schutz (und damit die gleiche Verpflichtung auf seiten anderer) genießen sollen wie aktuelle bzw. der entsprechende aktuelle Status. Auf beide Fragen sind zahlreiche Antworten gegeben worden, die freilich in ihrer Mehrzahl nicht überzeugen. Auch in der juristischen Diskussion zum Recht auf Leben spielt das Potentialitätsargument eine erhebliche, wenngleich noch niemals genauer geklärte Rolle. So heißt es im „ersten Fristenlösungsurteil" des BVerfG: „Die von Anfang an im menschlichen Sein angelegten *potentiellen* Fähigkeiten genügen, um die Menschenwürde zu begründen."[68] Ein Argument führt das Gericht nicht an; auch im zustimmenden Teil des juristischen Schrifttums findet sich nicht eine Spur davon. Offenbar hält man die Richtigkeit der These für evident. Das ist sie aber keineswegs.

a) Kann das genannte Abgrenzungsproblem nicht befriedigend gelöst werden, dann scheitert das Potentialitätsargument an einer reductio ad absurdum: Einer Ei- oder einer Samenzelle ist ein eigenes Lebensinteresse (und a fortiori Lebensrecht) nicht sinnvoll zuzuschreiben. Das gesuchte Kriterium einer Abgrenzung der Potentialität von Embryo/Fetus/Neugeborenem einerseits und Ei- bzw. Samenzelle andererseits muß offensichtlich eines sein, das begriffliche Differenzierungen innerhalb der Bedeutungssphäre von „Potentialität" erlaubt, die *moralisch* relevant sind. Da das dabei in den Blick genommene „Potential" das eines menschlichen Wesens mit zweifelsfreiem und hinreichend gewichtigem Lebensinteresse ist, werde ich im folgenden der Einfachheit halber vom Prototyp eines solchen Wesens und daher vom Potential zu einem Dasein als normal intelligente, erwachsene Person sprechen. In dem bisher verwendeten allgemeinen Sinn haben sowohl Embryo, Fetus und Neugeborenes als auch Ei- und Samenzelle zweifellos ein solches Potential.

Zur Unterscheidung beider Potentiale erscheint es naheliegend, auf die *genetische Individualität* der potentiellen erwachsenen Person hinzuweisen. Sie entsteht erst mit der Verschmelzung von Ei- und Samenzelle, bleibt aber ab dann bis zum Lebensende *dieselbe*. Diese zunächst nur tatsächliche Feststellung enthält zwei Elemente. Deren erstes – genetische Individualität als *Einzigartigkeit* – hat mit Potentialität nichts zu tun; denn die genetische In-

[68] BVerfGE 39, 41 (mit dem Beginn des Menschenwürde-Schutzes ist natürlich a fortiori der des Lebens verbunden); dem BVerfG folgt die h.M.; vgl. z.B. *Lorenz*, in: *Isensee/Kirchhof* (Hg.), Handbuch des Staatsrechts VI, § 128 Rnr. 10, m.w.N.; *Schünemann*, ZRP 1991, 385; *Tröndle*, Kommentar StGB, 48. Aufl. 1997, Rnr. 18 c vor § 218, m. zahlr. w.N.

dividualität besteht unabhängig von jeder weiteren Entwicklung (Potentialität) bereits bei der Zygote. Sie hat im übrigen keine erkennbare moralische Relevanz für unser Problem: Genetisch einzigartig sind auch die meisten Tiere; und umgekehrt darf man auch genetisch *nicht* einzigartige Menschen – eineiige Zwillinge – selbstverständlich nicht töten. Das zweite Element, die *Identitäts*behauptung, ist anders zu beurteilen. Zwar steht auch die genetische Identität bereits bei der Zygote unveränderlich fest. Doch ist für ihre Unterscheidung von der „Potentialität" der Ei- bzw. der Samenzelle eine andere Erwägung maßgebend. Um es in einem Bild auszudrücken: Die genetische Identität schlägt sozusagen die Zeitbrücke zur erwachsenen Person und garantiert die (identische) Kontinuität dieser Verbindung. Sie erst ermöglicht damit die perspektivische *Einbeziehung* der erwachsenen Person (und ihrer Eigenschaften!) schon in den Blick auf die Zygote (aber nicht in den Blick auf Ei- und Samenzelle). Diese Brücke selbst sei es, was mit „Potentialität" gemeint sei; mit ihrer Hilfe könne man daher Zygote + Potentialität als in normativ entscheidender Hinsicht *gleich* mit der erwachsenen Person ansehen.[69]

Das Argument kombiniert ersichtlich die Kriterien „genetische Identität" und „Potentialität": Erst bei einem genetisch identifizierten Individuum könne die Potentialität bedeutsam werden; denn erst dann wisse man (in zumindest *einer* wichtigen Hinsicht), *wer* es eigentlich sei, dessen potentieller Status als Erwachsener in Frage stehe, nämlich das menschliche Individuum X mit der bestimmten genetischen Ausstattung x; bei Ei- und Samenzelle ist das gerade nicht der Fall. Erst auf dieser Grundlage könne das spezifische Potential (der Zygote) für die Zuschreibung von Lebensinteressen moralisch relevant werden; es genüge aber dann bereits dafür, da die dann geschlagene „Zeitbrücke" zum Erwachsenen genetisch kontinuierlich stabil bleibe.

Damit sind gewiß biologische Fakten und Unterschiede zu Ei- und Samenzelle konstatiert. Warum sollten diese *moralisch* relevant sein?[70] Allein die Fusion der für ein Individuum notwendigen Komponenten (Ovum und Spermi-

[69] Daher irrt *Leist* (Anm. 37), S. 89, wenn er dieses Argument als *reines* Identitätsargument auffaßt und meint, hier spiele Potentialität überhaupt „keine Rolle". Die Identität der genetischen Ausstattung erhält erst durch die von ihr garantierte *Verbindung* zwischen der Zygote und der erwachsenen Person (genauer: deren schutzqualifizierenden *Eigenschaften*) ihren argumentativen Witz; diese Verbindung ist es aber gerade, was mit (relevanter!) „Potentialität" bezeichnet wird. Daher erhält umgekehrt auch die Potentialitätsbehauptung ihren argumentativen Witz erst dadurch, daß sie auf diese Basis „genetische Identität" gestellt wird; s. dazu genauer im folgenden Text.

[70] N.b.: zunächst nur für die *Abgrenzungs*frage; ob danach auch die *Gleichbehandlung* von Potentialität und Aktualität moralisch begründbar ist, ist eine *weitere* Frage!

um) begründet gegenüber dem Zustand des vorherigen Getrenntseins jedenfalls noch keine „höhere" Form der Potentialität. Beispielhaft: Das Potential für den Einsatz einer Atombombe besitzt ein Staat schon dann, wenn er die *getrennten* Materialien und das Know-how für den Bau der Bombe hat; das Zusammensetzen dieser Materialien erhöht das Potential in keinem Sinn, der plausibel machen könnte, von einer *neuen* (und jetzt erst relevanten) Form von Potential zu sprechen.[71] Naheliegend und geläufig ist nun im Hinblick auf die menschliche Entwicklung die folgende Erwiderung: Ab dem Zeitpunkt der Vereinigung von Ei- und Samenzelle bestehe eine *wesentlich höhere Wahrscheinlichkeit*, daß eine erwachsene Person entstehe; dieser Umstand, der ein massiv (und ausschließlich) *potentialitäts*verstärkender Faktor sei, rechtfertige die Zuschreibung von Lebensinteresse und Lebensrecht, nämlich als Interesse *dieses* Wesens X (Individualität/Identität) an seiner schon hoch determinierten *Entwicklung* (Potentialität). Der Philosoph Jim Stone hat die damit markierte Differenz zur Ei- und zur Samenzelle mit der Unterscheidung *starke* und *schwache* Potentialität bezeichnet und zum entscheidenden Abgrenzungsmerkmal erklärt.[72]

Doch zeigt eine genauere Überlegung, daß die höhere Wahrscheinlichkeit als solche moralisch bedeutungslos ist. Michael Lockwood bildet folgenden Fall:

„Nehmen wir an, wir haben Sperma und ein Ovum in einer Petrischale. Wir beobachten die Vorgänge unter einem Mikroskop und stellen fest, daß sich ein Spermium soeben eindeutig anschickt, das Ei zu befruchten. Blitzschnell schieben wir eine gläseren Trennwand zwischen beide und unterbinden damit die bevorstehende Befruchtung. Gibt es irgendetwas, was dieses Unterbinden moralisch verwerflich macht? Gewiß nicht; nicht mehr jedenfalls als jede gewöhnliche Empfängnisverhütung."[73]

Das Potential für eine erwachsene Person bestand hier jedenfalls. (*Dafür* ist, wie das obige Atombomben-Beispiel illustriert, die Getrenntheit der einzelnen

---

[71] Beispiel nach *Lockwood*, The Warnock-Report, in: *ders.*, Moral Dilemmas in Modern Medicine, 1985, S. 164 (dt. in *Leist* [Hg.], Um Leben und Tod, 1990, S. 247 f.)

[72] *Stone*, Why Potentiality Matters, in: Canadian J. of Philos. 17 (1987), 815 ff., 818, der freilich noch das – ungeeignete – Zusatzmerkmal der „Normalität" der weiteren Entwicklung postuliert; s. dazu die Kontroverse zwischen *Fisher*, Why Potentiality Does Not Matter, in: Canadian J. of Philos. 24 (1994), 261 ff., und *Stone*, Why Potentiality Still Matters, in: Canadian J. of Philos. 24 (1994), 281 ff.; zur Wurzel dieser Stone'schen Unterscheidung in der Metaphysik des Aristoteles s. *Leist* (Anm. 37), S. 88.

[73] *Lockwood*, When Does a Life Begin?, in: *ders.*, Moral Dilemmas in Modern Medicine, 1985, S. 19 f. (meine Übersetzung).

Elemente ohne Belang.) Sogar die exakte genetische Determiniertheit des potentiellen Individuums stand naturgesetzlich fest (wenn auch dieses selbst noch nicht existierte – was jedoch wieder *allein* die Frage der Identität betrifft). Die *Wahrscheinlichkeit* der Entwicklung dieses Potentials war aber (wenn überhaupt) nur um ein verschwindendes Minimum geringer, als sie nach der Befruchtung gewesen wäre. Wie gerade an diese Minimaldifferenz moralische Konsequenzen zu knüpfen wären, ist nicht ersichtlich. Damit zeigt sich, daß es jedenfalls nicht Wahrscheinlichkeitsdifferenzen sind, was der Potentialität jene gesuchte moralische Relevanz verschaffen könnte, die Anlaß für die Zuschreibung von Lebensinteressen und -rechten gäbe.

Was könnte diese Funktion erfüllen? Das Argument kombiniert, wie wir gesehen haben, Potentialität mit „genetischer Identität" als der Basis für jene. Auf dieser Basis muß es aber etwas anderes als die erhöhte Wahrscheinlichkeit des möglichen Erwachsenenstatus sein, was die Relevanz des Potentials begründet.

b) Unterstellen wir einstweilen, die jedenfalls *faktisch* eindeutige Unterscheidung von Ei-/Samenzelle und Zygote im obigen Argument kennzeichne auch einen normativ plausiblen Unterschied der Potentiale: wie wäre dann die normative Anschlußfrage, das oben so genannte „Wertungsproblem", zu beantworten: Sollen oder müssen wir sub specie Lebensinteressen und Lebensrecht Zygote + Potential *genauso* behandeln wie den erwachsenen Menschen?

aa) Gegen eine solche Gleichbehandlung sind zahlreiche Einwände erhoben worden. Die meisten operieren mit Analogien. Regelmäßig zu lesen ist der Hinweis darauf, daß in anderen Kontexten des sozialen Lebens eine normative Gleichbehandlung von aktuellen und potentiellen Eigenschaften bzw. Statuspositionen regelmäßig nicht vorgesehen ist.[74] Der Thronfolger als potentieller König hat nicht die Rechte des Königs; der 15-jährige potentielle Wahlbürger darf noch nicht wählen; der später gewählte Kandidat für die amerikanische Präsidentenwahl hatte als Kandidat nicht die Rechte des Oberbefehlshabers der U.S.-Army, etc. (ad infinitum). Der Einwand ist schief. Denn zwischen den hier genannten Rechten und dem Recht auf Leben – und damit auch zwischen den jeweils zugrundeliegenden Interessen – scheint doch

[74] S. die Beispiele bei *Leist* (Anm. 37), S. 92; vgl. aus der uferlosen Literatur noch *Warren*, Do Potential People Have Moral Rights, in: Canadian J. of Philos. 7 (1977), 275 ff.; *Feinberg*, A Question of Potentiality, in: *Narveson* (Hg.), Moral Issues, 1983, S. 234 ff.; *Singer/Dawson*, IVF technology and the argument from potential, in: *Singer/Kuhse et al.*(Hg.), Embryo Experimentation, 1990, S. 76 ff.

jedenfalls der folgende maßgebliche Unterschied zu bestehen: Daß der Thronfolger noch nicht regieren, der 15-Jährige noch nicht wählen und der Präsidentschaftskandidat noch nicht die Armee befehligen darf, entzieht ihnen allen nicht ihren *Status potentialis*: Sie alle können all das noch aktuell werden, was sie erst potentiell sind. Dem Fetus oder dem Neugeborenen, die als Nichtinhaber von Lebensinteressen getötet werden, wird nicht *nur* das künftig mögliche Recht *noch nicht* gegeben; es wird ihnen auch der Status potentialis (den sie nach unserer obigen Voraussetzung, anders als Ei- und Samenzelle, bereits haben) entzogen. Sie können das, was sie potentiell sind, nie mehr werden.

Im übrigen ist es auch sonst keineswegs so, daß wir Handlungen, die gegen künftige (potentielle) Interessen gerichtet sind, immer dann für moralisch bedenkenfrei halten, wenn sie zugleich die Entstehung dieser Interessen sicher verhindern. Man erwäge folgenden Fall: An einem Neugeborenen wird in maliziöser Absicht ein gehirnchirurgischer Eingriff vorgenommen, der eine lebenslange schwere geistige Behinderung bewirkt. Das Kind, später der Erwachsene, lebt ein langes, erkennbar zufriedenes, gegenüber der eigenen Behinderung so ahnungsloses wie indifferentes Leben und stirbt friedlich in hohem Alter. Die Aktualisierung des unmittelbar nach der Geburt nur potentiellen Interesses an einem geistig gesunden Leben ist durch den Eingriff sicher verhindert, keinerlei „Wunsch" des Neugeborenen wie auch des späteren Erwachsenen ist dadurch jemals irgendwie beeinträchtigt worden, das Lebensglück des behinderten Menschen gänzlich unberührt geblieben. Dennoch dürfte es kaum jemanden geben, der die Ansicht *nicht* teilt, daß der Täter nicht bloß (irgendwie) objektiv unmoralisch gehandelt, sondern daß er zugleich subjektive *Interessen* seines Opfers schwer und in höchstem Grade verwerflich geschädigt hat.[75] Warum sollte dies bei Lebensinteressen anders sein?

Schließlich: Wer wie Hoerster, Tooley, Singer, Harris und andere bei der Frage, ob Neugeborene Lebensinteressen haben können, jede Berücksichtigung der Potentialität solcher Interessen ablehnt, gerät in ein eigentümliches, aber (soweit ich sehe) noch unerörtertes Dilemma. Alle diese Autoren, die ein eigenes *primäres* Recht Neugeborener auf Leben ablehnen, postulieren diesen gegenüber *sekundäre* Tötungsverbote zugunsten der Interessen anderer. Hoerster etwa hält aus Gründen bestimmter Dammbruch-Risiken eine „Praxisnorm" für begründet, die ein generelles Tötungsverbot gegenüber allen

---

[75] Beispiel und Argument verdanke ich weitgehend *Leist*, ARSP 78 (1992), 98.

Neugeborenen unabhängig von den Wünschen ihrer Eltern garantiert.[76] Nun erwäge man die Situation eines Kindes, das mit gravierenden Geburtsschäden geboren wird. Die Ärzte prognostizieren die weitgehende Behebbarkeit dieser Schäden, wofür aber zahlreiche schmerzhafte und schwer belastende Eingriffe, v.a. chirurgischer und intensivmedizinischer Art erforderlich sind. Werden diese durchgeführt, steht dem Kind ein relativ gesundes und ansonsten normales Leben bevor. Es kann kein Zweifel bestehen, daß nach Hoersters Kriterien der Sterbehilfe eine Behandlung des Kindes zwingend geboten wäre.[77] Das läßt sich aber auf der Basis seiner Ablehnung jeder Berücksichtigung künftiger Lebensinteressen nicht *legitimieren*. Ein Interesse an seinem späteren Leben, so die Hoerstersche Prämisse, kann dem Kind nicht zugeschrieben werden. Die Leiden zur Ermöglichung dieses späteren Lebens erduldet das Kind aber *jetzt*. Wieso darf man es für etwas quälen, woran *es selbst* kein Interesse hat? Salopp formuliert: für den Vorteil dieses künftigen Lebens bezahlt der Falsche. Selbstverständlich wird das (jetzige) Kind später über sein Leben froh sein. Aber es wird dann – nach Hoersters eigener Voraussetzung – in einem moralisch relevanten Sinne ein *anderer* sein. Das ist keine riskante metaphysische These über Personenidentitäten. Es ergibt sich zwingend aus der Prämisse der Nichtberücksichtigung künftiger Interessen.[78] In Hoersters Terminologie: Warum sollte ein *Wesen ohne Lebensinteressen* für ein *Wesen mit Lebensinteressen* gequält werden dürfen? Moralisch gibt es hierauf nur eine akzeptable Antwort (und ich nehme an, daß Hoerster genau diese geben würde): weil es *dasselbe* Wesen ist, der Ertrag des Leidens also ihm selbst zugute kommt. Dabei ist aber klarerweise eine Potentialitätsberücksichtigung impliziert und zur Grundlage der Behauptung gemacht, womit die obige Hoerstersche Prämisse desavouiert wird. Nämlich so: Wenn das spätere gute Leben für das *jetzige* Neugeborene *selbst* (als dasselbe Wesen) ein Vorteil ist, dann kann dies nur deshalb der Fall sein, weil das Kind potentiell auch dieses spätere Wesen mit dem guten Leben ist und weil daher *dessen* künftige Interessen *seine eigenen potentiellen* von heute

---

[76] *Hoerster* (Anm. 17), S. 23 ff.; *ders.* (Anm. 35), S. 128 ff.; Ausnahme sind für Hoerster, wie oben ausgeführt, Frühgeborene vor der 28. Gestationswoche.

[77] S. v.a. *Hoerster* (Anm. 17), S. 89 f., 106 ff.

[78] *Hoerster* selbst betont etwas Ähnliches in einem anderen Zusammenhang: Ein Neugeborenes, das zu den Zeiten t_0 und t_1 jeweils momentane Empfindungen habe, sei zu diesen verschiedenen Zeiten *subjektiv* nicht mit sich selbst als demselben Wesen identisch; s. *ders*, ARSP 77 (1991), 394 f. Deutlich sieht dieses Problem der Diskontinuität der Person (von *demselben* Standpunkt wie Hoerster aus!) *Kuhse*, Quality of Life as a Decision-Making Criterion, in: *Goldworth et al.* (Hg.), Ethics and Perinatology, 1995, S. 107, 114 f.

sind. Wollte Hoerster diese Implikation ablehnen, um seine Prämisse zu retten, käme er tatsächlich zu dem moralisch indiskutablen Ergebnis, Wesen A_1 (ohne Lebensinteressen) für Wesen A_2 (mit Lebensinteressen) leiden zu lassen. Dieser Einwand trifft alle Theorien, die eine Berücksichtigung erst später entstehender Lebenswünsche oder -interessen bei Neugeborenen ablehnen und gleichwohl – aus welchen sekundären Gründen immer – auch nur *irgendeine* leidvolle Prozedur zur Lebenserhaltung *irgendeines* Neugeborenen befürworten.[79]

bb) Dies alles zeigt, daß Auffassungen nicht plausibel sein können, die *jede* Berücksichtigung künftiger (potentieller) Lebenswünsche oder -interessen bei einem menschlichen Individuum, das noch kein aktuelles Lebensinteresse hat, ausschließen. Doch ist damit erst ein Argument ex negativo für eine solche Berücksichtigung formuliert: Deren gänzlicher Ausschluß führt zu inakzeptablen Konsequenzen. Unklar ist noch, mit welcher positiven Begründung und daher auch: in welchem Umfang sie berücksichtigt werden sollen. Eine sozusagen ontologische Gleichheit von potentiellen und aktuellen Interessen läßt sich jedenfalls nicht sinnvoll behaupten; auch ist sub specie Interessensverletzung einfach nicht zu bestreiten, daß die Tötung eines Fetus, aber auch (und aus genau dem gleichen Grund) die eines Neugeborenen de facto nicht das gleiche Maß an subjektiv erfahrener Schädigung des Opfers produziert wie die Tötung einer erwachsenen Person.[80]

Was die bisherigen Überlegungen als vorläufige Antwort nahelegen, ist dies: Wenn bereits dem potentiellen Träger eines (später) zweifelsfreien Lebensrechtes dessen aktuelle Schutzwirkung zugeschrieben werden kann, dann muß er mit dem (antizipierten) Inhaber des späteren Rechts in irgendeiner normativ relevanten Weise identisch sein,

4. Personale Identität

In seiner allgemeinsten und freilich, wie sich zeigen wird, unhaltbaren Form spielt das Identitätsargument auch in der Strafrechtsdogmatik, nämlich zur Abtreibung, eine erhebliche Rolle, die aber noch nirgendwo genauer analysiert worden ist. Stattdessen finden sich apodiktische Behauptungen oder Verweise

---

[79] Für Singer und andere sind solche sekundären Gründe vor allem die Wünsche der Eltern. Warum sollte aber für einen elterlichen Wunsch ein Neugeborenes, das (laut Prämisse) von der Erfüllung dieses Wunsches nicht das Geringste hat, gequält werden dürfen?

[80] Dazu *Brock*, Quality of Life Measures in Health Care, in: *Nussbaum/Sen*, The Quality of Life, 1993, S. 95 ff., 116; *Reiman*, Justice and Modern Moral Philosophy, 1990, S. 169.

auf „die naturwissenschaftliche Erkenntnis", die den eigenen Standpunkt bestätige, nämlich diesen: „Der menschliche Embryo ist *dasselbe Lebewesen* wie der Erwachsene, zu dem sich der Embryo entwickeln kann ..."[81] Das mag in irgendeinem Sinne so sein. Wir werden aber sehen, daß hier ganz andere Fragen entscheidend sind, als *diese* Erkenntnis, und daß selbst deren Richtigkeit die spezifische Beweislast, die ihr aufgebürdet wird, nicht zu tragen vermöchte.

a) Die Funktion von Identitätsargumenten in unserem Zusammenhang ist es, die Übertragung eines normativen Status zu begründen. Etwas genauer: sie sollen auf der Zeitstrecke, die das Leben eines und desselben menschlichen Individuums ausmacht, den Status eines zweifelsfreien Lebensrechts (also etwa den eines älteren Kindes, Jugendlichen oder Erwachsenen) gleichsam auf all jene Phasen zurückverschieben, die man zu *diesem* Leben rechnen würde, wenn es bereits gelebt worden wäre. Damit sind mehr Fragen aufgeworfen, als beantwortet. Erkennbar ist zunächst die schon mehrfach betonte Verknüpfung mit einem Potentialitätsargument: Daß ein solcher normativer Status auf den Anfang (bzw. irgendeinen früheren Zeitpunkt) dieses Lebens „zurückverschoben" werden kann, setzt offenbar voraus, daß man dem konkreten „anfänglichen" Individuum ein Potential für jene spätere Phase des zweifelsfreien Status zuschreiben kann. Oben ist gezeigt worden, daß der gänzliche Ausschluß einer solchen Möglichkeit unhaltbare Konsequenzen hätte. Die entscheidende Frage ist nun, *bis zu welchem Anfangspunkt* des Individuums jenes „Zurückverschieben" des Status auf der biographischen Zeitachse erstreckt werden soll und welche Gründe es dafür gibt.

Das hängt zunächst von der genaueren Bedeutung des Ausdrucks „menschliches Individuum" ab. Bezeichnet man damit einen genetisch individualisierten menschlichen Organismus, dann muß die Statuserstreckung (jedenfalls nach verbreiteter Auffassung) bereits die Zygote erfassen.[82] Damit wäre jede Abtreibung grundsätzlich ebenso unzulässig wie die sog. „Pille danach" oder das Vernichten von in vitro fertilisierten Eizellen – und a fortiori natürlich die Tötung extrem unreifer Frühgeborener. Bezieht man eine extreme Gegenposition und meint mit „menschliches Individuum" das, was verbreitet „Person" genannt wird, also ein Wesen mit klarem Ich-Bewußtsein und

---

[81] *Tröndle*, Rnr. 18 c vor § 218, m.w.N. (Hervorhebung von mir); ebenso *Belling*, MedR 1995, 185.

[82] Statt vieler *Tröndle*, Rnr. 18 c vor § 218 (m.w.N.); *Belling*, MedR 1995, 184 ff.; *Geiger*, Fschr. Tröndle, 1989, S. 652 f. Zum Fehler dieser Auffassung unten, sub b).

deutlichen zukunftsbezogenen (Lebens-) Wünschen, dann würden aus der relevanten Lebenszeitklammer nicht nur Zygote und Embryo/Fetus, sondern auch Neugeborene herausfallen: Sie alle wären mit der späteren „Person" nicht identisch.

Antwort auf diese Bedeutungsfrage kann, entgegen Tröndle, nicht „die naturwissenschaftliche Erkenntnis", sondern muß eine normativ begründete Entscheidung geben. Denn es gibt nicht *die*, sondern es gibt zahllose mögliche Identitätsbeziehungen zwischen einem menschlichen Individuum *jetzt* und diesem Individuum *früher,* und welche man konkret behaupten kann, hängt davon ab, welche Beschreibung man für das jetzige Individuum wählt, bzw. welche seiner – zahllosen – Merkmale man zu seiner Identifizierung heranzieht. Beispielhaft: insofern, als ich jetzt *wahlberechtigter Bürger* bin, bin ich mit mir als Neugeborenes (als Fetus, als Zygote) offensichtlich *nicht* identisch, und ebensowenig insofern, als ich ein strafrechtlich und philosophisch interessierter Mensch und noch dies und jenes andere bin. Dagegen bin ich als *genetisch bestimmter biologischer Organismus* (der ich jetzt ebenfalls bin) mit der Zygote, aus der sich das Individuum R.M. entwickelt hat, sehr wohl identisch. Die Frage, ob ein menschliches Wesen A zur Zeit t_0 mit einem Wesen A' zur Zeit t_1 identisch ist, hängt also von der Wahl der Merkmale ab, unter denen man A an t_0 beschreibt, und davon, ob A' an t_1 genau diese Merkmale ebenfalls aufweist.[83]

b) Auf unser Thema übertragen (und am Beispiel meiner eigenen Person exemplifiziert) heißt das: Von einer Identitätsbehauptung ist zu fordern, daß sie gerade den Status „Inhaber eines Lebensinteresses", den *ich jetzt* innehabe, auf *meinen früheren Organismus* als Zygote/Fetus/Neugeborenes zu übertragen erlaubt – womit dann die Zuschreibung eines solchen Status zu *allen* Zygoten/Feten/Neugeborenen zu begründen wäre.[84] Nach dem bisherigen Ausführungen ist aber bereits klar, daß nicht jede Art der Identität zwischen „mir jetzt" und meinen früheren Zuständen diesem Anspruch genügt. Zwar bin ich zweifellos derselbe genetisch individualisierte Organismus, da ich über eine raum-zeitlich geschlossene organische Kausalkette aus diesem früheren Organismus hervorgegangen bin. Falsch ist aber, daß mein jetziger Status als Inhaber eines Lebensinteresses mir *als biologischem Organismus*

[83] Zum ganzen grundlegend *Wiggins*, Sameness and Substance, 1980, insbesondere die hier wichtige Differenzierung der Beschreibungsbegriffe „Substanz-" und „Phasensortale", S. 64 ff.

[84] Zutr. *Leist* (Anm. 37), S. 108.

(oder, in Tröndles Formulierung, als „Lebewesen") zukommt.[85] Und selbst wenn man gerade dies behaupten wollte, wäre die Folgerung, also müßten Zygote/Fetus/Neugeborenes genau denselben Status haben, offensichtlich eine petitio principii. Sie verlagert das Problem einfach auf die Begründung ihrer Prämisse: daß nämlich einem Erwachsenen als menschlichem Organismus Lebensinteresse und -recht zugeschrieben werden. Diese Prämisse ist aber nicht (bzw. nur religiös-dogmatisch) zu begründen, wie die obige Untersuchung zum „Speziesismus" gezeigt hat.[86]

Im übrigen sei auf ein weiteres Problem für alle diejenigen hingewiesen, die (wie Tröndle und andere) behaupten, bereits die befruchtete Eizelle sei „als Lebewesen" mit allen späteren Entwicklungsformen des jeweiligen Menschen identisch, was wissenschaftlich erwiesen sei und weswegen – entgegen der Regelung in § 218 Abs. 1 S. 2 StGB – Menschenwürde und Lebensschutz bereits der Zygote zukommen müßten.[87] Man stelle sich das Folgende vor: Der Embryo (bzw. sog. „Präembryo"[88]), aus dem *ich* entstanden bin, hat sich vor Ablauf der ersten zwei Wochen nach der Befruchtung geteilt und eine Zwillingsschwangerschaft mit zwei Embryonen, die hier A und B heißen sollen, eingeleitet. B hat jedoch (wie dies häufig geschieht) nur kurze Zeit überlebt und wurde dann spontan und unbemerkt abgestoßen. Dies sei die *wirkliche* Situation. Nun kehre man diese um: Wäre A abgestoßen worden und hätte B überlebt: würde *ich* dann existieren? Gewiß existierte ein Individuum mit derselben genetischen Identität wie ich. Aber wäre das *ich*? Ganz offensichtlich nicht – sowenig wie ich mein eigener Zwillingsbruder wäre, wenn beide Embryonen überlebt hätten.[89]

Daraus folgt, daß ich (in der als *real* angenommenen 1. Version) auch als bloßer biologischer Organismus mit der befruchteten Eizelle, aus der ich ent-

---

85 Wenn ich davon spreche, daß *ich* ein Interesse an meinem weiteren Leben habe, dann meine ich nicht, daß *mein biologischer Organismus* dieses Interesse hat. Wohl richtet sich das Interesse auf die Weiterexistenz meines Organismus, aber es wäre abwegig, ihn als Inhaber dieses Interesses zu bezeichnen.

86 Die Irrelevanz des biologischen Organismus für Lebensinteresse und -recht folgt auch aus der Akzeptanz des Hirntodbegriffs: der biologische Organismus des Hirntoten lebt weiter. Im übrigen sind als biologische Organismen auch Tierembryonen identisch mit dem späteren ausgewachsenen Tier. Daraus folgt für Lebensinteressen bzw. -rechte nichts.

87 *Tröndle*, Rnr. 18 c vor § 218; *Belling*, MedR 1995, 184 ff.; *Geiger*, Fschr. Tröndle, 1989, S. 652 f. (jeweils m.w.N.).

88 Zu dieser Terminologie und ihren Gründen s. *Jones/Telfer*, Before I Was an Embryo, I Was a Pre-Embryo: Or Was I?, in: Bioethics 9 (1995), 32 ff.

89 S. *Lockwood*, Human Identity and the Primitive Streak, in: Hast.Ctr.Rep 25 (1) (1995), 45.

standen bin, *nicht identisch* wäre. Denn wenn aus ursprünglich einer befruchteten Eizelle zwei entstehen, dann kann aus logischen Gründen keine der beiden späteren mit der ursprünglichen identisch sein, da sie nicht miteinander identisch sind. Aus einer dieser beiden bin aber (nach meinem Beispiel) ich entstanden. Und hieraus wiederum folgt, daß ich sogar als bloßer Organismus vor der Zwillingsteilung *nicht* existiert habe. Gewiß hat bereits mit der Zygote *genetisch* individualisiertes menschliches Leben existiert; aber von ihm aus führt in meinem Zwillingsbeispiel *keine* (auch keine organische) Identitätsbrücke zu dem Embryo *nach* der Zwillingsteilung (von dem späteren „Ich" nicht zu reden). Die Zerstörung der Zygote vernichtet zweifellos menschliches Leben; aber es kann *schlechterdings und prinzipiell* nicht gesagt werden, *wessen* Leben das gewesen wäre.[90] Die Überlegung hat aber auch Relevanz für Schwangerschaften ohne eine solche Zwillingsteilung; denn sie zeigt, daß vor dem Ende der Möglichkeit einer solchen Teilung (14. Tag, bzw. Nidation) das menschliche Individuum noch nicht *bestimmt* ist. Gewiß können aus einer Zygote, wie Tröndle betont, sogar zwei Individuen entstehen. Das ist aber kein Grund, ihr mit Tröndle „erst recht" Menschenwürde und Lebensschutz zuzusprechen; denn keines dieser beiden Individuen wäre mit der Zygote, aus der sie hervorgegangen sind, auch nur als Organismus identisch.[91] Und solange diese Teilungsmöglichkeit besteht, läßt sich daher *generell* nicht behaupten, daß es ein schon *bestimmter* potentieller Mensch (i.S.d. StGB) gewesen ist, dem durch eine Abtreibung die Lebenschance abgeschnitten worden sei. Deshalb gibt es – entgegen Tröndle und vielen anderen – gute prinzipielle (nicht bloß pragmatische) Gründe für die geltende Regelung des § 218 Abs. 1 S. 2, wonach eine pränidative Vernichtung des Embryos nicht als Schwangerschaftsabbruch gilt.

Schließlich: Die Behauptung einer unqualifizierten, normativ umfassenden Identität von Zygote und späterem Erwachsenen („dasselbe Lebewesen wie der Erwachsene"[92]) hätte absurde Konsequenzen. Auch einem Embryo, bei dem es aus genetischen Gründen bereits feststünde, daß er in den ersten Wochen der Schwangerschaft abgestoßen wird, müßte gleichwohl der volle Schutz des Lebensrechts zugebilligt werden. Es ist nicht wahrscheinlich, daß Tröndle diese Konsequenz zu ziehen bereit wäre. Eine weitere abstruse Im-

---

[90] Dies verkennt *Belling*, MedR 1995, 184 f., der übrigens für seine irrige Ansicht die Zweifelsfreiheit gesicherter wissenschaftlicher Beweise reklamiert.

[91] Von der kaum akzeptablen Konsequenz ganz abgesehen, daß die Einnahme einer sog. „Pille danach" gleichermaßen verwerflich wäre wie ein Totschlag.

[92] *Tröndle*, Rnr. 18 c vor § 218; ebenso *Belling*, MedR 1995, 185.

plikation mag ein Beispiel des amerikanischen Medizinrechtlers George Annas verdeutlichen[93]: Angenommen, ein Feuer bräche in einem biotechnischen Labor aus, in dem sich sieben in vitro gezeugte lebende Embryonen befinden und außerdem ein Säugling, der (so füge ich hinzu, um eventuelle Zusatzmotive der Schmerzvermeidung auszuschalten) durch eine Rauchvergiftung bereits tief bewußtlos sei. Ein hinzukommender Helfer kann nur entweder das Kind oder die Embryonen retten. Würde irgendjemand zögern, das Kind zu retten? Gewiß nicht! Und ich nehme an (und hoffe), es würde auch dann niemand zögern, wenn er nicht sieben, sondern siebenhundert Embryonen statt des Kindes retten könnte. Ich vermute, daß Tröndle ebenfalls bereit wäre, dies als das einzig richtige Verhalten anzuerkennen. Dann müßte er freilich seine oben zitierte Auffassung revidieren.[94]

c) Erweisen sich solche Identitätsbehauptungen somit als (mehrfach) verfehlt, so gilt gewissermaßen umgekehrt das Gleiche für eine Begründung, die etwa folgendermaßen argumentierte: „Lebensinteressen werden zugeschrieben, weil und wenn ein menschliches Individuum Ich-Bewußtsein und Zukunftswünsche hat; die gesuchte Identitätsbeziehung, die eine Statusübertragung im obigen Sinne erlaubt, kann also nur eine sein, die zwischen genau diesen Merkmalen (Ich-Bewußtsein etc.) herstellbar ist; da eine Zygote, ein Nasciturus und evtl. auch ein Neugeborenes diese Merkmale nicht aufweisen, sind sie im relevanten Sinne nicht mit dem genuinen Statusinhaber identisch." Das Argument wäre als Rechtsbegründung ersichtlich tautologisch: Es könnte auf die so bestimmte Identitätsbeziehung verzichten, da ein menschlicher Organismus, der jene Merkmale *selbst* aufweist, immer ein originäres eigenes Lebensinteresse (bzw. -recht) hätte und ihm dieses nicht erst qua Identität mit einem späteren Zustand seiner selbst übertragen werden müßte.

d) Auf dem Hintergrund unserer bisherigen Analyse läßt sich nun erkennen, was das Kriterium einer moralisch relevanten Identität zwischen dem (späteren) Inhaber eines zweifelsfreien Lebensrechts und irgendeinem seiner früheren Entwicklungsstadien leisten muß: Es muß auf der Zeitachse einer

---

93 *Annas*, A French Homunculus in a Tennessee Court, in: Hast.Ctr.Rep. 19 (6), 1989, 22.

94 Ein argumentativer Rückzug auf unterschiedlich gewichtige *strafrechtliche* Hilfspflichten wäre hier nicht statthaft; die Frage ist, welche Handlung die *moralisch* richtige wäre. Im übrigen wäre hier nach Tröndles Argumentation eine stärkere rechtliche Hilfspflicht zugunsten des Kindes keineswegs zwingend: Wäre der Retter etwa der biologische Vater der (zur Implantation bestimmten) Embryonen, aber nicht der des Kindes, dann müßten Tröndle, Belling u.a. zu dem absurden Ergebnis einer (Garanten-)*Pflicht* zur Rettung der Embryonen kommen.

individuellen Entwicklung eine Brücke zurück schlagen, die genau jene unter den Eigenschaften des Individuums, aufgrund deren es Lebensinteressen und daher ein Lebensrecht besitzt, mit bestimmten *Vorstufen* dieser Eigenschaften verbindet; dabei können solche Vorstufen nur dann im hier gesuchten Sinne normativ relevant sein, wenn bereits mit ihrem Auftreten auch jener *Interessensträger selbst* (nicht bloß irgendeine körperliche Basis für ihn) als schon „vorhanden" gelten kann. Dafür sind, wie wir gesehen haben, genetisches Programm und zugehöriger biologischer Organismus nicht ausreichend, vollständig entwickelte (interessensbegründende) Eigenschaften dagegen nicht erforderlich.

Ich nenne nun der Abkürzung halber das, was die so konzipierte Identitätsbrücke als gemeinsames (*identisches*) Substrat der beiden von ihr verknüpften Entwicklungsstadien des Individuums hervortreten läßt, das „Ich". Unsere Frage kann dann so formuliert werden: Wann habe *Ich* (nicht mein Organismus) begonnen zu existieren – wenn auch seinerzeit noch ohne aktuelles Lebensinteresse? Dies genau ist der gesuchte Ausgangspunkt, bis zu dem zurück qua Potentialität + Identität mein (heutiges) Lebensinteresse einem Wesen zugeschrieben werden kann, das *ich selbst* gewesen bin (und das nicht bloß mein Organismus gewesen ist).

IV. Entwicklung des Kriteriums „Ich-Identität"

Zwei Fragen sind nun offen: Läßt sich das so (abstrakt) ermittelte Kriterium begrifflich und empirisch hinreichend genau bestimmen? Und zweitens: Liefert es einen plausiblen Grund, in dem von ihm gesteckten Rahmen künftige (potentielle) Interessen wie gegenwärtige zu berücksichtigen? Beide Fragen sind, wie sich zeigen wird, zu bejahen.

1. Was genau macht den Zeitpunkt des „Ich"-Beginns aus? Bereits John Locke hat in seiner berühmten Untersuchung des Identitätsproblems, die philosophiegeschichtlich den Beginn der Debatte markiert, das Organismus- oder Körperkriterium (übrigens auch das theologische der „unsterblichen Seele") verworfen und demgegenüber ein im weitesten Sinne psychologisches, ein *Bewußtseins*-Kriterium formuliert, nämlich das der Erinnerung: Soweit sich das Bewußtsein einer Person, die sich selbst zu verschiedenen Zeiten und an verschiedenen Orten „als dasselbe Ding" erfaßt, zurück „auf vergangene Taten oder Gedanken" erstrecke, so weit reiche die Identität dieser Person in

ihre eigene Vergangenheit zurück.[95] Daß ein solches Kriterium der direkten Erinnerung als Identitätsklammer um die Lebenszeit eines Menschen nicht haltbar ist, liegt freilich aus verschiedenen Gründen auf der Hand. Einer davon ist dieser: Das Kriterium macht aus der Identität eine (möglicherweise) nicht-transitive Beziehung und verstößt damit gegen die Logik des Identitätsbegriffs. Beispiel: Wenn ein Achtzigjähriger (A) sich noch an manches erinnert, was er als Zwanzigjähriger (Z), aber an nichts mehr, was er als Fünfjähriger (F) gemacht (oder gedacht) hat, während er sich als Z noch gut erinnern konnte, was er als F getan hatte, dann wäre nach Lockes Kriterium A zwar mit Z, aber nicht mit F personal identisch, während Z seinerseits sehr wohl mit F identisch wäre, was zu dem manifesten Widerspruch führt, daß A mit Z und Z mit F, aber A nicht mit F identisch wäre.[96] Dieser Fehler läßt sich mit der Modifikation beheben, daß es nicht auf eine lineare, direkte Erinnerung ex nunc ankomme, sondern auf eine zeitlich rückwärts knüpfbare Kette von Erinnerungszuständen: Die Identität der Person umfaßt dann alle früheren Bewußtseinszustände, auf die sich jeweils von *irgendeinem* späteren Zustand aus mindestens eine Erinnerung zurückerstreckt hat, sofern die so geknüpfte Kette keine Lücken aufweise. In solchen und weiteren, teilweise äußerst komplexen und raffinierten Varianten beherrscht der Lockesche Grundgedanke, daß personale Identität nur über irgendeine Bewußtseinsfunktion (die allerdings nicht die Erinnerung sein muß) konstituiert werden könne, die Diskussion bis heute.[97]

---

95 *Locke*, Human Understanding (1690), dt.: Über den menschlichen Verstand, 4. Aufl. 1981, 2. Buch, XXVII. Kap., Ziff. 9; Locke unterscheidet einleuchtend, wenn auch präzisierungsbedürftig, zwischen Identität des „Menschen“ (gemeint: des menschlichen Organismus), die allein vom Körperkriterium abhängt, und Identität der „Person“ (des „Ich“), bei der dies nicht der Fall ist (sowie – für unser Problem belanglos – Identität der denkenden „Substanz“). Zum ganzen ausführlich *Mackie*, Problems From Locke, 1976, S. 173 ff.

96 Das Argument wurde bereits im 18. Jahrhundert von *Thomas Reid* gegen Locke formuliert; vgl. *ders.*, Essays on the Intellektual Powers of Man (1785), hg. von *Woozley*, 1941, S. 143 ff. („Of Mr Locke's Account of Personal Identity“); weitere Einwände bei *Flew*, Philosophy 26 (1951), 53 ff.

97 Die Literatur ist inzwischen unüberschaubar; s. exemplarisch *Oksenberg-Rorty* (Hg.), Identities of Persons, 1976; *Goodman* (Hg.), What ist a Person, 1988; *H. Harris* (Hg.), Identity, 1995; *Noonan*, Personal Identity, 1989; sowie die einflußreiche Untersuchung von *Parfit*, Reasons and Persons, 1984, S. 199 ff. Parfit ersetzt das Kriterium der „personalen Identität“ als ganzes durch das von ihm für allein relevant gehaltene Kriterium der „psychological continuity“ oder „connectedness“ zwischen verschiedenen Bewußtseinszuständen. – Die gründlichste Darstellung der (christlich fundierten) Gegenposition, wonach Identität primär über das Organismuskriterium vermittelt werde, gibt *Ford*, When Did I Begin?, 1988 (s. v.a. S. 91 ff.), der personale Identität allerdings nicht vor der Nidation beginnen lassen will (s. S. 181 f.).

a) Legte man dieses Kriterium zugrunde, so würde die Zeit vor und kurz nach der Geburt von der Identitätsklammer um die Lebenszeit des „Ich" nicht erfaßt: Bis zur eigenen Geburt reicht weder eine heutige, noch irgendeine frühere Erinnerung noch auch ein sonstiger Reflex des Bewußtseins zurück.[98] Dem Neugeborenen wäre deswegen kein volles eigenes Lebensinteresse zuzuschreiben, weil seine Tötung die Person, die einmal aus ihm hätte werden können, auch nicht sozusagen im Vorgriff eines hypothetischen coniunctivus irrealis schädigen könnte; denn sie wäre in keinem relevanten Sinn dieselbe Person wie das getötete Neugeborene. In dieser Perspektive würde eine solche Tötungshandlung also ein interesseloses (oder nur minimal „interessiertes") Leben zerstören und ein *anderes*, personales, von Lebensinteressen begleitetes, lediglich *nicht zur Entstehung gelangen* lassen. Beides kann aber moralisch nicht als unzulässig gelten. Denn die bloße Tatsache, nicht zu existieren, ist – anders als das „Hinausgedrängt-Werden" aus einer (interessensfundierten) Existenz – kein Schaden, kann also niemandem gegenüber ein Unrecht sein – genauso wenig wie es ein Unrecht sein kann, jemanden nicht zu zeugen (also ebenfalls nicht zur Entstehung gelangen lassen), da einfach niemand vorhanden ist, dem Unrecht geschähe.[99]

Ob sich andere Bewußtseinsfunktionen finden lassen, die bereits prä- oder perinatal vorhanden und gleichwohl (in Parfits Sinn) auf relevante Weise „psychologically connected" mit dem späteren zweifelsfreien (Selbst-)Bewußtsein der Person sind[100], ist im wesentlichen eine Frage der empirischen Forschung. Für unseren Zusammenhang entscheidend ist eine andere Frage: Ob es wirklich ausschließlich Bewußtseinsfunktionen sind, die personale Identität herstellen und verbürgen. Dagegen gibt es einen, wie ich glaube, durchschlagenden Einwand. Er läßt sich an dem in der philosophischen Debatte oft herangezogenen Gedankenexperiment des „Teletransporting" verdeutlichen: Nehmen wir an, in ferner Zukunft gelänge es, eine Methode zu entwickeln, mittels irgendeines hochenergetischen radiologischen „Scannings"

---

[98] Ob in psychoanalytischer Perspektive *unbewußte* Verbindungen mit der Zeit während oder vor der eigenen Geburt angenommen werden können, entzieht sich meiner Kenntnis, wäre aber für das hier erörterte Kriterium personaler Identität auch nicht von Bedeutung.

[99] Vgl. *Reiman*, Justice and Modern Moral Philosophy, 1990, S. 168 f.; s. auch den erhellenden Hinweis von *Pucetti*, The Life of a Person, in: *Bondeson/Engelhardt/Spicker* (Hg.), Abortion and the Status of the Fetus, 1983, S. 172, der (argumentationshalber) das mögliche zur-Entstehung-gelangen-Lassen als eine Art *Versprechen* des späteren Lebens auffaßt: „My point is that cancellation of a promise is not cancellation of the thing promised."

[100] Immerhin gibt es seit längerem sogar eine wissenschaftliche Disziplin der pränatalen Psychologie.

sämtliche molekularen und atomaren Strukturen *aller* Körperzellen eines Menschen zu ermitteln und als codierte Informationen festzuhalten. Dann wäre folgende Möglichkeit des „Reisens" denkbar: Man betritt eine Kabine, in der dieses Scanning im dargestellten Sinn alle Zellinformationen des eigenen Körpers, vor allem auch des Gehirns aufzeichnet (wobei der Körper zerstört wird); die so gewonnenen Informationen werden an einen fernen Ort übermittelt, dort wird aus vorhandenem menschlichen Zellmaterial aus einer „Zellbank" ein bis in die letzten atomaren Strukturen exakt gleicher Körper mit einem exakt gleichen Gehirn und damit auch vollständig identischen mentalen Zuständen und Fähigkeiten synthetisiert. Der so an dem fernen Ort „aufwachende" Mensch wäre nicht nur körperlich, sondern auch mental ununterscheidbar – und zwar auch und vor allem für sich selbst – von dem, der am Ausgangsort die Kabine betreten hat: Er hätte neben einem gleichen Äußeren auch eine identische Subjektivität. Wäre dies *dieselbe* Person? Anders gefragt: Wäre das eine besonders raffinierte Form des Reisens oder eher eine bizarre Form des Selbstmords? Nach dem Bewußtseinskriterium der Identität müßte man ersteres annehmen; denn der an dem fernen Ort „Erwachende" wäre in der relevanten Weise „psychologically connected" mit dem am Ursprungsort die Kabine Betretenden; er hätte selbstverständlich auch dessen Erinnerung im Locke'schen Sinne: Er hätte das subjektive Leben und Erleben der Ausgangsfigur einfach gänzlich und ohne irgendeine Friktion als sein eigenes und würde es als dieses fortsetzen.[101]

Gleichwohl ist es unplausibel, hier von derselben Person zu sprechen. Das wird evident, wenn man das Gedankenexperiment so modifiziert, daß der „Scanner"-Strahl den ursprünglichen Körper nicht zerstört, sondern lediglich dessen Totalinformation aufzeichnet und an den Destinationsort sendet. Wird dort in der oben beschriebenen Weise ein „identisches" Individuum synthetisiert, dann müßte die Behauptung, beide Individuen (die ja miteinander sprechen oder sich streiten, ganz unterschiedlich weiterleben, ja einander umbringen könnten) seien im relevanten Sinn dasselbe Individuum alle Grenzen der Plausibilität sprengen. Eine *vollständige* numerische Verschiedenheit der Körper scheint also personale Identität auszuschließen.[102]

---

[101] Vgl. zu diesem Gedankenexperiment die scharfsinnigen Ausführungen von *Parfit* (Anm. 97), S. 199 ff., der zwischen *numerischer* und *qualitativer* Identität unterscheidet und im Ergebnis konsequent die personale Identität der beiden Figuren des Gedankenexperiments annimmt.

[102] Vgl. auch die (ansonsten ganz andersartige) Argumentation von *Williams*, Personenidentität und Individuation, sowie: Kontinuität des Leibes und Identität der Person, in: *ders*., Probleme des Selbst, 1978, S. 7 ff., 37 ff., der für personale Identität jedenfalls *auch* einen Körperbezug fordert.

b) Andererseits kann auf das Bewußtseinskriterium der im weitesten Sinne psychologischen „Verknüftheit“ als Bedingung personaler Identität nicht verzichtet werden: Das würde die Identitätsfeststellung wieder ausschließlich dem (vielfach unplausiblen) Körperkriterium unterwerfen. Nicht der Organismus, sondern die Subjektivität eines Menschen ist Träger des (zweifelsfreien) Lebensinteresses. Damit zeichnet sich jedoch eine Lösung unseres Problems ab, die vor allem Michael Lockwood entwickelt hat und die mir überzeugend erscheint[103]: Funktional zuständige Basis dieses Bewußtseins als der Inhaberinstanz des Lebensinteresses sind die dafür entscheidenden Teile des *Gehirns*; sie sind darüber hinaus der numerisch identisch bleibende Garant für die Rezeption, Integration, subjektive Bewußtmachung und, vor allem, die Kontinuität aller Wahrnehmungen als derjenigen *eines und desselben* Subjekts während seiner gesamten Lebenszeit – und zwar der Wahrnehmungen sowohl der umgebenden Welt als auch (später) des eigenen „Ich“, dem diese Wahrnehmungen (später: Erfahrungen) im Moment ihres Stattfindens eo ipso zugeordnet werden.[104] Diese Teile des Gehirns bleiben als neuronales Substrat des Ich-Bewußtseins konstant, während das bei diesem selbst nicht unbedingt der Fall zu sein braucht, ohne daß die Identität dieses „Ich“ davon tangiert werden müßte. Lockwood schreibt:

„Die von mir vertretene und, wie ich glaube, von der verfügbaren wissenschaftlichen Einsicht bestätigte Auffassung besagt, daß das, was allen unterscheidbaren Kontinuitäten von Gedächtnis und Personalität zugrundeliegt, in einer Kontinuität der physischen Organisation besteht, die sich innerhalb bestimmter Teile eines lebenden menschlichen Gehirns materialisiert, welches über die vergehende Zeit hinweg konstant bleibt.“[105]

Mit einem Rückblick auf das Teletransporter-Beispiel: Niemand kann daher „Ich“ sein, der nicht mein *Gehirn* hat, selbst wenn er mein Bewußtsein hätte. Was am Zielort des Teletransports ankäme, wäre nicht „ich“, sondern ein (wenngleich perfektes) Duplikat von mir. Lockwoods Satz: „Keine Macht der

[103] Vgl. *Lockwood*, When Does a Life Begin?, in: *ders.*, Moral Dilemmas in Modern Medicine, 1985, S. 9 ff., 23 ff.; *ders.*, Identity Matters, in: *Fulford/Gillett/Soskice* (Hg.), Medicine and Moral Reasoning, 1994, S. 60 ff.; in der Tendenz ähnlich, wenn auch analytisch weniger genau, *Kushner*, Having a life versus being alive, in: J.Med.Ethics 10 (1984), 6 ff.

[104] Daher bliebe bei einer Gehirntransplantation die personale Identität der Gehirninhabers, nicht die des (früheren) Körperinhabers, erhalten – weswegen in Wahrheit eine „Körpertransplantation“ vorläge!

[105] *Lockwood*, When Does a Life Begin?, a.a.O., S. 23 (meine Übersetzung).

Welt könnte mich bewegen, die [Teletransport-Maschine] zu benutzen.", ist daher zur Evidenz einleuchtend.[106]

Damit ist zugleich das folgende gesagt: Das „Ich", das Träger des Lebensinteresses ist, *besteht* in entscheidender Hinsicht *in demjenigen Teil des Gehirns*, der neurophysiologisch für die Produktion der mentalen Phänomene zuständig ist (und lebenslang bleiben wird), welche als Kriterien jenes „Ich"-Bewußtseins gelten. Und weiter: Erst mit dem Vorhandensein dieser Teile des Gehirns existiert ein „Ich", das Subjekt jener personalen Identität ist, die genau *diesen* Anfang des individuellen Seins mit dessen späterem Stadium eines vollen Lebensinteresses zu einer, wenn man so will, *biographischen* (nicht bloß biologischen) Einheit zusammenschließt. Die Frage: Wann habe *ich* (nicht mein Organismus) zu leben begonnen, ist damit, und wie ich glaube, nur damit plausibel zu beantworten.

c) Der in unserem Zusammenhang verbleibende thematische Rest ist Aufgabe der empirischen Wissenschaften und liegt außerhalb des Rahmens dieses Aufsatzes: v.a. die Klärung der Frage, wo genau im Gehirn die für das Ich-Bewußtsein relevanten Strukturen lokalisiert sind und wann genau in der individuellen Entwicklung sie vorhanden und funktionsfähig sind (wenn auch noch ohne die aktuelle „Programmierung" jenes Bewußtseins). Daß diese Entwicklung ein kontinuierlicher Prozeß ist und ihr Abschluß kein exakt fixierbarer Zeitpunkt, ist so richtig wie selbstverständlich, und für die hier vertretene These ohne Belang: Alle Entwicklungsvorgänge beim Menschen sind dies. Dadurch werden rationale Unterscheidungen und begründete Zäsuren mit normativen Folgen weder unmöglich noch willkürlich; das habe ich oben gezeigt.[107] Was es jedoch normativ erforderlich macht, ist das Setzen einer zeitlichen Sicherheitsmarge, *vor* welcher die relevanten Gehirnstrukturen mit Gewißheit noch nicht ausgebildet sind, also die Ermittlung eines *sine qua non* für jenes neuronale Substrat des Ich-Bewußtseins. Soviel sei immerhin betont: Dieses Substrat ist nicht identisch mit jenem, das für eine einfache unmittelbare Wahrnehmungsfähigkeit ausreicht, wie sie oben für eine erste, minimale Interessensfähigkeit benannt worden ist; es entwickelt sich vielmehr erst deutlich später. Denn die Funktionsfähigkeit jener Ich-relevanten Teile des Gehirns setzt eine bestimmte *Integration* des neuronalen Systems im Gehirn voraus; sie erfolgt v.a. über komplexe synaptische Verschaltungen der

---

[106] *Lockwood*, a.a.O., S. 19.

[107] S. oben, B. III. 2. („Entwicklungskontinuum").

Verbindungswege zwischen Thalamus und Neocortex, und sie erst ermöglicht so etwas wie eine *subjektive Interpretation* sensorischer Inputs und damit deren Synthese zu einer rudimentären Form von kontinuierlicher Erfahrung über den Ablauf der Zeit hinweg.[108] Ab diesem Zeitpunkt gibt es aber nach der hier vertretenen Theorie ein „Ich", das durch die Tötung um *sein persönliches* (nicht irgendein) künftiges Leben gebracht und damit geschädigt wird. Außer Zweifel steht, daß dieser Zeitpunkt deutlich vor der (normalen!) Geburt liegt, noch deutlicher allerdings *nach* der Nidation des Embryos, die § 218 Abs. 1 StGB als Zäsur markiert. Eine wissenschaftlich beglaubigte Schätzung übernehme ich hier von Shannon; er legt den Abschluß der entscheidenden Entwicklungsphase des Gehirns auf ungefähr die 20. Woche, also etwa in die Mitte der Schwangerschaft.[109]

d) Wenn meine These richtig ist, daß der Schutz eines menschlichen Lebens grundsätzlich mit dem Erreichen des „Ich"-Beginns in der individuellen Entwicklung einzusetzen hat, dann folgt aus diesen Überlegungen, daß sowohl Hoerster als auch der BGH in dem eingangs zitierten Urteil Unrecht haben: Die Forderung des ersteren, ein Lebensrecht erst mit dem Erreichen der 28. Lebenswoche zuzusprechen, erlaubt (noch) die Tötung von geborenen Menschen *mit*, die BGH-Entscheidung verbietet sie (schon) bei solchen *ohne* Ich-Status. Beides ist nach meinen vorstehenden Überlegungen ethisch nicht begründbar und sollte daher rechtlich nicht verbindlich gemacht werden.

2. Freilich verbleibt gegenüber Hoersters Vorschlag eine letzte Begründungslücke. Warum soll das Erreichen des Ich-Beginns im dargelegten Sinne eine Berücksichtigung *potentieller* (Überlebens-)Interessen gebieten oder auch nur nahelegen? Nun, von den oben dargelegten Einwänden gegen Theorien, die *jede* Berücksichtigung potentieller Interessen ablehnen, abgesehen, deshalb:

---

[108] Zu diesen neurologischen Zusammenhängen *Shannon*, The Moral Significance of Brain Integration in the Fetus, in: *Humber/Almeder* (Hg.), Bioethics and the Fetus, 1991, S. 123 ff., insbes. S. 126 f.; ausführlich *Grobstein*, Science and the Unborn, 1988, S. 40 - 57; *Morowitz/Trefil*, The Facts of Life, 1992, S. 105 ff.

[109] *Shannon*, a.a.O., S. 127 f.; ähnlich *Flower*, The Neuromaturation of the Human Fetus, in: J. of Med. and Philos. 10 (1985), S. 237 ff., 243 f.; nach *Grobstein*, a.a.O., S. 107 ff. tritt dieser Abschluß eher später ein, nach *Morowitz/Trefil*, a.a.O., S. 119, nicht vor der 25. Woche; noch später – zwischen die 30. und 35. Woche – legen diesen Zeitpunkt *Burges/Tawia*, Locating the Beginning of Human Consciousness, in: Bioethics 10 (1996), 1 ff., die dabei allerdings den vagen und mehrdeutigen Begriff „consciousness" einfach (und wenig überzeugend) mit „Empfindungsfähigkeit" gleichsetzen.

a) Wohl ist die Potentialität des künftig möglichen Interessens- und Schutzstatus eines Individuums *für sich allein* normativ irrelevant (eine solche besteht bereits bei der Zygote). Sobald jedoch ein Individuum vorhanden ist, das bereits dasselbe „Ich“ ist wie der potentielle Inhaber des späteren vollen Status, gehört zum *Umfang* des Schadens, der *ihm* (nicht bloß seinem Organismus) durch eine Tötung zugefügt würde, auch der Verlust der Chance auf jenen künftigen Status: die Verhinderung eines subjektiv erlebten und von seinem Inhaber erwünschten Menschenlebens. Das ist im übrigen der zutreffende („nicht-speziesistische“) Grund dafür, daß die Tötung eines neugeborenen Menschen moralisch weitaus gravierender ist als die eines neugeborenen (oder auch eines erwachsenen) Hundes, obwohl die dadurch *aktuell erlebte* Schädigung bei einem menschlichen Baby gewiß nicht größer ist als bei einem jungen, und sogar deutlich geringer als bei einem erwachsenen Hund. Der Verlust, den das Neugeborene erleidet, ist dennoch ungleich größer, denn es ist der Verlust eines künftigen Lebensganzen, das schon als *sein eigenes* zu gelten hat.

Dagegen können Theorien, die dem Neugeborenen kein genuin eigenes, sondern nur und allenfalls ein sekundäres, abgeleitetes Lebensrecht zuschreiben, diesen Unterschied nicht plausibel erklären – Hoersters „Praxisnorm“ etwa, wonach neugeborene menschliche Babys allein zugunsten der Sicherheit *anderer*, älterer Kinder nicht getötet werden dürfen[110]: Wenn solche „Dammbruch“-Gefahren für andere Kinder im konkreten Einzelfall ausgeschlossen wären, könnte demnach das Töten oder Sterbenlassen eines Menschenbabys nicht schlimmer sein als das eines jungen, und wäre sogar weniger schlimm als das eines erwachsenen Hundes. Beispiel: Robinson findet auf seiner ansonsten menschenleeren Insel ein soeben ausgesetztes Neugeborenes in Lebensgefahr, unweit daneben einen Hund in Lebensgefahr, kann aber nur einen von beiden retten – und *muß* nach Hoerster, wenn ich recht sehe, aus moralischen Gründen den Hund retten.[111] Überzeugen kann das nicht.

b) Nun ist eine letzte und entscheidende Präzisierung unseres Ergebnisses erforderlich. Sie trägt dem Umstand Rechnung, daß trotz der Notwendigkeit eines Schutzes potentieller Überlebensinteressen im dargelegten Sinn diese selbst keineswegs identisch sind mit dem (aktuellen) Interesse an ihrer

---

[110] *Hoerster* (Anm. 35), S. 128 ff.; *ders.* (Anm. 17), S. 23 ff., 42 ff.

[111] Auch Tooley, Singer, Glover und Harris müßten hier zu diesem Ergebnis kommen.

späteren Realisierung: „Cancellation of a promise is not cancellation of the thing promised“.[112] Sie erklärt darüber hinaus, warum bei *ungeborenen* Kindern nach der 20. Schwangerschaftswoche, die den Beginn der skizzierten Ich-Identität mit der potentiell erwachsenen Person schon erreicht haben und daher prima facie ebenfalls (gegen eine Abtreibung) zu schützen sind, gleichwohl Abwägungen mit den Interessen der Schwangeren an der Selbstbestimmung über ihren eigenen Körper in bestimmten Grenzen zulässig erscheinen. Diese Präzisierung ist die folgende:

Der bisherige Streit unter den Philosophen über den Beginn des individuellen Lebensrechts stilisiert eine falsche Alternative: Entweder, so heißt es, müßten potentielle Lebensinteressen im genau gleichen Umfang und aus den gleichen Gründen wie aktuelle geschützt werden, oder eben gar nicht. Juristen kennen dagegen die Möglichkeit eines rechtlichen Schutzes potentieller Interessen, der zwischen diesen beiden Extremen liegt: den Schutz sogenannter Anwartschaftsrechte. Die jedenfalls partielle Analogie zu unserem Problem ist augenfällig.[113] Vom Anwartschafts*recht* unterscheidet man bloße „Anwartschaften“, die zunächst nur rein tatsächliche Aussichten auf einen künftigen Rechtserwerb sind. Verdichtet sich die damit bezeichnete (schwache) Potentialität eines Rechtserwerbs für den Anwartschaftsinhaber aber so, daß ein Erstarken der Anwartschaft zum Vollrecht nur noch vom Eintritt einer äußeren Bedingung abhängt, dann spricht man vom Anwartschafts*recht*.[114] Auch damit wird noch keineswegs die künftige Rechtsmacht eingeräumt, aber bereits der Fortbestand der Chance des Vollrechtserwerbs garantiert – in meiner obigen Terminologie: der Status potentialis. Das (moralische) „Recht auf Leben“ eines Neugeborenen kann im Vergleich zu dem eines Erwachsenen durchaus als ein *anderes* und *anders fundiertes* Recht aufgefaßt werden: Es garantiert den Status potentialis für den „Erwerb“ des „Vollrechts“ auf Leben und unterscheidet sich daher von diesem sowohl in seinem normativen Gehalt als auch in seiner Begründung. Selbstverständlich läuft es im Ergebnis auf eine genau gleiche Lebensgarantie, ein genau gleiches Tötungsverbot hinaus: Das erzwingt die singuläre Besonderheit des

---

[112] So die Formulierung *Pucettis* (Anm. 99).

[113] Darauf weist bereits *v.d.Pfordten*, ARSP 76 (1990), 81 f., hin; ebenso *Merkel*, JZ 1996, 1153. – Daß eine Zivilrechtsfigur für Fragen des Lebensschutzes herangezogen wird, hat nichts Frivoles: Dahinter steht, wie nach meinen obigen Ausführungen deutlich ist, ein verallgemeinerbarer Gedanke von Gerechtigkeit und Fairness.

[114] S. *Creifelds*, Rechtswörterbuch, 1994, Stichwort „Anwartschaft“.

Lebensrechts, daß nämlich bei ihm auch jede „Anwartschaft“ nur in einem „all or nothing“-Schutz zu gewährleisten ist. Daran ist nichts Irritierendes. Die Interpretation lautet so: Neugeborenes und Erwachsener werden *de facto* gleich geschützt, es ist aber ein Schutz gleichwohl unterschiedlicher (moralischer) Rechtspositionen, die auf unterschiedlichen normativen Erwägungen beruhen. Das Neugeborene wird nicht *als*, sondern *wie* der Inhaber eines vollen Lebensinteresses bzw. -rechts behandelt. Die oben referierten, etwas öden Einwände mit dem gebetsmühlenhaften Refrain einer jahrezehntealten Debatte, man könne doch nicht dem Thronfolger von England schon die englischen Königsrechte ... (etc.), sollten sich damit ad acta legen lassen.

Der skizzierte Gedanke eines anwartschaftsähnlichen Lebensrechts für alle geborenen wie ungeborenen Kinder jenseits der 20. Woche post conceptionem ließe sich nun in zahlreichen Konsequenzen ausbuchstabieren. Das mag hier auf sich beruhen. Erkennt man aber seine Schlüssigkeit an, so hat man keine unüberwindlichen Schwierigkeiten mehr mit der Vorstellung, daß zwar das Leben solcher Kinder grundsätzlich von Rechts wegen zu schützen ist, daß aber dieser Schutz gleichwohl Abwägungen mit anderen Interessen (der Kinder selbst oder – in engen Grenzen – sogar Dritter) nicht ausschließt, die beim rechtlichen Lebensschutz Erwachsener unzulässig wären. Die gewiß noch immer gravierenden Probleme solcher Abwägungen müssen hier unerörtert bleiben.

c) Damit ist zunächst unser eingangs formuliertes Grundproblem gelöst. Die Schwächen der apodiktischen BGH-Lösung einerseits und des Hoersterschen Vorschlags andererseits, lassen sich mit guten Gründen vermeiden. Extrem unreife Frühgeborene nach der 20. Schwangerschaftswoche haben, entgegen Hoerster, ein eigenes Recht auf Leben. In Fällen ihrer sicheren Unfähigkeit zum Überleben zwingt das Strafrecht aber, entgegen dem BGH, keineswegs zu ihrer unmenschlichen Behandlung, nämlich ihrem „Liegenlassen“ für einen qualvollen Erstickungstod. Das soll in einem abschließenden Ausblick kurz skizziert, muß aber im übrigen einer anderweitigen Ausarbeitung vorbehalten bleiben.

C. Ausblick: Zur Zulässigkeit einer humanen Sterbehilfe für extrem unreife Frühgeborene

Der dargelegte Charakter des Lebensrechts extrem unreifer Frühgeborener als einer anwartschaftsähnlichen Garantie künftiger Entwicklungschancen impliziert, daß es nur das konkret erwartbare Leben des jeweils einzelnen Kindes sein kann, was rechtlich garantiert wird. („Anwartschaft" heißt: Potentialitätsschutz für *eine bestimmte* Person.) Damit werden offensichtlich Abwägungen mit kollidierenden eigenen Interessen des Neugeborenen möglich.[115] Es wäre absurd, ja zynisch, wollte man das Lebensrecht solcher Kinder abstrakt als unabwägbaren rechtlichen „Höchstwert" auch gegenüber den anderweitigen Interessen dieser Kinder selbst auffassen.[116] Nur die konkrete *eigene* Entwicklungschance kann Gegenstand der Garantie des künftigen (potentiellen) Lebens sein. Kann dieses in nichts anderem als in wenigen Stunden eines qualvollen Todeskampfes bestehen, so gibt es kein zuschreibbares *potentielles* Lebensinteresse; das minimale aktuelle des (empfindungsfähigen) Kindes verschwindet vollständig hinter dem gegenläufigen Interesse an der Vermeidung eines quälenden Sterbens. Die für die Lösung solcher Konflikte zuständige strafrechtliche Rechtsfigur ist die des rechtfertigenden Notstands.[117]

1. Die ganz überwiegende Lehre im Strafrecht lehnt jedoch die Zulässigkeit einer „gezielten" aktiven Tötung nach Notstandskriterien unter allen Umständen ab.[118] In unseren Fällen einer extremen Frühgeburt ohne Überleben-

---

[115] Ich ignoriere hier Probleme der Abwägung mit Drittinteressen (der Schwangeren) bei *ungeborenen* Feten; grundsätzlich sind bei geborenen Kindern Abwägungen ihrer Lebensinteressen nur noch mit eigenen, ggf. kollidierenden Interessen der Neugeborenen zulässig. Das gilt auch für ein anwartschaftsanalog begründetes Lebensrecht im hier dargelegten Sinn. (Auch zivilrechtlich schließt ein Anwartschaftsrecht die destruktive Intervention Dritter aus.)

[116] Zur Verfehltheit des Topos vom „Höchstwert Leben" zutr. *Jakobs*, AT^2, 13/21; ähnlich *Neumann*, in: NK StGB, § 34 Rnr. 73; *Merkel*, JZ 1996, 1151, 1154 f.

[117] Ausführlich dazu – und zur Ablehnung des konkurrierenden Vorschlags, als rechtlichen Rahmen für Sterbehilfeentscheidungen bei Neugeborenen deren „mutmaßliche Einwilligung" anzunehmen – meine Habilitationsschrift „Früheuthanasie", 5. Kap., B. I. 1. (im Erscheinen).

[118] Ausnahmen (für „Extremfälle") mit freilich wenig geklärten Begründungen *Geilen*, Euthanasie und Selbstbestimmung, 1975, S. 26; *Hirsch*, Fschr. Welzel, 1974, S. 795 f. (anders nun aber *ders.*, Fschr. Lackner, 1987, S. 609: übergesetzlicher entschuldigender Notstand), sowie *Otto*, Gutachten 56. DJT, 1986, S. D 59. Entschiedener und klarer begründet *Herzberg* NJW 1986, 1639 ff.; *ders.*, JZ 1988, 186; *ders.*, NJW 1996, 3047 ff.; *Neumann*, ARSP Beiheft 44, 1991, S. 258; *ders.*, NK StGB, § 34 Rnr. 38; *Jakobs*, Fschr. Arth. Kaufmann, 1993, S. 471; *Merkel*, JZ 1996, 1154 f.

schancen führt das zu unerträglichen Ergebnissen. Evident wird dies, wenn nach einer indizierten späten Abtreibung ein lebendes und überlebensunfähiges Kind geboren wird. Es kann schlechterdings nicht anders als barbarisch genannt werden, ein abgetriebenes und derart in ein unrettbares kurzes Leben und den damit sofort beginnenden Todeskampf gezwungenes Kind liegen und langsam ersticken zu lassen.[119] Wie die vorherige Erlaubnis zur Tötung durch Abtreibung ein nachfolgendes Verhalten moralisch decken könnte, das diese Tötung in einer qualvollen Tortur sich vollenden läßt, ist unerfindlich. Es mutet beklemmend an, daß nach der herrschenden Meinung in der Strafrechtslehre (die solche Konsequenzen freilich offenkundig nicht bedenkt) genau dieses Verhalten nicht etwa nur straflos, sondern als das angeblich allein straflose rechtlich *geboten* sein soll. Umgekehrt wird die in einer solchen Situation einzige humane Handlung: die schnelle und schmerzlose aktive Tötung des Kindes, als „unter allen Umständen rechts-, sitten- und standeswidrig" und als stets strafbarer Totschlag bezeichnet.[120] Das ist ein inakzeptables, ja unerträgliches Ergebnis.

Demgegenüber ist nachdrücklich festzustellen: Die schnelle aktive Tötung des Kindes ist in einer solchen Situation *ethisch unbedingt geboten*; das ergibt sich, wenn schon nicht selbstverständlich aus der Lage des Kindes, jedenfalls aus der (moralischen) Ingerenzzuständigkeit des Arztes, der es in die aussichtslose Situation des sicheren Todes gebracht hat und den damit verbundenen Torturen, die er verhindern kann, nicht ausliefern darf. Ein derart qualvolles Sterbenlassen ist in so hohem Grade verwerflich, daß hier eine Rechtfertigung der gezielten aktiven Tötung über § 34 StGB nicht zweifelhaft sein sollte. Eine rechtliche Regelung, die das Herbeiführen solcher Situationen legitimiert und die anschließende Abwendung der grausamen Konsequenzen „unter allen Umständen" per Strafdrohung unterbindet, wäre illegitim. Es ist jedoch irrig, dem geltenden Recht eine solche Regelung entnehmen zu wollen. § 34 StGB gestattet hier die moralisch gebotene aktive Tötung.

Die gegenteilige Behauptung ist trotz ihrer Geläufigkeit ein unhaltbares Dogma. Sie stellt überdies dem geltenden Strafrecht das merkwürdige Attest eines Rechtszwangs zur Unmenschlichkeit aus. Die Berufung auf die (angeblich) notwendige „Unverbrüchlichkeit" des Verbots gezielter aktiver Tötungen wird im vorliegenden Zusammenhang teils abwegig, teils zynisch: Dem Schutz des Kindes kann dieses Verbot nicht dienen, denn es geht hier um

---

[119] Vgl. die oben (Anm. 14) zitierte amerikanische Studie über Lebendgeburten nach späten Abtreibungen: Die meisten dieser Kinder starben erst nach stundenlangem Todeskampf.

[120] So (statt aller) die Formulierung von *Ulsenheimer*, MedR 1994, 426.

dasselbe Kind, dessen (aktive!) Tötung nur wenige Stunden vorher als Grund und Ziel des Eingriffs erlaubt war und dessen Leben rebus sic stantibus jedenfalls verloren ist; in seinem Interesse liegt die anschließende bedingungslose Normdurchsetzung ganz offensichtlich nicht. Und das (berechtigte) Interesse der Allgemeinheit am Schutz der Verbotsnorm gegen aktive Tötungen hat hier hinter dem Leidvermeidungsinteresse des Kindes zurückzutreten. Die gesellschaftlichen Risikokosten einer Situation, deren Entstehung die Rechtsordnung im Interesse Dritter ausdrücklich gestattet, einem schlechthin unzuständigen Individuum aufzubürden, das zuvor mit einer halb mißlungenen Tötungshandlung in diese Situation gezwungen wurde, wäre der prototypische Fall einer groben Unfairness und in hohem Grade inhuman. Weder das StGB, noch (und schon gar nicht) das Grundgesetz kann dafür als Grundlage reklamiert werden.

2. Die Grundlage für Entscheidungen in Fällen „natürlicher“ extremer Frühgeburten ist keine andere. Auch hier ist nicht die erbarmungslose Durchsetzung der rechtlichen Normalität des Tötungsverbots, sondern die *moralisch* richtige Entscheidung im individuellen Interesse des jeweiligen Kindes gefordert. Den rechtlichen Rahmen dafür stellt § 34 StGB. Das Hauptproblem solcher Entscheidungen sind die extremen prognostischen Schwierigkeiten in den Grenzfällen an der zeitlichen Schwelle der Lebensfähigkeit, also vor allem bei Frühgeborenen in der 22 - 24. Gestationswoche.[121] Gleichwohl sind diese Probleme unvermeidlich. Sie dürfen weder mit Hoersters Vorschlag noch mit den Maximen der zitierten BGH-Entscheidung umgangen werden. Gewiß gilt hier für contra-vitam-Entscheidungen der Ärzte eine Art normativen Vorrangs der „passiven“ Sterbehilfe. Man muß sich aber klarmachen, daß dieser Vorrang *nicht* dem Lebensschutz des Kindes, sondern allein dem Normschutzinteresse der Gesellschaft dient. Er kann deshalb von eindeutig überwiegenden (Sterbens-) Interessen des Kindes verdrängt werden, wenn gerade das Sterben*lassen* diese Interessen massiv verletzen müßte.[122] Auch hier ist in Extremfällen eine gezielte aktive Tötung gerechtfertigt.

---

[121] Dazu *Grauel et al.*, Grenzprobleme der Lebensbewahrung in der zweiten Schwangerschaftshälfte und in der Neonatalperiode, in: *Körner* (Hg.), Ethik der menschlichen Fortpflanzung, 1992, S. 284. Daß gravierende Prognoseschwankungen im übrigen von zahlreichen sozialen wie psychologischen Variablen bei den entscheidenden Ärzten selbst abhängen, betonen *Poses et al.*, The Answer to ‘What Are My Chances, Doctor?’ Depends on Whom Is Asked: Prognostic Disagreement , in: Crit.Care Med. 17 (1989), 827 ff.

[122] Man bedenke beispielhaft den oben, Anm. 33, berichteten Fall des Babys Andrew Stinson.

Erforderlich ist dabei die Verknüpfung einer differenzierten prognostischen Strategie mit den Tatbestandsmerkmalen des § 34, vor allem dem der Bestimmung einer „gegenwärtigen Gefahr" im Sinne der Norm. Ich habe diese Verknüpfung an anderer Stelle skizziert.[123] Sie liegt, man sieht es unschwer, jenseits der Grenzen unseres gegenwärtigen Themas.

[123] S. meine Habilitationsarbeit (Anm. 117), Kap. 5, B. I. 2.

AUTOREN

Prof. Dr. Dieter Birnbacher
Philosophisches Institut der Universität Düsseldorf

Dr. Carmen Kaminsky M.A.
Philosophisches Institut der Universität Düsseldorf

Prof. Dr. Hans Lilie
Juristische Fakultät der Martin Luther Universität Halle-Wittenberg

Privatdozent Dr. Reinhard Merkel
Fachbereich Rechtswissenschaften der Johann Wolfgang Goethe Universität Frankfurt a.M.

Prof. Dr. Annemarie Pieper
Philosophisches Seminar der Universität Basel

Dr. Christoph Rehmann-Sutter
Biozentrum der Universität Basel, Abteilung Mikrobiologie

lic. jur. Sibylle Schürch
Juristische Fakultät der Universität Basel

Redaktion: Angela Augustin, Basel

RECHTSPHILOSOPHISCHE HEFTE

Herausgegeben von Giuseppe Orsi, Kurt Seelmann, Stefan Smid und Ulrich Steinvorth

Band 1 Giuseppe Orsi/Kurt Seelmann/Stefan Smid/Ulrich Steinvorth (Hrsg.): Recht und Moral. 1992.

Band 2 Giuseppe Orsi/Kurt Seelmann/Stefan Smid/Ulrich Steinvorth (Hrsg.): Gerechtigkeit. 1993.

Band 3 Giuseppe Orsi/Kurt Seelmann/Stefan Smid/Ulrich Steinvorth (Hrsg.): Nation, Nationalstaat, Nationalismus. 1994.

Band 4 Giuseppe Orsi/Kurt Seelmann/Stefan Smid/Ulrich Steinvorth (Hrsg.): Solidarität. 1995.

Band 5 Giuseppe Orsi/Kurt Seelmann/Stefan Smid/Ulrich Steinvorth (Hrsg.): Arbeit - Arbeitslosigkeit. 1996.

Band 6 Giuseppe Orsi/Kurt Seelmann/Stefan Smid/Ulrich Steinvorth (Hrsg.): Prinzipien des Rechts. 1996.

Band 7 Giuseppe Orsi/Kurt Seelmann/Stefan Smid/Ulrich Steinvorth (Hrsg.): Internationale Gerechtigkeit. 1997.

Band 8 Giuseppe Orsi/Kurt Seelmann/Stefan Smid/Ulrich Steinvorth (Hrsg.): Medizin - Recht - Ethik. 1998.

Rechtsphilosophische Schriften

Herausgegeben von Kurt Seelmann, Stefan Smid, Ulrich Steinvorth

Band 1 Sven Krüger: Der Versuchsbeginn bei mittelbarer Täterschaft. Eine strafrechtlich-rechtsphilosophische Untersuchung. 1994.

Band 2 Ludwig Häsemeyer / Hans-Martin Pawlowski / Friedrich-Wilhelm Siburg: Rechtsprechung heute – Anspruch und Wirklichkeit –. Vorträge der 28. Reinhäuser Juristengespräche 28. – 30. Oktober 1994. 1996.

Band 3 Stefan Smid (Hrsg.): Gerechtigkeit und Rechtsstaat. Deutsche Rechtseinheit und pluralistische Verfassung. 1996.

Band 4 Andreas Müller: Das Verhältnis von rechtlicher Freiheit und sittlicher Autonomie in Kants *Metaphysik der Sitten*. 1996.

Band 5 Henrike Morgenstern: Unterlassene Hilfeleistung, Solidarität und Recht. 1997.

Band 6 Thomas M. Besch: Über John Rawls' politischen Liberalismus. Zur Rolle des Vernünftigen in Rawls' Begründung einer politischen Gerechtigkeitstheorie. 1998.